Hermann Vinke

Gegen den Strom der Unfreiheit

Hermann Vinke

Gegen den Strom der Unfreiheit

Zeitzeugen der DDR erinnern sich

Ravensburger Buchverlag

Inhalt

Über Brücken gehen

Wir haben in der DDR alle Schaden an unserer Seele genommen. Wir haben höchstens über große Zusammenhänge geredet, aber nicht über das, was wirklich mit uns passiert ist.

Wolfgang Engel, Regisseur

Hermann Vinke

Als Anfang der 1990er-Jahre der Jubel über die Wiedervereinigung verklungen war, da lautete eine der häufigsten Forderungen: *Wir Deutschen müssen uns unsere Lebensgeschichten erzählen.*

Vielleicht haben wir bisher nicht genug miteinander geredet. Jedenfalls zeigen Umfragen, dass die Vorurteile zwischen Ost- und Westdeutschland noch keineswegs überwunden sind.

Zwar steht die Beschäftigung mit der Geschichte der DDR inzwischen auf einem soliden Fundament. Museen, Gedenkstätten und Institute vermitteln ein anschauliches Bild der SED-Herrschaft. Und doch ist der Kenntnisstand in der Bevölkerung, insbesondere bei Jugendlichen, eher noch gering.

Als der Kalte Krieg herrschte

Und die Erinnerung verblasst. Vor allem für junge Menschen ist es schwierig, sich ein Bild vom Leben ihrer Eltern und Großeltern in der DDR zu machen – damals, als es die Mauer noch gab, der Kalte Krieg herrschte und die beiden deutschen Staaten sich mit hochgerüsteten Armeen feindlich gegenüber standen. Kaum jemand kann sich heute noch vorstellen, dass es Jahre dauern konnte, um von Ost-

nach Westdeutschland ausreisen zu dürfen, dass zur Flucht entschlossene Menschen alle erdenklichen Gefahren auf sich nahmen und eine harmlose Demonstration Verfolgung und Haft nach sich ziehen konnte.

Auch wenn die DDR seit mehr als zwei Jahrzehnten nicht mehr existiert, lebt sie doch in den Köpfen von Millionen Menschen weiter und beeinflusst mit ihrer Geschichte Gegenwart und Zukunft.

Freiräume erkämpft

Lebensgeschichten als Brücken der Verständigung – darum geht es in diesem Buch. Es schildert Biografien von Gegnern des SED-Regimes sowie von Menschen, die sich in der DDR Freiräume erkämpften. Sie haben sich gegen den Strom der Unfreiheit gestellt.

Der Widerstand in der DDR steht in der Traditionslinie der Freiheitsbewegungen in Deutschland. Der Volksaufstand in der DDR im Juni 1953 – die erste Erhebung im Ostblock gegen die kommunistische Diktatur – gehört ebenso dazu wie die Friedliche Revolution 1989/90.

Seit einer Reihe von Jahren beschäftige ich mich mit der Geschichte der DDR. Den Anstoß dazu gab meine Tätigkeit als Korrespondent des ARD-Studios DDR in Berlin, das dann in *ARD-Studio Ostdeutschland* umbenannt wurde. Das war zwischen 1989 und 1992, als fast täglich »Geschichte stattfand«. Das Ende der DDR und die darauf folgende Einheit Deutschlands habe ich als Journalist miterlebt. Zuvor hatte ich Jugend- und Erwachsenenbücher zum Widerstand im Dritten Reich herausgebracht, darunter *Das kurze Leben der Sophie Scholl.* Ich möchte in meinen Büchern und Veröffentlichungen aufzeigen, was auf dem Spiel steht, wenn Demokratie scheitert bzw. demokratische Grundrechte verweigert werden – einmal während der NS-Zeit und dann in der DDR. Mir geht es dabei aber nicht um die Gleichsetzung der beiden Regime.

Zeitzeugen befragt

In den vergangenen zwei Jahren habe ich etwa zwei Dutzend Zeitzeugen zu ihren Erfahrungen in der DDR befragt. Nicht alle wurden von der Staatssicherheit verfolgt. Und nicht immer ging die Verfolgung soweit, dass Biografien zerstört wurden, aber viele haben – wie der Theaterregisseur Wolfgang Engel sagt –, *„Schaden an ihrer Seele genommen"*. Erst recht, wenn sie in direkter Opposition zur SED-Herrschaft standen. Zum Widerstand gehörte Mut, und den haben Gegner des Regimes selbst in schwierigsten Situationen bewiesen.

Kein Erbarmen

Ich wollte genauer herausfinden, in welcher Weise und mit welchen Folgen die SED-Diktatur in das Leben einzelner Menschen eingegriffen hat. Das Ergebnis macht betroffen. Denn die Staatssicherheit operierte in einem rechtsfreien Raum. Sie scheute nicht davor zurück, ihre Gegner seelisch und körperlich zu zerstören. Mit den »Feinden des Staates« kannte der Verfolgungsapparat kein Erbarmen.

Natürlich darf man das Ministerium für Staatssicherheit nicht mit der DDR gleichsetzen. Es gab im Alltag Nischen ohne Angst und ohne Bedrückung, ein Stück Normalität. Allerdings – auch in den Nischen war Bespitzelung möglich und damit Vorsicht geboten.

Die Porträts der Zeitzeugen bieten einen unmittelbaren Einblick in die Mechanismen eines Staates, der ohne einen allmächtigen Kontrollapparat offenbar nicht existieren konnte. Die Staatssicherheit verfeinerte im Laufe der Jahre Kontrolle und Überwachung derart, dass letztlich niemand vor ihr sicher sein konnte.

Aussagen zurückgenommen

Die meisten der Zeitzeugen habe ich mehrfach getroffen. Unsere Gespräche zogen sich oftmals über Stunden hin, begleitet von einem intensiven Brief- und E-Mail-Wechsel. So entstanden Nähe und Vertrauen. Einige waren aber mit ihrer eigenen Lebensgeschichte noch nicht im Reinen. Der Kontakt geriet ins Stocken und brach schließlich ganz ab. Es kam vor, dass das Gesagte, sobald es schriftlich vorlag, Erschrecken auslöste. Aussagen wurden zurückgenommen bzw. ins Gegenteil verkehrt. Doch das waren Ausnahmen.

Insgesamt habe ich bei meinen Recherchen eine große Offenheit gespürt. Allen Zeitzeugen bin ich zu tiefem Dank verpflichtet. Sie sprechen über Themen, die eng mit der DDR-Geschichte verknüpft sind: über Flucht und Abschiebung, Opposition und Widerstand, über Umweltzerstörung und Friedensbewegung, Mauer und Trennung, aber auch über Journalismus und Mode.

In den beiden letzten Kapiteln geht es um die Friedliche Revolution 1989/90 und die Offenlegung der Stasi-Akten. Diese Revolution haben die Bürgerrechtler durchgesetzt. SED-Funktionäre ließen sie geschehen, wie der aus Dresden stammende Schriftsteller Ingo Schulze in einem Aufsatz anmerkte: »Bis zum Schluss war die DDR eine Diktatur, jedoch eine, die sich unblutig, ja weitgehend friedlich abschaffen ließ. Das ist das Verdienst von beiden Seiten, das der gewaltlosen Demonstranten, aber auch das einiger verantwortlicher Köpfe im Staats- bzw. Parteiapparat, die sich durchsetzen konnten.«

Die Idee einer freien Gesellschaft hat die Zeitzeugen angetrieben. Dass sie am Ende in ihrem Kampf Erfolg hatten, ist ein ermutigendes Zeichen und zugleich ein Triumph der deutschen Freiheitsbewegung, die im Laufe der Geschichte manche Niederlagen hinnehmen musste und vor mehr als zwanzig Jahren ihren größten Sieg errang.

Hermann Vinke

Wege in den Westen

»Republikflucht« | Bis zum Bau der Berliner Mauer im August 1961 war es für die Menschen in der DDR vergleichsweise einfach, in den Westen zu gelangen. Zwischen Ost- und Westberlin verkehrte die S-Bahn, sodass eine Fahrkarte genügte, die Grenze zu passieren. Der *»antifaschistische Schutzwall«*, wie die SED-Propaganda das Bollwerk nannte, machte die *»Republikflucht«* dann ungleich riskanter. Doch davon ließen viele sich nicht abschrecken; sie schmiedeten abenteuerliche Pläne, um in der Bundesrepublik oder anderswo ein neues Leben beginnen zu können. Die einen bastelten abenteuerliche Fluggeräte, andere gruben in wochenlanger mühsamer Arbeit Tunnel unter der Berliner Mauer hindurch. Wiederum andere nahmen die Hilfe professioneller Fluchthelfer aus dem Westen in Anspruch.

Dass Fluchtversuche mit Lebensgefahr verbunden waren, schreckte vor allem junge Menschen oft nicht ab. »Freiheit um jeden Preis« – bei manchen wurde der Gedanke, in den Westen zu gelangen, zur »fixen Idee«. Todesmutig rannten sie gegen Grenzanlagen an, die im Laufe der Jahre immer unüberwindlicher wurden. Der letzte Flüchtling, der an der Berliner Mauer sein Leben ließ, war Chris Gueffroy. In der Nacht vom 5. auf den 6. Februar 1989 streckten ihn Grenzsoldaten mit einem gezielten Herzschuss zu Boden.

Im Gegensatz zu Grenze und Mauer war die Ostsee für das SED-Regime in gewisser Weise eine offene Flanke. Strände und Küstenregionen, die alljährlich von Zehntausenden Urlaubern genutzt wurden, ließen sich nicht ohne Weiteres abriegeln. Nur wenige versuchten, schwimmend über die Ostsee zu fliehen. Die spektakulärste Flucht dieser Art gelang dem Rostocker Arzt Peter Döbler, der 45 Kilometer bis zur Insel Fehmarn schwamm. Wer den legalen Weg zum Verlassen der DDR einschlug, indem er einen Antrag auf Ausreise stellte, was ab 1975 möglich war, brauchte nicht nur viel Geduld, sondern auch ein hohes Maß an Leidensfähigkeit. Der SED-Staat tat alles, Antragsteller zu diffamieren und ihnen das Leben schwer zu machen. Diese bittere Erfahrung machte der Bauschlosser Udo Schulze aus Beeskow östlich von Berlin, der viele Hürden überwinden musste, bevor er sein Ziel erreichte.

1940	Geburt in Rostock
1958–1966	Medizinstudium
1971	Flucht über die Ostsee nach Fehmarn
1972	Facharzt in Hamburg
1994	Übersiedlung auf die Kapverden
2007	Rückkehr nach Hamburg

Peter Döbler   Flucht über die Ostsee

Am Strand von Kühlungsborn geht langsam die Sonne unter. Die Badegäste haben sich in ihre Quartiere verzogen. Es ist Samstagabend, der 24. Juli 1971; für Peter Döbler der ideale Zeitpunkt, endlich in die Tat umzusetzen, worauf er sich seit zwei Jahren bis ins letzte Detail vorbereitet hat: die Flucht aus der DDR über die Ostsee. Der 31 Jahre alte Arzt aus Rostock will vom Badeort Kühlungsborn aus etwa 45 Kilometer bis zur Insel Fehmarn schwimmen – eine Strecke, zehn Kilometer länger als der Ärmelkanal zwischen Calais und Dover. Niemand vor ihm hat je diesen Fluchtweg gewählt.

Die äußeren Voraussetzungen scheinen günstig zu sein. Der Wind weht aus Südost. Das Ostseewasser ist etwa 18 Grad warm. Die richtige Temperatur, damit der Körper nicht auskühlt. Auch für die nächsten Tage sind angenehme Wärmegrade angesagt. »Kaiserwetter«, denkt Döbler. Er hat sich noch ein Eis gekauft, schlendert mit einer Art Seesack am Strand entlang. Plötzlich stürzen aus einem Ge-

büsch zwei Volkspolizisten, fordern ihn auf, stehen zu bleiben, und leuchten ihm mit einer Taschenlampe ins Gesicht: »Wo wollen Sie hin?« Döbler erschrickt. An dieser Stelle hatte er keine Kontrolle erwartet. »Zum Angeln«, antwortet er. Zum Glück hat er die Angelrute und eine Dose mit Würmern dabei. Dann wollen die Polizisten seinen Ausweis sehen; das Papier steckt in einer Zellophanhülle unten im Seesack. Mit Mühe kann Döbler die Hülle zerreißen, bevor er den Ausweis hervorholt.

Wie er von Rostock nach Kühlungsborn gekommen sei? Wann er gedenke zurückzukehren? Die Polizisten stellen viele Fragen. Offenbar kann Döbler sie glaubwürdig beantworten, denn die Vopos lassen ihn laufen. Hätten sie seine Ausrüstung durchsucht, den Taucheranzug und weitere Papiere gefunden, darunter die Urkunde, die ihn als Arzt ausweist, wäre er wegen Verdachts auf *Republikflucht* verhaftet worden. Den Schrecken muss er erst einmal verarbeiten. »*Mit einem Taxi bin ich nach*

Hause ins 25 Kilometer entfernte Rostock gefahren, habe eine Schlaftablette genommen und mich hingelegt«, erzählt Döbler.

Es gibt kein Zurück mehr

Den Fluchtplan hat Döbler in Gedanken schon oft durchgespielt. Alle Einzelheiten sind in seinem Kopf programmiert. Er braucht die nächsten Schritte nur noch abzurufen und umzusetzen. Bereits am Sonntag nach dem Vorfall mit den Vopos steht für ihn fest: Es gibt kein Zurück mehr. *»Ich habe mir gesagt: Jetzt machst du es wie beim Tauchen. Zwischen 17 und 18 Uhr gehst du ins Wasser. Die Sonne wird schwächer. Die Leute gehen zum Essen. Sie merken gar nicht, wenn du verschwindest. So war es dann auch. Ich ging zur Sandbank, versteckte meine Kleider, zog den Taucheranzug an, legte den Bleigürtel um, schwamm einige Runden und entfernte mich dann langsam von der Küste.«*

Handflossen

Die Ausrüstung hatte der Flüchtling sorgfältig zusammengestellt: Kompass, eine Armbanduhr mit Leuchtziffern, Schnorchel, Bleigewichte, die ihn beim Schwimmen möglichst unterhalb der Wasseroberfläche halten sollen; ein aufblasbarer Rettungsring und Klebeband zum Ausbessern von Schäden; ferner zwei Schokoladenriegel, Schmerztabletten sowie Appetitzügler, die gleichzeitig als Aufputschmittel wirken. Schließlich Fuß- und Handflossen. *»Die Handflossen habe ich selber hergestellt. Sie sahen aus wie eine Froschhand. Zwischen den Fingern waren Flügel gespannt, was beim Schwimmen den Armzug verstärkte. Das musste ich vorher trainieren, weil es anstrengend ist, mit Handflossen zu schwimmen. Ich habe mir einen bestimmten Kraulstil angewöhnt, bei dem ich mich um die Längsachse drehte, sodass der ganze Körper die Schwimmbewegung unterstützte. Streckenweise bin ich in Rückenlage geschwommen, zur Abwechslung auch Brustschwimmen. Wichtig war, dass ich den Südostwind im Rücken hatte. Bei Gegenwind darf*

Peter Döbler | 1971

man sich keine Sekunde ausruhen, sonst wird man sofort zurückgetrieben.«

Über die Route hatte Döbler lange nachgedacht. Die Flucht vom Darß nach Gedser in Dänemark erschien ihm wegen der häufigen Kontrollen als zu riskant, obwohl die Entfernung nur 18 Kilometer beträgt. Das Gleiche galt für andere Fluchtwege, etwa von Bulgarien nach Griechenland. *»Ich habe die Seekarten, die Freunde aus Westdeutschland mitgebracht hatten, studiert und mich entschieden: Du machst das, was noch keiner gemacht hat und womit niemand rechnet: Du fliehst von Kühlungsborn aus.«*

Wie gedopt

Die ersten 15 Kilometer schwimmt Döbler in Richtung Norden. Die See bleibt ruhig. Das Amphetamin entfaltet seine Wirkung. *»›Obesin‹ war als Appetitzügler in der DDR verschreibungspflichtig. Gleichzeitig geht eine euphorisierende Wirkung davon aus. Um keine schlechte Stimmung aufkommen*

Peter Döbler (rechts) mit Bruder und Mutter | 1956

zu lassen, habe ich die Tabletten genommen – die erste nach vier Stunden und alle vier oder fünf Stunden eine weitere. Deswegen war ich stets gut drauf. Ich habe gesungen – Volkslieder, alles Mögliche, um mir die Zeit zu vertreiben. Ich war praktisch gedopt. Heute kann ich mir das kaum noch vorstellen (lacht).«

Während Döbler die Ostsee durchquert, malt der Flüchtling sich seine Zukunft in der Bundesrepublik in rosigen Farben aus. Oder er geht in Gedanken noch einmal den Fluchtplan durch. Mit Genugtuung stellt er fest: Er hat wirklich an alles gedacht, auch daran, wie er seine Mutter davor schützen kann, dass sie durch seine Flucht Schwierigkeiten bekommt. Sie ist die einzige Person, die weiß, dass er Fluchtpläne schmiedet. Einzelheiten kennt sie jedoch nicht.

Noch eine Vorkehrung erwies sich als nützlich. Um zu verhindern, dass seine Flucht schon am Montagmorgen entdeckt wurde, hatte Döbler am Samstag im Krankenhaus in Rostock angerufen und sich krankgemeldet; bei einem Unfall mit seinem Motorroller habe er Prellungen erlitten, die ärztlich behandelt werden müssten. Außerdem hatte er in seinem Schreibtisch im Krankenhaus ein von ihm besprochenes Tonband hinterlegt, auf dem er die Gründe für seine Flucht nannte und versicherte, niemanden in seine Pläne eingeweiht zu haben.

Exkurs: Liebe Mutter ...

»Meine persönlichen Dinge hatte ich in einen Koffer gepackt, den ich im Rostocker Bahnhof aufgab. Gleichzeitig hatte ich meiner Mutter einen Brief mit dem Schein zur Gepäckaufbewahrung geschickt und ihr geschrieben: ›Liebe Mutter, wenn Du diesen Brief bekommst, geh bitte zum Bahnhof und hole meinen Koffer ab. Ich werde dann schon im Westen sein. Wenn Du von mir ein Telegramm bekommst, in dem steht: Herzlichen Glückwunsch zu Katis Geburtstag! – dann weißt Du, dass ich im Westen gut angekommen bin.‹ Diesen Brief hatte ich in Kühlungsborn eingeworfen; dort wurde die Post nicht kontrolliert.«

PETER DÖBLER

Kompass und Sternbild

Peter Döbler ist seit über fünf Stunden im Wasser. Etwa 26 Stunden hat er für die gesamte Strecke veranschlagt. Laut Kompass und Sternbild, das er sich neben den Seewegen und Wetterdaten eingeprägt hat, ist jetzt ein Kurswechsel in Richtung Westen angesagt. Gleichmäßig durchkreuzt er weiter die dunkle Ostsee. Gegen 23 Uhr leuchten von der Küste her mächtige Scheinwerfer auf. Die Lichtkegel kreisen an der Wasseroberfläche. Döbler taucht ab. Selbst als er bald darauf in der Ferne ein Patrouillenboot erkennt, bleibt er ruhig. Die Möglichkeit, jetzt noch entdeckt zu werden, ist eher gering.

Statt sich zu beunruhigen, gibt er sich wieder seinen Gedanken hin. Das lenkt ab. Sorgen um seine Kondition macht er sich nicht. Zwei Jahre hartes Training liegen hinter ihm. *»Ich war schon immer ein guter Schwimmer. Mit neun Jahren bin ich durch die Müritz geschwommen, über sechs Stunden lang. Beim Training für die Flucht merkte ich, wie viel Spaß mir gerade die langen Strecken bereiteten. Und ich sagte mir: Wenn du schon zehn Stunden lang mit Vergnügen schwimmst, dann schaffst du auch das Doppelte und mehr, wenn es darum geht, die DDR zu verlassen.«*

Döbler schwamm nachts in Flüssen und Seen oder an der Küste, sogar im Winter, um sich abzuhärten. Er kannte die Einsatzpläne der Volkspolizei und der Marineboote und fand heraus, wo die auf Fahrzeugen montierten Scheinwerfer eingesetzt wurden. *»Auch das Tauchen gehörte zum Übungsplan. Zur Abwechslung habe ich dabei Aale und Schollen gestochen. Das hatte auch mit meinem Jagdtrieb zu tun. Jedenfalls war ich es gewohnt, nach zwei, drei Atemzügen an der Luft eine Strecke unter Wasser zu schwimmen.«*

Auseinandergelebt

Innerlich war Peter Döbler mit sich im Reinen. Seine Mutter und sein Bruder würden die Trennung verkraften. Seine Ehe war schon seit Längerem geschieden. Für das Scheitern machte er den Staat mitverantwortlich. Seine Frau arbeitete als Ärztin im selben Krankenhaus wie er. Sie kannten sich seit fünf Jahren, waren drei Jahre verheiratet gewesen und hatten einen gemeinsamen Sohn. Dennoch lebten sie in dieser Zeit getrennt, weil alle Bemühungen, eine Wohnung zu finden, ergebnislos geblieben waren. *»Meine Frau wohnte bei ihren Eltern, ich bei meiner Mutter. Also pendelte ich ständig hin und her. Das belastete unsere Ehe. Wir haben uns auseinandergelebt. Beim Versöhnungstermin vor der Scheidung habe ich dem Richter gesagt: ›Wie soll man sich finden ohne Aussicht auf eine gemeinsame Wohnung!‹«*

Konflikte

Nach dem Grundstudium hatte Döbler sich zunächst vergeblich um eine Stelle in der Chirurgie eines Krankenhauses bemüht. Schließlich bot man ihm eine Tätigkeit als Arzt auf einem Fang- und Verarbeitungsschiff an. Nach mehreren Fangfahrten hauptsächlich im Nordatlantik stellte ihn das Städtische Krankenhaus in Rostock ein. Dort geriet er bald in einen Konflikt mit seinen Vorgesetzten. Wie andere junge Mediziner musste auch er die anstrengenden Bereitschaftsdienste übernehmen. Seinem Chefarzt rechnete er vor, ein Maler verdiene an einem einzigen Nachmittag genauso viel wie er mit seinem Bereitschaftsdienst von Freitag

Arzt auf einem Fang- und Verarbeitungsschiff

bis Montagfrüh – 72 Mark. *»Ich weiß noch, dass ich
an einem Wochenende etwa 40 Brüche gerichtet und
gegipst habe – neben der Behandlung von Kopfverletzungen und Platzwunden. Ich hätte mir nebenher
noch etwas dazuverdienen können, aber der Dienst
beanspruchte mich viel zu sehr.«*

Die Belastung durch den Bereitschaftsdienst war
das eine. Hinzu kamen die politischen Kontroversen am Arbeitsplatz. Der Arzt äußerte sich zum
Vietnam-Krieg der USA ebenso kritisch wie zum
Einmarsch der Warschauer-Pakt-Staaten 1968 in
die Tschechoslowakei. Er vertrat den Standpunkt:
Wenn die Amerikaner sich aus Indochina zurückziehen sollen, dann müssen die sowjetischen Truppen die ČSSR ebenfalls verlassen. Spenden für Vietnam lehnte Döbler ab. Auch weigerte er sich zu
versprechen, er werde auf den Empfang von Westmedien verzichten. *»Diese Einstellung passte dem
Chefarzt gar nicht. Ich galt als widerspenstig und
wurde auf ein Abstellgleis geschoben. Jahrelang
musste ich Unfalldienste im Krankenhaus ableisten,
was meine Ausbildung zum Chirurgen gefährdete.
Ich drohte dem Chefarzt mit Kündigung. Das hat
den kaum beeindruckt, denn ein Anruf hätte genügt,
um mich im Bezirk Rostock und in ganz Mecklenburg
kaltzustellen. Das war mir schon klar. Also stand fest:
Das lässt du dir nicht länger gefallen!«*

Eine Fähre in Sicht

Die Ostsee bleibt dem Flüchtling weiter gewogen.
Sie plätschert eher vor sich hin, statt hohe Wellen
zu werfen. Phasen der Erschöpfung überwindet

Döbler, indem er sich auf den Rücken legt und für
einige Minuten treiben lässt. Seine Sinne sind hellwach. Er hat bereits mehr als die Hälfte der Strecke
geschafft, als wenige Meter vor ihm ein dunkles
Ungetüm auftaucht. Er braucht nicht lange, bis er
die Tonne erkennt, die den Seeweg anzeigt. Döbler
weiß, dass er sich bereits in internationalen Gewässern bewegt, und zwar auf dem Schifffahrtsweg
zwischen Schweden und Lübeck. Ab jetzt gilt, auf
vorbeifahrende Schiffe zu achten, damit er nicht
überrollt wird. Als Erstes kommt eine Fähre in
Sicht. Döbler schreit und gestikuliert. Doch an
Bord nimmt niemand Notiz von ihm. Als weitere
Schiffe am Horizont auftauchen, reagiert er nicht
mehr; es hätte ihn zu viel Kraft gekostet und erneut
aus dem Rhythmus gebracht.

Die letzte Etappe

Fast 20 Stunden ist Döbler bereits schwimmend
unterwegs, als plötzlich ein Gewitter aufzieht. Die
See wird rau. Zeitweise kommt der Wind von
vorne, sodass der Flüchtling viel Kraft aufbieten
muss, um Kurs zu halten. Statt sich den Wellen
entgegenzustemmen, taucht er unter sie hindurch.
*»Das hatte ich alles trainiert. Deswegen kam ich auch
mit Gegenwind und Gegenwellen zurecht.«* Etwa eine
Stunde lang dauert der Kampf mit der aufgebrachten Natur, dann verschwindet das Gewitter so
schnell, wie es gekommen war. Ein neuer Tag bricht
an. Voller Zuversicht geht Peter Döbler die letzte
Strecke in Richtung Fehmarn an. Er ist fest davon
überzeugt: Die waghalsige Flucht geht in wenigen

Stunden ihrem glücklichen Ende entgegen, und zwar ohne Momente der Verzweiflung.

Die Liebe zum Wasser, überhaupt zur Natur, kennt Peter Döbler seit seiner Kindheit. Dabei spielte sein Vater eine wichtige Rolle. Dieser war 1947 aus sowjetischer Gefangenschaft heimgekehrt und machte sich in Rostock als Steuerberater selbstständig. In der Nähe der Hansestadt pachtete er einen Fischteich, um seinem Hobby, dem Angeln, nachgehen zu können. Sein Sohn, gerade sieben Jahre alt, drängelte so lange, bis der Vater ihn eines Morgens in aller Herrgottsfrühe auf dem Gepäckträger seines Fahrrads mit zum Fischen nahm. »*Wir haben an diesem Tag so viele Hechte gefangen, dass ich ganz begeistert war. Das Angeln hat mich seitdem nicht mehr losgelassen.*«

Zwei Jahre später ging es bereits mit einem Boot auf Angeltour. Der Vater hatte einen Automotor umbauen lassen, sodass die beiden die Boddengewässer und andere Fanggebiete ansteuern konnten. Wenige Jahre später durfte er sich Jugendbezirksmeister im »*Friedfischangeln*« nennen.

Sohn eines »Kapitalisten«

Der Beruf des Vaters als selbstständiger Wirtschaftsprüfer und Steuerberater bereitete Peter Döbler nach seinem Abitur im Jahr 1958 unerwartete Schwierigkeiten. Obwohl sein Abschlusszeugnis nur gute bzw. sehr gute Noten aufwies, wurde er nicht zum Medizinstudium zugelassen. Der Grund:

Er war der Sohn eines »Kapitalisten«.

»*Etwa drei Monate nach der Ablehnung starb mein Vater an Speiseröhrenkrebs.*

Meine Eltern hatten sich schon vor längerer Zeit getrennt. Aus der Familie war ich der Einzige, der den Kontakt zu ihm aufrechterhalten hatte, eben durch das Angeln. Nach seinem Tod habe ich mich noch einmal um einen Studienplatz beworben und

Begeisterter Angler | 1965

wurde dieses Mal als Sohn einer staatlichen Angestellten – meine Mutter arbeitete als Verkäuferin in einem HO-Geschäft – angenommen. Das begreife ich bis heute nicht: Erst musste mein Vater sterben, dann durfte ich Medizin studieren.«

Fehmarn in Sicht

Döbler ist schon fast 25 Stunden unterwegs, als zum ersten Mal Land in Sicht kommt. Das muss Fehmarn sein, sein Ziel, das er zu keiner Zeit aus dem Auge verloren hatte. Von der Küste trennen ihn nur noch zwei oder drei Kilometer. Den Rest der Strecke hätte der Flüchtling auch noch ge-

---

Exkurs: Der Wille ist entscheidend

»*Entscheidend ist der Wille. Ich war absolut überzeugt davon, dass ich körperlich durchhalten würde. Das Mentale kommt also vor dem Physischen. In einem Buch las ich über jemanden, der mit einem Paddelboot den Atlantik überquerte. Daran habe ich mich orientiert. Ich kenne auch Beispiele von Menschen, die ohne Kompass mit*

einem Boot irgendwo losgefahren und dann in Hiddensee gelandet sind. Als sie rufen wollten ›Hurra, wir sind in Freiheit!‹, standen die Grenzsoldaten mit ihren Maschinenpistolen vor ihnen.«

PETER DÖBLER

Döbler wird an Bord genommen | 1971

schafft. Aber ein Motorsegler nähert sich. *»Da habe ich gewunken und gerufen. Die Leute an Bord dachten wahrscheinlich: Der macht sich bemerkbar, damit wir ihn nicht überfahren. Aber ich habe weiter gestikuliert und dann erkundigte sich der Skipper, was er für mich tun könne. Ich sagte sinngemäß: Ich bin aus der DDR und würde gern an Bord kommen. Sofort rasselte die Jakobsleiter runter. Ich kletterte hoch und stand einem Ehepaar aus Fehmarn gegenüber. Natürlich war ich sehr froh und erleichtert, auch wenn ich mich kaum auf den Beinen halten konnte und in der Schulter einen heftigen Schmerz verspürte. Als Erstes bat ich, etwas trinken zu dürfen, denn ich war völlig ausgetrocknet. Einen Liter Saft habe ich hinuntergestürzt. Dann versorgten die beiden mich mit Kaffee, gaben mir einen Trainingsanzug, eine Badehose, Badelatschen und 100 DM als Taschengeld.«*

Noch an Bord werden die nächsten Schritte besprochen. Döbler will möglichst bald eine Polizeidienststelle aufsuchen. Im Ort Burg auf Fehmarn meldet er sich auf der Wache. Die Beamten reagieren zunächst etwas skeptisch. Es kam schließlich nicht alle Tage vor, dass bei ihnen ein DDR-Flüchtling auftauchte, der behauptete, die Ostsee durchquert zu haben. Doch Döbler kann sich ausweisen, da seine Papiere das Abenteuer unbeschädigt überstanden haben. Noch am selben Tag fährt Döbler mit einer von der Polizei organisierten Fahrkarte zu einer Verwandten nach Kiel.

In Rostock hatte seine Mutter inzwischen den in Kühlungsborn aufgegebenen Brief erhalten und den Koffer vom Bahnhof geholt. *»Als meine Mutter den Brief in der Hand hielt, dauerte es nur noch wenige Stunden, bis mein Telegramm eintraf. Dann habe ich von Kiel aus noch einen Brief hinterhergeschickt, mit dem sie zum Chefarzt gehen sollte, um ihn über meine Flucht zu unterrichten. Sie und mein Bruder wurden zwar von der Stasi verhört, blieben aber ansonsten unbehelligt.«*

Neuanfang mit Überraschungen

Das neue Leben in der Bundesrepublik beginnt mit einigen Überraschungen. Döbler kleidet sich neu ein; er besitzt einen Gutschein des Bundesgrenzschutzes für eine »Einmal-Einkleidung«: Anzug, Schuhe usw. Auf der Straße trifft er unverhofft einen Kollegen aus dem Rostocker Krankenhaus, der ihm als Anästhesist bei Operationen zur Seite gestanden hat. Der Mann ist Jordanier, darf also ausreisen und will in Kiel seinen Bruder besuchen. Verdutzt schauen die beiden sich an und umarmen sich vor Freude.

Bald darauf bekommt der Flüchtling Besuch vom Verfassungsschutz. Die Geheimdienstleute bringen ihn nach Lübeck, um ihn dort gründlich zu vernehmen. Da Döbler nichts zu verbergen hat, verläuft die Befragung in einer entspannten Atmosphäre.

Vor dem Haus seiner Cousine warten bei seiner Rückkehr Reporter auf ihn. Die sensationelle Flucht hat sich herumgesprochen. Schon am nächsten Tag berichten Zeitungen in großer Aufmachung über den Arzt, der *»durch die Ostsee in die Freiheit«* schwamm.

Facharzt

Die Berichte und Reportagen erleichtern den Wiedereinstieg in seinen Beruf. Am Universitätsklinikum in Kiel arbeitet Döbler in der Chirurgie. *»Es ging fast im gleichen Rhythmus weiter wie in der DDR. Jedes zweite Wochenende Dienst. Nur die Bezahlung stimmte, relativ jedenfalls. Schon bald war mir klar, dass ich nicht Chirurg bleiben wollte, zumal bei Chirurgen die Lebenserwartung im Vergleich zu anderen Arztberufen am niedrigsten ist.«*

Dr. Döbler entscheidet sich für die Urologie, wechselt nach Hamburg, wo er seine Ausbildung zum Facharzt abschließt und die urologische Praxis seines ehemaligen Chefs übernimmt. Döbler gilt als erfolgreicher Mediziner. *»Ein gutes Verhältnis zu den Patienten war mir wichtig, auch die Fortbildung, also immer auf dem neuesten Stand der Wissenschaft zu sein. Belegbetten habe ich jedoch abgelehnt. Das wäre zulasten der Freizeit gegangen. Eine gutgehende Praxis, die Spaß macht und Geld einbringt, und ausreichend Zeit für meine Hobbys – darauf kam es mir an.«*

Der Blaue Marlin

Die Leidenschaft fürs Angeln ist geblieben. Döblers Traum vom Fischen bewegt sich inzwischen jedoch in ganz anderen Breitengraden. Die Jagdleidenschaft hat ihn auf die Fährte eines der schnellsten Meeresbewohner geführt: des *Blauen Marlin*. *»Ich hatte von Ernest Hemingway ›Der alte Mann und das Meer‹ gelesen. Seither träumte ich davon, eines Tages Marline zu fangen.«* Marline können bis zu 4,60 Meter lang werden und 750 Kilogramm wiegen. *»Mit einem Marlin muss man echt kämpfen«*, sagt Döbler. *»Um diesen Fisch zu besiegen, darf man keine Fehler machen. Man muss körperlich fit sein und sein Fanggerät in Ordnung haben.«*

Wie bei seiner Flucht aus der DDR geht Döbler zielstrebig und entschlossen vor. Er hat sich vorgenommen, eines Tages weltweit einer der erfolgreichsten Jäger dieser besonderen Fischart zu sein. Wenn er sich einmal etwas in den Kopf gesetzt hat, ordnet er diesem Ziel alles andere unter. 1994 verkauft er seine Praxis in Hamburg und wechselt den Beruf. Er zieht auf die Kapverdischen Inseln, wo er Touristen Angeltouren auf seiner Jacht anbietet.

»Ich habe etwa 1400 Marline gefangen, die meisten aber gleich wieder freigelassen. In Europa hat das sonst niemand erreicht. Weltweit gibt es vielleicht vier oder fünf Marlin-Angler mit einem ähnlichen Ergebnis. Ich habe das wirklich mit Fanatismus betrieben. Mein Spitzname war Mr. Marlin.«

Ein Albtraum

Die DDR-Vergangenheit holt den Arzt immer mal wieder ein. In den ersten Jahren nach seiner Flucht fühlt er sich zeitweise verfolgt und hat Albträume, die immer nach dem gleichen Muster ablaufen: Er lebt wieder in der DDR, wird vom Staatssicherheitsapparat verfolgt und kann nicht fliehen. Die Tatsache, dass die Stasi nicht davor zurückschreckte, Flüchtlinge aus Westberlin und der Bundesrepublik zu entführen, beunruhigt ihn. Döbler hegt den Verdacht, dass Agenten sich Zugang zu seiner Hamburger Wohnung verschafften. Deshalb markiert er die Eingangstür. Bei einem Freund hinterlegt er wichtige Unterlagen und vereinbart mit ihm einen täglichen Anruf. Falls er sich einmal nicht melde, solle dieser zur Polizei gehen und die Presse verständigen.

Eine Begegnung der besonderen Art

Eines Tages erlebt der Arzt auf den Kapverden eine Begegnung der besonderen Art, die er nicht einmal im Traum für möglich gehalten hätte. In einer Bar verwickelt ein Tourist ihn in ein Gespräch. Döbler kommt auf seine Flucht zu sprechen. Der Mann horcht auf und will wissen, wie er geflohen sei. Döbler antwortet: *»Ich bin von Kühlungsborn nach Fehmarn geschwommen, die ganze Strecke.«* Sein Gegenüber staunt: *»Dann bist du Peter Döbler aus Rostock.«* Und er fährt fort: *»Gegen 23 Uhr wurde damals in Kühlungsborn vor der Küste Alarm geschlagen. Man hatte in einem Gebüsch Kleidungsstücke gefunden. Kampfschwimmer und Boote rückten aus. Ich war der Einsatzleiter, der dich kriegen sollte.«*

Döblers Boot in Cabo Verde | 1965

1965 Geburt in Beeskow
1978 Ausbildung als Baukonstruktionsschlosser
1987 Antrag auf Ausreise aus der DDR
1989 Ausreise in die Bundesrepublik
1990 Rückkehr nach Beeskow

Udo Schulze   Geschichte einer Rückkehr

Um von Deutschland-Ost nach Deutschland-West zu gelangen, brauchte Udo Schulze fast vier Jahre. In den 1980er-Jahren hat Schulze geplant und organisiert, hat Verhöre und Verfolgung auf sich genommen und Ängste ausgestanden, immer wieder. Schulze schwankte zwischen Flucht und Ausreiseantrag, den er 1987 stellte. Und als er im Februar 1989 endlich im Westen angekommen war, fiel – kaum dass er sich mit seiner Familie eingewöhnt hatte – neun Monate später in Berlin die Mauer.

Der gelernte Bauschlosser, *Rolling-Stones*-Fan und ehemaliger DJ kehrte daraufhin in seine brandenburgische Heimatstadt Beeskow zurück, wo er seit einigen Jahren wieder in Opposition steht – dieses Mal gegen ein gigantisches unterirdisches Speicherprojekt für klimaschädliches Kohlendioxid, dem Naturschutzorganisationen und Bürgerverbände kritisch gegenüberstehen. Große Teile der Mark Brandenburg würden dadurch ökologisch gefährdet.

Kein Rebell

Ein Rebell ist Udo Schulze dennoch nicht. Er zögert sogar, sich als Oppositionellen während der Zeit in der DDR zu bezeichnen. Der 1965 in Beeskow geborene Brandenburger gehört zu jener Sorte Menschen, die für das, was sie denken, geradestehen, die den Mund aufmachen, wenn andere sich wegducken, und sich nicht alles gefallen lassen. Vor allem wehrte er sich gegen das Gefühl, eingesperrt zu sein. »*Über bestimmte materielle Dinge, die es in der DDR nicht gab, konnte ich hinwegsehen*«, sagt er, »*aber das Recht auf Freiheit, Freizügigkeit und Meinungsfreiheit – darauf konnte und wollte ich nicht verzichten.*« Mit dieser Einstellung waren seine Konflikte im SED-Staat vorprogrammiert.

Flucht bei Nacht und Nebel

Die Geschichte seiner Ausreise hat eine Vorgeschichte mit zum Teil bitteren, tragischen und auch komischen Zügen. Diese Vorgeschichte betrifft zu-

> »Nach jedem Verhör hatte ich Angst. Denn meine Frau war sehr labil. Sie war dieser schlimmen Zeit einfach nicht gewachsen. Es gab Tage, an denen wir beide nicht mehr ein noch aus wussten.«

UDO SCHULZE

nächst seine Schwiegereltern, die in der zweiten Hälfte der 1980er-Jahre der DDR den Rücken kehrten. Zuerst wechselte die Schwiegermutter zu einer Cousine nach Westberlin. Daraufhin stellte ihr Mann mehrere Ausreiseanträge – jedoch immer ohne Erfolg. Dann entschloss er sich zur Flucht. In Westberlin leiteten Fluchthelfer die nötigen Vorbereitungen ein. In einer »Nacht-und-Nebel-Aktion« brachte Udo Schulze seinen Schwiegervater zu einem Parkplatz bei Ziesar auf halber Strecke der Transitautobahn zwischen Potsdam und Magdeburg. Dort stand ein Transporter mit doppeltem Boden bereit, der den Flüchtling aufnahm und sicher über die Grenze brachte. *»Von diesem Tag an hatten wir Probleme«*, berichtet Udo Schulze, der inzwischen Vater eines Sohnes war und mit seiner Familie ebenfalls in den Westen gehen wollte. *»Es war so abgesprochen, dass auch wir die DDR verlassen würden.«*

Um jeden Verdacht von sich abzulenken, klingelte Schulze demonstrativ am Wohnhaus der Schwiegereltern in Beeskow, fragte Nachbarn und Bekannte nach ihrem Verbleib. Bis er eines Tages bei seinen Eltern, die einen Brennstoffhandel besaßen und deswegen über ein Telefon verfügten, einen Anruf erhielt. Aus Westberlin meldete sich der Schwiegervater, der in der Annahme, das Gespräch werde abgehört, sagte: *»Passt auf, liebe Kinder, ich rufe aus Westberlin an. Ich bin geflüchtet.«* Polizei und Staatssicherheit hatten inzwischen genügend Hinweise auf Republikflucht gesammelt.

Das Ehepaar Schulze musste zur Vernehmung erscheinen. Den Ermittlungsbeamten ging es darum, sie als Fluchthelfer zu überführen. Im Fall einer Verurteilung mussten sie mit hohen Haftstrafen rechnen.

»Ihre Frau hat gestanden«

Die beiden wurden getrennt vernommen. Udo Schulze saß stundenlang dem Vernehmungsbeamten gegenüber, ohne dass dieser Notiz von ihm nahm. Durch das vergitterte Fenster sah er, wie ihr *Wartburg*, mit dem sie gekommen waren, auseinandergenommen wurde. Schließlich tauchte ein weiterer Beamter auf, tuschelte mit seinem Kollegen und erklärte dann: *»Ihre Frau hat jetzt gestanden.«* Schulze verlangte eine Gegenüberstellung mit ihr; sie solle ihr angebliches Geständnis in seiner Anwesenheit wiederholen, was abgelehnt wurde. Auf die Mitteilung, der *Wartburg* werde als »Fluchtauto« beschlagnahmt, reagierte der Schlosser mit der Bemerkung, er erwarte eine Entschädigung. *»Das ging einige Stunden lang hin und her. Zwischendurch hieß es, der Wagen sei kein Fluchtauto. Dann zog der Vernehmungsbeamte die Gardinen zu, stellte sich hinter mich, kniff mir in die Schulter und drohte mir. Seine Stimme wurde lauter und aggressiver. Vermutlich dachte er, ich würde mich irgendwie zur Wehr setzen. Den Gefallen habe ich ihm nicht getan. Aber mir wurde mulmig und ich dachte: ›Vielleicht fahren sie mit dir in den Wald und jemand findet dich Tage später.‹ Es war beängstigend.«*

»Dann eben nicht!«

»Kurz nach der Flucht meines Schwiegervaters bin ich über die tschechische Grenze ins Dreiländereck Polen – DDR – ČSSR gefahren, um Fluchtmöglichkeiten zu erkunden. Auf der Rückfahrt wurde ich am Grenzübergang Zinnwald angehalten und vernommen. Die Staatssicherheit wollte den Grund meiner Reise wissen. Ich antwortete, ich hätte mir die »Tschechei« angesehen. Ich vermute, dass mein Kennzeichen bereits auf einer Liste stand. Jedenfalls wurde der Wagen total gefilzt. Es dauerte Stunden, bis ich die Fahrt fortsetzen konnte.«

Drei Wochen nach der Flucht des Schwiegervaters mussten die Eheleute Schulze ihre Ausweise abgeben. Die Kriminalpolizei, die sie vorlud, erklärte, es bestünde Fluchtgefahr. Beide erhielten Behelfsausweise, *PM 12* genannt. Nach Osteuropa durften sie damit nicht reisen. Udo Schulze legte bei der übergeordneten Dienststelle in Frankfurt/Oder Beschwerde ein – vergebens. Pläne, über die Tschechoslowakei und Ungarn ins westliche Ausland zu fliehen, musste er aufgeben. Sein Bewegungsspielraum war noch kleiner geworden.

Die nächste Vorladung kam von der Staatssicherheit in Beeskow. Udo Schulze wurde vom Dienststellenleiter vernommen – nach Schulzes Worten *»ein arroganter und fanatischer Kommunist, in seiner Wortwahl aggressiv und beleidigend. Während der Vernehmung legte er plötzlich unsere Ausweise auf den Tisch und verlangte von mir, ich solle meinen Schwiegervater in Prag treffen. Ich erwiderte: ›Der wird doch nicht so verrückt sein und sich mit mir treffen, damit Sie ihn schnappen können.‹ Daraufhin brüllte er noch einmal los und erklärte: ›Dann eben nicht!‹«*

Fan der Rolling Stones

Die Abkehr von der DDR hatte Udo Schulze nicht abrupt vollzogen. Vielmehr wandte er sich in kleinen Schritten gegen das System. So musste er, als er die Berufsschule in Königswusterhausen besuchte, von seinem Parka den Aufnäher *Schwerter zu Pflug-*

scharen entfernen – unter Protest, wie er sagt. Statt zur NVA zu gehen, wählte er den waffenlosen Dienst als *Bausoldat* und begründete dies mit seinen religiösen Überzeugungen. Mit seinem Musikgeschmack stellte er sich ebenfalls gegen die herrschende Linie. *»Ich war ein eingefleischter Rolling-Stones- und Pink-Floyd-Fan, von Jugend an. Daraus habe ich auch nie einen Hehl gemacht. Ostbands kannte ich einige wenige: ›Karussell‹, die Nachfolgeband der ›Renft Combo‹ zum Beispiel, oder ›Monokel‹ und ›Freigang‹. Die Musiker waren handwerklich sehr gut. Computersequenzen gab es ja noch nicht. Also war die Musik handgemacht. In der Bluesszene, die in Cottbus und im Spreewald besonders populär war, fühlte ich mich zu Hause. An den Wochenenden waren wir ständig unterwegs, quer durch die Repu-*

Jugendtanzveranstaltung in der DDR | 1981

> »Als ich den Film ›Das Leben der Anderen‹ mit Ulrich Mühe zum ersten Mal sah, musste ich heulen. Ich ertappe mich bei dem Gedanken, da hättest du mitspielen können. Als Betroffener konnte ich das nachvollziehen.«

Udo Schulze

blik, von der Ostsee bis nach Sachsen. Ich habe auch an Bluesmessen mitgewirkt. Ich war DJ und bin mit der Musik groß geworden.«

Das Netz der Überwachung

Was Schulze nicht verborgen blieb – die Musikszene war von der Stasi durchsetzt. Er schildert die Begegnung mit einem jungen Mann, der alle Attribute eines unangepassten Musikfreaks besaß: Römerlatschen, Parka und lange Haare, die er hinter seinem Kragen verbarg. *»Seine Haare fand ich ganz toll. Plötzlich hob der die Hände, holte die Haare hinter dem Kragen hervor. Dabei rutschte seine Jacke nach oben. Und was sehe ich – seine Klappkarte, den Stasi-Ausweis. Da stand ich mit meinem Bier in der Hand und dachte: ›Bist du hier im falschen Film oder was?!‹ Seitdem war ich besonders vorsichtig.«*

Die Staatssicherheit zog das Netz der Überwachung immer enger. Nachbarn berichteten Schulze, sie hätten beobachtet, wie Stasi-Leute in seiner Wohnung Wanzen installierten. Wenn die Familie das Haus verließ, markierte sie die Eingangstür, um später feststellen zu können, ob jemand in die Wohnung eingedrungen war. Bei wichtigen Dingen verständigten die Schulzes sich schriftlich. Die Zettel wurden anschließend verbrannt.

Was Udo Schulze erst viel später aus den Akten erfuhr – auch enge Freunde wurden auf ihn und seine Familie angesetzt. So wusste die Geheimpolizei zumeist sehr schnell Bescheid, wenn Schulze wieder einmal das SED-Regime kritisiert hatte.

Allerdings – einer verweigerte den Spitzeldienst. *»Von einem Freund wusste ich, dass er seinen dreijährigen Grundwehrdienst beim Wachregiment der Staatssicherheit in Frankfurt an der Oder abgeleistet hatte. Er kam zu mir und sagte: ›Pass auf, Udo. Wir kennen uns lange genug. Du weißt, wo ich eingesetzt war. Es gibt keinen Entpflichtungsvertrag. Also, meide mich! Du weißt warum!‹ – Mit ihm habe ich heute noch ein gutes Verhältnis.«*

Berufsverbot

Mitte 1987 rang Udo Schulze sich dazu durch, für sich und seine Familie einen schriftlichen Antrag auf Ausreise zu stellen. Seine Frau, Lehrerin von Beruf, wurde daraufhin von einem Tag auf den anderen entlassen, bekam also Berufsverbot. Udo Schulze arbeitete in der Brennstoffhandlung seines Vaters, die das Heizmaterial vom staatlichen *VEB Kohlehandel* bezog und dann auf private Rechnung weiterverkaufte. Eine Entlassung musste der Sohn also nicht befürchten. Allerdings stand er ständig mit einem Bein im Gefängnis. Der Verdacht der Fluchthilfe für seinen Schwiegervater konnte zwar nicht bewiesen werden, blieb aber bestehen.

Die Gefahr, festgenommen und vor Gericht gestellt zu werden, war also nicht gebannt. Deswegen trafen Ina und Udo Schulze eine Reihe von Vorkehrungen. Ihre größte Sorge war, den Sohn zu verlieren. Kinder von Inhaftierten wurden nicht selten in Heime gesteckt oder zur Adoption an regimetreue Ehepaare freigegeben. Um dies auszu-

> »Wir setzten alles daran, die DDR zu verlassen,
> aber nicht mit allen Mitteln. Das Strafgesetzbuch
> der DDR ermöglichte eine schnelle Verhaftung
> und Verurteilung. Deswegen sicherten wir uns ab.
> Wir drei wollten heil rauskommen.«

UDO SCHULZE

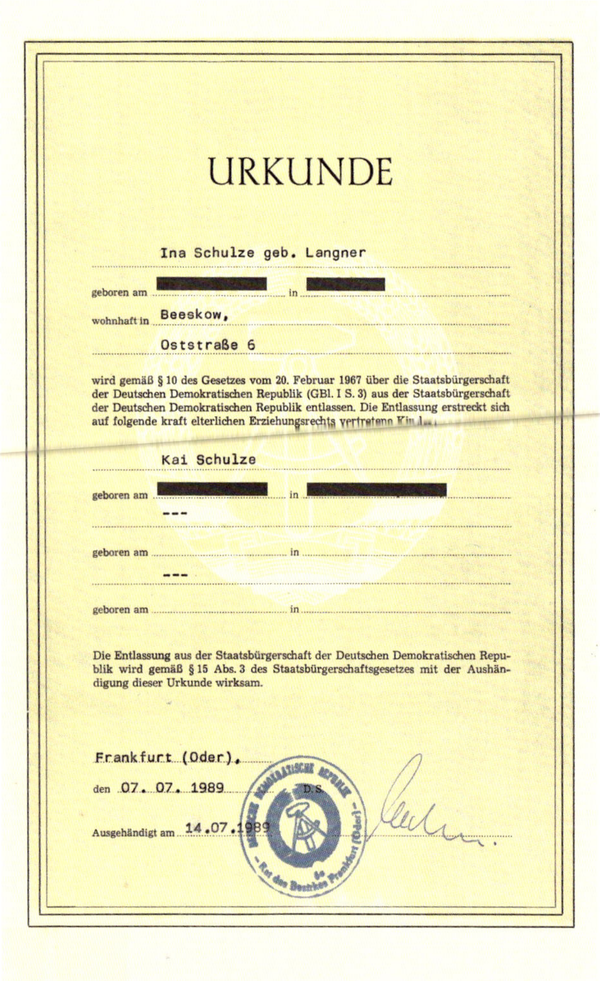

Aberkennung der DDR-Staatsbürgerschaft | 1989

schließen, übertrugen sie für den Fall ihrer Verhaftung das Sorgerecht den Eltern von Udo Schulze. Das Schriftstück wurde bei der evangelischen Kirchengemeinde Beeskow und in Berlin hinterlegt. Darüber hinaus sicherten sie sich bei Rechtsanwalt Gregor Gysi ab. Gysi war einer der wenigen Anwälte in der DDR, die Kinder aus Heimen wieder herausholen konnten.

»Kommen Sie doch mit in die Zelle!«

Den Kontakt zu seinen Schwiegereltern hielt Schulze per Telefon aufrecht. Von ihnen holte er sich Rat und rechtliche Auskünfte. Zum Beispiel hatten diese vom westdeutschen Bundesnachrichtendienst erfahren, dass man von Telefonzellen in Ostberlin aus direkt mit dem Westen telefonieren konnte und dass die Staatssicherheit drei bis vier Minuten brauchte, um einem Anrufer auf die Spur zu kommen. *In Köpenick und Schönefeld kannten wir fast jede Telefonzelle. Wir fuhren von Beeskow nach Berlin, telefonierten drei Minuten lang und wechselten die Telefonzelle, um das Gespräch fortzusetzen. Manchmal standen auch Stasi-Leute dort. Die habe ich gelegentlich provoziert, indem ich sagte: ›Kommen Sie doch mit in die Zelle. Wir haben nichts zu verbergen!‹«

Von einer Verhaftung wegen Fluchthilfe blieb die Familie Schulze bis zur Ausreise verschont. Der Leiter der Stasi-Dienststelle in Beeskow versuchte

»*Anhand der Unterlagen der Staatssicherheit haben wir festgestellt, dass das MfS in Berlin unsere Ausreise schon im November 1988 genehmigte. Der Leiter der Stasi-Dienststelle in Beeskow hat jedoch alles weit hinausgezögert.*

Seit Anfang des Jahres 1989 ahnten wir bereits, dass es bald losgehen würde. Zunächst mussten wir uns beim Passamt hier in Beeskow melden. Dort teilte man uns mit, unsere Ausreise sei genehmigt worden. Wir bekamen einen Laufzettel für die Dinge, die zu erledigen waren: Strom und Wasser abmelden, Versicherungen kündigen usw. Zwei Tage später sollten wir uns morgens bei der Polizei einfinden. Da war klar, dass es losgeht. Wir haben alles gepackt. Auf der Wache gab man uns ›Staatsbürgerschafts-Aberkennungsurkunden‹ und die Anweisung, die DDR bis 14 Uhr über den Grenzübergang Magdeburg-Marienborn zu verlassen.

Wir verabschiedeten uns von meinen Eltern – das war schwer, denn wir wussten nicht, ob wir uns je wiedersehen würden. Dann fuhren wir mit zwei Autos in Richtung Berlin – zum Glück, denn unterwegs blieb unser ›Wartburg‹ auf der Autobahn stehen. Der Wagen war zwei Tage zuvor noch in der Werkstatt gewesen. Offenbar hatte man den Zündverteiler manipuliert. Jedenfalls mussten wir unser ganzes Gepäck auf den Wagen meines Schwagers umladen.

In Berlin passierten wir am Bahnhof Friedrichstraße den sogenannten ›Tränenpalast‹. Wir standen da mit unseren Koffern, den Kleinen auf dem Arm. Eine Schulklasse aus Hessen half uns mit dem Gepäck. Einer der Zollbeamten fragte: ›Wo haben Sie Ihre Ausfuhrliste?‹ Ich erwiderte: ›Davon hat uns niemand etwas gesagt.‹ Der Zöllner: ›Ohne Ausfuhrliste kommen Sie hier nicht raus!‹ Nach bangen Minuten kam ein anderer Zöllner und ließ uns durch.

Wir passierten einen weißen Strich auf der Friedrichstraße in Richtung S-Bahn. Und ich dachte schon: Es hat geklappt. Doch da standen DDR-Grenzpolizisten mit Hunden und durchgerissener (entsicherter) Maschinen-pistole. Und ich dachte: ›Um Gottes willen! Noch drei Schritte und wir sind drüben.‹ Das klappte auch. Die S-Bahn fuhr vor. Wir stiegen ein. Die Tür ging zu. Aber der Zug bewegte sich nicht. Nach einigen Minuten ging es endlich los.

Ankunft im Westen

Im Nu waren wir in Westberlin. Wir fuhren bis Bahnhof Zoo. Meine Schwiegermutter wartete schon auf uns. Und dann kam wieder so ein entsetzlicher Moment. Natürlich freuten wir uns auf das Wiedersehen mit den Eltern meiner Frau. Aber die Stasi hatte uns aufgetragen, die DDR erst in Marienborn zu verlassen. Wir waren hin- und hergerissen. Sollten wir uns noch einmal auf DDR-Gebiet begeben und die gerade gewonnene Freiheit wieder aufs Spiel setzen? Dann habe ich gesagt: Im Interesse meiner Eltern und überhaupt um eines Tages wieder einreisen zu können, nehmen wir Marienborn als Ausreisepunkt. Kaum hatte der Zug sich in Richtung Magdeburg in Bewegung gesetzt, wurde mir übel. Heftige Zweifel überfielen mich und ich sagte mir: ›Schulze, bist du völlig verrückt geworden? Aus freien Stücken verlässt du mit deiner Familie Westberlin und begibst dich erneut in die Fänge der DDR.‹

Der Zug hielt in Magdeburg und fuhr dann weiter in Richtung Grenze. Irgendwo auf freier Strecke machte er halt. Die Grenzpolizei nahm unsere Papiere und verließ wortlos das Abteil. Wieder überfielen mich wilde Ängste: ›Werden sie dich doch noch holen, jetzt, so kurz vor der Grenze?‹ Die Situation wurde immer verzweifelter. Es gibt in meinem Leben wenige Momente, die so zugeschnürt und unerträglich waren wie diese. Die Grenzpolizisten kehrten zurück, schmissen uns die Papiere hin und gingen. Mit einem Ruck setzte sich kurz darauf der Zug in Bewegung. Ich sah zum Fenster hinaus und fragte mich: ›Wo sind wir?‹ Nach einer Weile entdeckte ich runde Strohballen auf den Feldern. Da wusste ich: Wir sind im Westen.« (Anm.: Die Strohballen in der DDR waren meist eckig geformt.)

> »Mir hat es in Süddeutschland sehr gut gefallen.
> Ich wäre gern in Baden-Württemberg geblieben.
> Was mir gefehlt hat, das waren meine Eltern,
> meine Schwester und die Freunde, sofern sie noch
> Freunde waren.«

UDO SCHULZE

zwar noch Udo Schulze zu bewegen, seinen Ausreiseantrag zurückzuziehen. Aber für einen solchen Schritt war es längst zu spät. Alles, was die Familie bis zum Tag ihrer Ausreise erlebte, war dazu angetan, ihre Pläne umso energischer zu verfolgen. Die Ausreise selbst geriet zu einem Abenteuer, das die Beteiligten fast in die Verzweiflung getrieben hätte.

Neuanfang im Westen

Der Neuanfang im Westen verlief fast reibungslos. Familie Schulze verbrachte zunächst zwei Tage im Aufnahmelager Gießen bei Frankfurt am Main, um die Anmeldeformalitäten zu erledigen. Wegen der vielen DDR-Flüchtlinge aus Budapest und Prag war das Lager überfüllt. Mitarbeiter westlicher Geheimdienste stellten den Neuankömmlingen Fragen. Ein amerikanischer Sergeant wollte von Schulze wissen, welche Farbe das Staatssicherheitsgebäude in Beeskow habe. »Ich dachte, was will der denn von mir? ›Grau‹, antwortete ich. Aber der Sergeant widersprach: ›Das Gebäude ist gelb, aber erst seit 14 Tagen!‹« In Gießen erlebte Schulze, wie Ausreisende einen früheren Vernehmungsoffizier, der sich unter die Flüchtlinge geschmuggelt hatte, wiedererkannten und fast totgeschlagen hätten.

Dank der Vorbereitungen seiner Schwiegereltern kam Udo Schulze mit seiner Familie am Bodensee unter und fand bald Arbeit als Schlosser in Frauenfeld in der Schweiz. Seine Frau musste noch ein halbes Jahr studieren, um in Baden-Württemberg als Lehrerin anerkannt zu werden. Allerdings trat sie wegen persönlicher Probleme ihren Beruf nicht wieder an.

Zurück nach Beeskow

Als am 9. November 1989 in Berlin die Mauer fiel, saß Udo Schulze vor dem Fernseher. Tränen liefen ihm über die Wangen. Seine Gefühle und Empfindungen lagen in einem heftigen Widerstreit. »Ich konnte das gar nicht begreifen. Die vergangenen Jahre waren so warm verlaufen. Und dann dies.« Natürlich freute er sich über den Fall der Mauer. Aber warum hatte er so wenig zum Sturz des SED-Regimes, das ihn jahrelang drangsaliert hatte, beitragen können? »Da gingen die in Beeskow demonstrieren und ich saß am Bodensee. Das war kaum zu ertragen.« Und dann stellte sich unweigerlich die Frage, wo er künftig leben wollte – weiter in Süddeutschland oder doch wieder in Brandenburg? »Wir sind dann bald nach der Wende zu meinen Eltern nach Beeskow zurückgekehrt. Ich bin in ihren Brennstoffhandel eingestiegen und habe das Unternehmen ausgebaut. Wir hatten 50 Angestellte und waren mit einem Jahresumsatz von 25 Millionen DM einer der größten DEA-Händler in Ostdeutschland. Dann geriet das Ganze ins Wanken, Ausfälle, Insolvenzen. Die Firma ging gegen den Baum, fiel wie ein Kartenhaus zusammen. Dazu kam noch die Trennung von meiner Frau. Mit ihrem Alkoholkonsum – es ging nicht mehr. Das Sorgerecht für unseren Sohn bekam ich zugesprochen. War eine schwere Zeit. Aber das Leben geht ja immer irgendwie weiter.«

Schulze bezeichnet sich selbst als »Stehaufmännchen«. Tatsächlich gelang es ihm, wieder auf die Beine zu kommen. Seine zweite Frau führt heute ein gut gehendes Restaurant im Zentrum von Beeskow. Er selbst ist zu seiner früheren Leidenschaft, der Musik, zurückgekehrt, organisiert und betreut Konzerte und Live-Auftritte von Bands. Was seine persönlichen Vorlieben angeht, so haben Klassik und Jazz die Popmusik ein Stück weit verdrängt.

Rathaus in Beeskow

»Endlager stoppen!«

Darüber hinaus setzt er sich mit voller Kraft für die Bürgerinitiative *CO₂ Endlager Stoppen* ein. Durch die umstrittene CCS-Technologie (Carbon-Capture and Storage) soll Kohlendioxid einschließlich zusätzlicher Giftstoffe wie Arsen, Blei und Quecksilber aus den Lausitzer Kohlekraftwerken abgeschieden und unterirdisch gelagert werden. Dagegen wehrt sich die Bevölkerung in Ostbrandenburg. *»Wenn das Projekt umweltpolitisch in Ordnung wäre, könnte ich mitgehen. Aber das ist nicht der Fall. Das Gasgemisch wird unter die Erde gepresst. Dadurch entstehen Verwerfungen und Schäden, für die unsere Enkelkinder noch aufkommen müssen. Das kann ich nicht hinnehmen.«*

Nicht zuletzt durch seinen Einsatz ist inzwischen ein breites Bündnis gegen das Gas-Projekt entstanden. Kirchen, Kommunen und Umweltgruppen ziehen am selben Strang – der Zulauf zu den Demonstrationen, Fackelzügen und Sternmärschen ist groß. Auf der Gegenseite steht als Betreiber der geplanten Anlage mit *Vattenfall* allerdings ein mächtiger Energiekonzern, der sich bisher auf die Bundesregierung berufen konnte. Inzwischen sind die Pläne, Lagerstätten für das umweltschädliche Kohlendioxid zu erproben, aber weitgehend auf Eis gelegt.

Demokratische Errungenschaften

Die Auseinandersetzung trübt jedoch in keiner Weise die Einstellung Schulzes zum wiedervereinigten Deutschland. Die zurückliegenden zwei Jahrzehnte nennt er trotz persönlicher Rückschläge *»fantastisch«*. Die demokratischen Werte sind für ihn Errungenschaften, die er nie mehr missen möchte. Es sei schade, dass gerade junge Menschen davon wenig Gebrauch machten und selten zur Wahl gingen. Die DDR-Diktatur müsse mehr in den Schulen behandelt werden, verlangt Schulze, ebenso wie die NS-Diktatur. Das SED-System habe nie richtig funktioniert. Es hätte seiner Meinung nach viel früher beendet werden müssen. *»Vierzig Jahre haben wir unter dem Kommunismus gelebt. Genauso lange wird es dauern, bis Ost und West sich angeglichen haben. Also stehen uns noch zwanzig Jahre bevor.«* Wer seinen durch und durch positiven Befund der Verhältnisse in Deutschland nicht teilt, den erinnert Udo Schulze an die jüngste Vergangenheit: *»›Leute‹, sage ich denen dann, ›denkt daran: Es gab bis zum 9. November 1989 den Schießbefehl an der Grenze. Und die Internierungslager standen bereit. Ohne die Friedliche Revolution wären die Regimegegner dort zu Tausenden gelandet.‹«*

Das verordnete Schweigen

Tabu | Die Herrschaft der SED in Ostdeutschland begann mit Tabus, die für manche Menschen zum Albtraum wurden: Über die Verbrechen des sowjetischen Diktators Josef Stalin durfte nicht gesprochen werden. Das von der SED verordnete Schweigen galt insbesondere für das Schicksal deutscher Kommunisten, die in den 1920er- und 1930er-Jahren aus Idealismus und später auf der Flucht vor dem NS-Regime in die UdSSR gekommen waren.

Viele von ihnen – die meisten glühende Anhänger Stalins – gerieten in den Sog der grausamen Säuberungen Stalins: Sie wurden erschossen oder in Schauprozessen zu jahrzehntelanger Haft und *ewiger Verbannung*« verurteilt. Ihre nächsten Angehörigen leisteten Zwangsarbeit in den sowjetischen Arbeitslagern. Behörden gaben ihre Kinder zur Adoption frei oder verfrachteten sie in abgelegene Kinderheime.

Ein solches Schicksal traf Alex Glesel, der nach einer Odyssee zwischen Westsibirien und Kasachstan wie durch ein Wunder seine Mutter wiederfand. Er und seine Frau Inge – beide in der Sowjetunion geboren – sprachen in der DDR höchstens im privaten Kreis über ihre leidvollen Erfahrungen. Jede öffentliche Äußerung hätte sie in Konflikt mit der Staatsmacht gebracht.

Erst in der zweiten Hälfte der 1980er-Jahre wagten sich in der Sowjetunion einzelne Überlebende an die Öffentlichkeit und schilderten ihre Leidensgeschichte. Der Kreml öffnete die Archive. Für manche war es ein Blick in einen Abgrund. Viele vermochten nicht zu begreifen, dass es Kommunisten waren, die ihre eigenen Genossen verfolgt und ermordet hatten. Da es sich um Tausende von Fällen handelte, konnte von Irrtum keine Rede sein, erst recht nicht von Verschwörung oder persönlicher Schuld der Verhafteten! Sie waren unschuldig und wurden im Land ihrer Sehnsucht auf grausame Weise grundlos bestraft.

Das Unfassbare und damit verbunden das Fehlen jeglicher Erklärung für die Verbrechen Stalins erleichterten es der SED, den Mantel des Schweigens über das furchtbare Geschehen auszubreiten. Die wenigen Phasen politischen Tauwetters in der DDR änderten nichts an dieser Linie.

Alex Glesel

1935 Geburt in Leningrad
1941 Kinderheim in Westsibirien
1950 Bergarbeiter in Kasachstan
1956 Ausreise in die DDR
1957 Dolmetscher

Alex Glesel   Die Opfer verstummten

Wenn Alex Glesel über seine Kindheit und Jugend in der Sowjetunion spricht, dann überwältigen ihn die Erlebnisse von damals, als wären sie erst gestern passiert. So erzählt er unter Tränen, wie er seine Mutter verließ, die als Verbannte in Karaganda (Kasachstan) unter Tage arbeiten musste. Auf eigene Faust wollte er in das kleine Dorf in Sibirien zurückkehren, in dem er einen Teil seiner Kindheit verbracht hatte.

> *»Die Flucht aus Karaganda war das Gemeinste, was ich meiner Mutter antun konnte«,* sagt Glesel weinend und fährt nach einer Pause fort: *»Sie war allein, hatte mich jahrelang gesucht und dann nach Karaganda geholt.«*

Alex Glesel, Karaganda | 1951

Doch er konnte es dort nicht länger aushalten. Kaum 14 Jahre alt, musste er wie seine Mutter unter Tage Kohle fördern. Nie gab es genug zu essen. Nie gab es einen Lichtblick im düsteren Revier von Karaganda.

Stalins brutale Säuberungen

Neben Glesel sitzt seine Frau Inge, geborene Hähnel. In der DDR, wo sie sich 1958 kennenlernten, hatten die beiden sich eine Existenz aufgebaut und ihre drei Kinder großgezogen. Das Haus in Berlin-Pankow bewohnen sie jetzt allein. Über ihr Schicksal als Kinder deutscher Emigranten in der Sowjetunion können sie erst seit einigen Jahren offen reden. In der DDR war es verboten, auch nur ein Wort über die brutalen Säuberungen des sowjetischen Diktators Josef Stalin zu verlieren. Das von der DDR *»verordnete Schweigen«* ließ die überlebenden Opfer verstummen, was ihre Leiden noch vergrößerte.

Inge Glesel

1936	Geburt in Moskau
1941–1944	Kinderheim in Lesnoj Kurort
1945	Ausreise in die DDR
1956	Abitur
1957–1961	Ausbildung als Bibliothekarin
1958	Lernt Alex Glesel in Leipzig kennen
1961	Wissenschaftliche Bibliothekarin

Ziel der Sehnsucht

Wie die Eltern von Inge und Alex Glesel waren in den 1920er- und 1930er-Jahren viele Kommunisten mit großer Begeisterung in die Sowjetunion übergesiedelt. Viele sahen in dem Riesenreich das Ziel ihrer Sehnsucht. Dort wollten sie am Aufbau des Sozialismus mitwirken. Gleichzeitig war die Sowjetunion dringend auf Facharbeiter, Ingenieure, Ärzte, Architekten und Lehrkräfte angewiesen. Mit Parolen wie *»Gruß den Werktätigen des Westens«* wurden die deutschen Einwanderer begrüßt. Nach der Weltwirtschaftskrise 1928/29 und ab 1933, als die Verfolgung der Kommunisten durch das NS-Regime begann, kamen immer mehr Deutsche in die Sowjetunion.

Alex Glesels Mutter, Elisabeth Wellnitz, war eine arbeitslose Lehrerin. Sie verpflichtete sich Ende 1931, für einige Jahre Deutsch in der Stadt Engels an der Wolga zu unterrichten. Ihr jüdischer Lebensgefährte, Samuel Glesel, hatte sich mithilfe der KPD vom einfachen Metall- und Holzarbeiter zum Autor emporgearbeitet und folgte ihr 1932. Die Lebensbedingungen waren so miserabel, dass das junge Paar nach Leningrad (heute St. Petersburg) zog, da Elisabeth Wellnitz schwanger war.

Dort konnte sie weiter Deutsch am Pädagogischen Institut unterrichten. Samuel Glesel schrieb für deutschsprachige Verlage in der Ukraine. Ihr erstes Kind, ein Mädchen, starb an Scharlach.

1935 wurde Alex Glesel geboren. Erst später erfuhr er mehr über die Lebensumstände der Eltern: *»In Engels waren die Ver-*

Elisabeth Wellnitz mit Sohn Alex | 1935

hältnisse sehr schwierig gewesen. Es herrschte Hunger. Die Bauern, die ihre Erzeugnisse an den Staat abgeben mussten, starben zu Hunderttausenden. In Leningrad war es nicht viel besser. Meine Eltern wohnten in einem Mietshaus zusammen mit Emigranten aus Österreich, Ungarn und anderen Ländern. Auf jeder Etage gab es einen Raum mit Herdstellen zum Kochen. Die sanitären Anlagen befanden sich am Ende der Flure jedes Stockwerks.«

Der »Große Terror«

Glesel hat seinen Vater nie richtig kennengelernt. 1936 wurde dieser aus dem Verband der sowjetischen Schriftsteller ausgeschlossen – mit der Begründung, er habe *»politisch schädliche Schundliteratur«* herausgegeben. Der aufstrebende Autor, der trotz der vielen Alltagsprobleme an die Zukunft der UdSSR glaubte, stand plötzlich allein da. Statt den angefeindeten Schriftsteller zu unterstützen, attackierten ihn deutsche Kollegen. Der Leningrader Schriftstellerverband jagte Samuel Glesel davon. Der junge Autor durfte keine Zeile mehr veröffentlichen. Sein Name stand auf der Liste derer, die liquidiert werden sollten. Nur wenige Wochen nach seiner Verhaftung wurde er erschossen.

Dem grausamen System von Beschuldigungen, erpressten Geständnissen und vorgefertigten Urteilen fielen während des sogenannten *»Großen Terrors«* ca. 6000 Deutsche in der UdSSR zum Opfer. Etwa 2,3 Millionen Sowjetbürger wurden in dieser Zeit ermordet.

Im belagerten Leningrad

Nach dem Überfall der Wehrmacht auf die Sowjetunion im Juni 1941 wurde die Situation für die Deutschen immer bedrohlicher. Obwohl jeder wusste, dass es sich bei vielen Emigranten um Kommunisten handelte, kannte Stalins Rache keine Grenzen.

Elisabeth Wellnitz musste sich von ihrem Sohn trennen, der erst sechs Jahre alt war. Sie durfte zunächst noch in Leningrad bleiben, das inzwischen

Ausbildung für den Einsatz unter Tage. Untere Reihe Mitte: Alex Glesel. | Karaganda 1953

von deutschen Truppen belagert wurde. Sie half Barrikaden zu errichten und die eingeschlossene Stadt zu befestigen. 1942 wurde sie nach Karaganda ins Zentrum des kasachischen Bergbaus verbannt. Als *»feindliche Deutsche«* musste sie unter Tage Schwerstarbeit leisten.

In einem sibirischen Dorf

Alex Glesel landete mit etwa 70 anderen Kindern aus Leningrad nach einer abenteuerlichen Reise in einem abgelegenen russischen Dorf in Westsibirien, etwa 700 Kilometer vom Ural-Gebirge entfernt. *»Die letzten 60 Kilometer legten wir mit einem Lastwagen zurück. Es gab keine Straßen und keine Wege. Der Lkw der Marke ›Studebaker‹ stammte aus den Heeresbeständen, die die USA der Sowjetunion im Kampf gegen Hitler zur Verfügung gestellt hatten. Mit einer Seilwinde vor der Kühlerhaube zog sich der Lastwagen an manchen Stellen von Baum zu Baum, sodass es Tage dauerte, bis wir ankamen.«*

Im Kinderheim war Alex das einzige deutschsprachige Kind. Aber die Sprache vergaß er schnell. *»Wir Kinder aus Leningrad träumten davon, eines Tages zurückkehren und uns satt essen zu können. Wir malten uns paradiesische Zustände aus mit Bonbons, Keksen und Schokolade. Die Dorfbewohner wussten gar nicht, wovon wir sprachen, denn sie kannten keine Schokolade.«*

Im Viehwaggon nach Karaganda

Die meisten Kinder konnten 1945 nach Leningrad zurückkehren. Zusammen mit Alex Glesel wurden etwa 15 weitere Kinder, die keine Angehörigen mehr hatten, in das Dorf Jurt-Iska verlegt. Mit einigen der dort ansässigen Tataren freundete Alex sich an. Über das Schicksal seiner Eltern erfuhr er nichts. Doch seine Mutter Elisabeth blieb nicht untätig. Immer wenn sie sich als Staatenlose bei der Ausländerpolizei in Karaganda melden musste, fragte sie nach ihrem Sohn. Jahre vergingen. Der Krieg war längst zu Ende. Aber sie ließ nicht locker, sodass die Beamten sich schließlich bemühten, eine Spur von dem Jungen zu finden. Nach vielen Jahren der Trennung erfuhr die Mutter endlich, dass ihr Sohn in Westsibirien lebte. Da sie selbst »auf ewig« nach Kasachstan verbannt war, gab es nur die Möglichkeit, dass der inzwischen 13 Jahre alte Alex nach Karaganda reiste.

»In einem Viehwaggon fuhr ich in Begleitung einer Erzieherin nach Kasachstan. Die Züge verkehrten entweder nur in Nord-Süd- oder in Ost-West-Richtung, sodass wir nur mühsam vorankamen. Auf einem Bahnhof, in dem wir übernachteten, wurden uns die Begleitpapiere vom Heim, Bargeld und Lebensmittelmarken gestohlen. Während der Weiterreise gerieten wir immer wieder in Kontrollen und wurden festgenommen, weil wir uns nicht ausweisen konnten. Eigentlich hätten die Milizen uns vor Gericht bringen müssen. Aber sie waren einfach zu faul; der ganze Papierkram, das war ihnen zu viel, und deshalb ließen sie uns jedes Mal laufen. Manchmal gaben sie uns ein Stück trockenes Brot mit.«

Wohnen in Erdlöchern

Kurz vor dem Ziel lauschten die beiden im Zug einem Gespräch von Männern, die offenbar aus Karaganda stammten. Vorsichtig erkundigten sie

Bergbaubrigade für Holztransporte unter Tage. 2. Reihe ganz rechts: Elisabeth Wellnitz | Karaganda 1954

sich bei ihnen, ob sie vielleicht die Wasserstraße, wo die Mutter wohnte, kennen würden, was die Männer bejahten. Mehrfach fiel das russische Wort für »Erdloch«, womit Alex und die Erzieherin nichts anzufangen wussten. Erst als die beiden angekommen waren, begriffen sie, was gemeint war. Die Menschen dort hausten tatsächlich in mit Lehm abgedeckten Erdlöchern. Beide warteten auf die Mutter, die von der Frühschicht kommen sollte. Als sie eintraf, ging sie achtlos an ihnen vorbei; Elisabeth Wellnitz hatte ihren Sohn nicht erkannt. Es dauerte allerdings nur wenige Sekunden, bis sie im Eiltempo zurückkehrte und Alex heftig umarmte.

Allmählich fügte Alex Glesel sich in das neue Leben. 1950, im Jahr seiner Ankunft, durfte er zunächst noch die Schule besuchen. Dann begann für den schmächtigen und unterernährten Jugendlichen die schwere Arbeit unter Tage. Je länger sie dauerte, desto klarer wurde ihm, dass er nicht in Karaganda bleiben konnte. »Der Bergbau bot mir keine Zukunft, war zudem lebensgefährlich, weil häufig Unfälle passierten. So entstand der Gedanke, einfach abzuhauen. Ich begriff nicht, was das für meine Mutter psychisch bedeuten würde. Ich sagte ihr, sie solle zur eigenen Entlastung meine Flucht der Ausländerpolizei anzeigen.«

Rückkehr nach Westsibirien

Als Alex 18 Jahre alt war, verließ er über Nacht Karaganda. Flucht stand unter Strafe, und schon allein deshalb war die Rückkehr nach Westsibirien mit großen Risiken verbunden. »Wäre ich erwischt worden, hätte ich mindestens 25 Jahre Arbeitslager bekommen.« Aber er kam durch. »Ich meldete mich bei den Freunden meiner Kindheit und wurde von den Tataren freundlich aufgenommen.« Alex konnte

Karaganda: Gebietshauptstadt in Kasachstan, etwa 470 000 Einwohner. Im 19. Jahrhundert Kupfergewinnung. Unter Stalin sechs Lager für Zwangsarbeiter zum Kohleabbau. Im Zweiten Weltkrieg Lager für deutsche Kriegsgefangene.

sich revanchieren. Aus Kasachstan hatte er ein Jagdgewehr und Munition mitgebracht. Mit der Jagd auf Enten und Hechte besserte er die Ernährung der Familie, die ihn aufgenommen hatte, auf. Da er jedoch unangemeldet in dem Dorf lebte, wurde seine Situation immer schwieriger. Seine Gastgeber befürchteten Probleme mit der Polizei.

Fischer-Brigade

Ein von einer Kolchose geflohener Arbeiter verschaffte ihm einen neuen Job. Er half mit, Krankenhäuser und Behörden mit Fisch zu versorgen. Papiere spielten bei dieser Arbeit keine Rolle. Den Lohn gab es auf die Hand. Mit Kleinflugzeugen wurden er und seine Kumpel zu einzelnen Seen geflogen, die mit Flößen und Netzen abgefischt wurden. Das war schwere körperliche Arbeit, vor allem im Winter, wenn Löcher ins Eis gebohrt werden mussten.

»Ein Jahr war ich mit dieser Brigade unterwegs, bis ich buchstäblich nichts mehr besaß. Meine Kleidung bestand nur noch aus Fetzen, die an mir herunterhingen. An den Füßen trug ich Bastsandalen, die nicht lange hielten. Mein Beschluss stand fest: Ich wollte zu meiner Mutter zurück.«

Zurück in Karaganda galt es zunächst, an neue Papiere zu kommen. Hätte Alex Glesel sich unter seinem richtigen Namen gemeldet, wäre er sofort festgenommen worden. Der Zufall kam ihm zu Hilfe. Ganz in der Nähe war ein junger Pole – fast genauso alt wie er – gestorben. Ein Bekannter besorgte ihm dessen Papiere: Unter dem Namen Georgi Iwanitzky war Glesel ein Sowjetbürger polnischer Nationalität mit allen Rechten und Pflichten. 1953 besuchte er zunächst die Bergbauschule und wurde unter Tage eingesetzt, bis ihn die Rote Armee zum Dienst einberief.

Die sowjetische Bürokratie

Mit seiner Mutter stand Glesel jetzt regelmäßig in Verbindung, vor allem, als sie sich um eine Rückkehr nach Deutschland bemühte. Die sowjetische

Erika, Inge und Erna Haaf | 1945

»Ich wurde am 19. Juli 1936 in Moskau geboren. Meine Eltern wohnten damals im berühmt-berüchtigten ›Hotel Lux‹. Mit zwei Zimmern und der Aussicht auf die Gorkistraße gehörten wir zu den Privilegierten. Mein Vater Walter Hähnel war Funktionär bei der KPD, lebte zeitweise unter seinem Decknamen Karl Kunert illegal in Deutschland und leitete den vom NS-Regime verbotenen Kommunistischen Jugendverband, womit er dem ZK der Exil-KPD in Moskau angehörte. Ich habe meinen Vater als Kind nicht bewusst kennengelernt, denn er wurde 1938 von Moskau nach Frankreich geschickt, wo er bis zur Befreiung in der Illegalität lebte.

Bis zum Überfall Hitler-Deutschlands auf die Sowjetunion im Sommer 1941 verlebten wir Kinder – ich hatte noch eine Schwester – eine schöne, unbeschwerte Zeit. Das änderte sich dann plötzlich. In Moskau und in den Wäldern ringsum wurden Schützengräben ausgehoben. Die Sirenen heulten und immer wieder hieß es: ›Die bösen Deutschen kommen und wollen uns mit ihren Bomben töten.‹

Bald darauf veranlasste die Komintern, die für uns zuständig war, alle Kinder, manche mit ihren Müttern und den Betreuern, aufs Land zu bringen. Wir kamen in ein Kinderheim im Waldkurort Lesnoj an der Wetluga, einem Nebenarm der Wolga. Das Heim war nur über den Fluss erreichbar. Frachtkähne und Boote brachten über 800 Menschen aus aller Herren Länder an diesen abgelegenen Ort. Da der Waldkurort eine eigene Landwirtschaft unterhielt, gab es genug zu essen. Im Jahre 1943 wurde das Heim aufgelöst. Wir wechselten in ein internationales Kinderheim in Iwanowo unweit der Automobilstadt Gorki. Meine Mutter Erna musste jetzt im Drei-Schichten-Betrieb eines Textil-Kombinats arbeiten und wohnte getrennt von uns in einem Blockhaus. Der Zaun, der unser Heim umgab, hatte jedoch Löcher, sodass wir Kinder sie heimlich besuchen konnten.

Meine Mutter schaffte es noch vor Kriegsende, nach Moskau zu reisen, um von dort unsere Rückkehr nach Deutschland vorzubereiten. In Moskau erhielt sie die Bestätigung, dass ihr Mann den Krieg überlebt hatte und in Berlin gelandet war. Man forderte meine Mutter auf, so schnell wie möglich mit ihren Kindern zu kommen und alles mitzubringen, und seien es Schaufel und Handfeger, denn es fehle am Nötigsten.

Mit dem ersten Transport sind wir dann am 3. November 1945 ausgereist. Unser Waggon, der an einen Militärzug angehängt wurde, stand unter ständiger Bewachung. Vom Berliner Ostbahnhof brachte man uns zur Wallstraße ins Zentralkomitee der SED. Dort wurden wir schließlich in ein Zimmer geführt. Jemand erklärte: ›Dort sitzt euer Vater!‹ Ich war neun Jahre alt und konnte mich nicht an ihn erinnern. Zu meinem Vater habe ich dann keine Beziehung mehr gefunden. Er bemühte sich zwar, aber für mich blieb er immer ein fremder Mensch.«

Im Kinderheim Lesnoj Kurort | 1942

Bürokratie reagierte entweder gar nicht oder erst nach Monaten auf diese Anträge. Dabei dürfte die Befürchtung, dass mit fast jedem Antrag das Schicksal von Verbannten und Ermordeten aufgerührt wurde, eine Rolle gespielt haben. Das Rote Kreuz half mit, auch einzelne SED-Politiker, die von Berlin aus über die DDR-Botschaft in Moskau Einfluss nahmen. Nicht zuletzt brachte 1955 auch die Reise von Bundeskanzler Konrad Adenauer nach Moskau, die mit der Aufnahme diplomatischer Beziehungen und der Freilassung von 10 000 deutschen Kriegsgefangenen endete, Bewegung in die festgefahrenen Fronten.

1955 erhielt Elisabeth Wellnitz die Erlaubnis zur Ausreise. Am Weißrussischen Bahnhof in Moskau trennte sie sich von ihrem Sohn. »*Es war ein Abschied, der mich zutiefst bedrückte. Über 20 Jahre hatte meine Mutter in der Sowjetunion gelitten. Und jetzt trat sie allein den Heimweg an. Sie sagte noch: ›Ich bin freiwillig in dieses Land gekommen. Mein Mann ist mir gefolgt. Von ihm weiß ich nur, dass er nicht mehr lebt. Und jetzt muss ich dich hier zurücklassen.‹*«

Ein Jahr später sahen sie sich in Berlin wieder. Eine Odyssee lag hinter Alex Glesel. Er war 21 Jahre alt und fühlte sich durch und durch als Sowjetbürger. Jetzt kam er in ein Land, das ihm völlig fremd war und dessen Sprache er nicht verstand. Nur seiner Mutter zuliebe hatte er diese Reise ins Ungewisse angetreten.

Die Deutschen: Keine normalen Menschen

Mit dem Zug Moskau-Paris traf Alex Glesel am 13. November 1956 am Berliner Ostbahnhof ein. Zur Begrüßung hatte sich ein Mitarbeiter aus dem ZK eingefunden.

»*Mein Bild von den Deutschen war widersprüchlich. Ich war so erzogen worden, dass sie keine normalen Menschen seien, sondern Verbrecher von A bis Z. Ja, es gab seit 1949 die Deutsche Demokratische*

Exkurs: »Faschistka«

Für Inge Hähnel war der Neuanfang in Berlin mit Schwierigkeiten verbunden. Allerdings hatte sie in der Sowjetunion unter der Verfolgung nicht in dem Ausmaß gelitten wie ihr Mann. Wenige Monate vor der Ausreise war sie in Moskau noch eingeschult worden. Gleich am ersten Tag bekam sie den Hass russischer Mitschülerinnen zu spüren. Jedes Kind musste Name und Herkunft nennen.

Kaum hatte Inge sich als Deutsche vorgestellt, brach ein Sturm über sie herein: »»*Faschistka, Faschistka – Faschistin, Faschistin‹, schrien sie. Die Lehrerin reagierte überhaupt nicht. Die ganze Klasse hat mich in den folgenden Wochen terrorisiert. Man riss mir Seiten aus meinen Schulbüchern. Immer wieder stellten Mitschülerinnen mir ein Bein oder streckten die Zunge raus, wenn sie mich auf der Straße sahen.*

Als dann feststand, dass wir ausreisen würden, habe ich meine Mutter angefleht, mich nicht mehr auf diese Schule zu schicken.«

In Berlin verkehrten sich dann plötzlich die Seiten. Am ersten Schultag weigerte sich Inge Hähnel, neben den anderen Schülern Platz zu nehmen: mit Faschistenkindern auf einer Bank sitzen – niemals!
Eine verständnisvolle Lehrerin nahm sie an die Hand und erklärte ihr, wie unsinnig ihr Verhalten sei. »*Diese Pädagogin war herzensgut und besaß eine solche Ausstrahlung, dass ich mich schnell fügte. Wir Kinder haben sie alle geliebt.*«

Auch Inge Glesel vergleicht Russen mit Deutschen und kommt zu dem Urteil, Russen seien einfacher, herzlicher und gastfreundlicher. Auch ihre Kinderliebe sei stärker ausgeprägt als die der Deutschen.

> »Wenn die Partei ihre Geschichte einfach umschreibt und die von Stalin Ermordeten totgeschwiegen werden, dann kann ich das nicht gutheißen. In eine solche Partei trete ich nicht ein.«

INGE GLESEL

Republik. Aber das nahm kein Russe besonders ernst. Andererseits wurden die Deutschen in der UdSSR geschätzt wegen ihres Fleißes und ihrer Gabe zum Organisieren. Ich erinnere mich, dass auf den Basaren die Händler Waren, die aus Deutschland kamen, als besonders wertvoll anpriesen.«

Bei der Einreise hatte die Kaderabteilung des ZK ihm in aller Deutlichkeit gesagt, er habe über die Geschehnisse in der Sowjetunion Stillschweigen zu wahren. Gern könne er über seine russischen Lieblingsspeisen reden, aber nicht über das, was mit den Kommunisten dort geschehen sei.

Mit seiner Mutter ging Alex Glesel politisch keineswegs konform. Elisabeth Wellnitz war der Partei treu geblieben und nach dem Zusammenschluss von KPD und SPD zur SED gewechselt. Ihr Sohn dagegen dachte nicht daran, Mitglied zu werden. *»Es kostete Kraft, das abzuwehren. Aber ich habe durchgehalten.«*

Ungewohnte Freiheit

Glesel erhielt ein Stipendium für einen Sprachkurs an der Humboldt Universität. Statt fleißig Deutsch zu lernen, begab der junge Mann sich aber erst einmal auf Entdeckungsreise durch ganz Berlin. Er wollte die ungewohnte Freiheit genießen, durchstreifte Trümmerlandschaften, besuchte Kinos und sah sich das Brandenburger Tor von der Westseite an.

Mit einem Freund, dessen Eltern ebenfalls unter dem Terror Stalins gelitten hatten, führte er lange Debatten über die Deutschen. *»Die Bilder, die ich aus der UdSSR mitgebracht hatte, hielten der Wirklichkeit nicht lange stand. Im Gegensatz zu den Russen gingen die meisten Deutschen höflich miteinander um. Sie begeisterten sich für alles Amerikanische: Musik, Filme, Technik.«*

Familien ohne Väter

Inge Hähnel bestand in einem Internat mit Schwerpunkt Russisch ihr Abitur. Anschließend bewarb sie sich um einen Studienplatz am Dolmetscher-Institut in Leipzig. Dort kam sie in Kontakt mit deutschen und ausländischen Studenten, die ebenfalls in der Sowjetunion gelebt hatten und ihr erstmals eine Vorstellung vom Ausmaß der Verfolgungen dort vermittelten.

Bis dahin hatte sie ihren Eltern, die beide in der SED waren und solche Verbrechen strikt leugneten, blind vertraut. *»Im Kreis der Rückkehrer sprachen wir Russisch und tauschten Neuigkeiten aus der UdSSR aus. Über die Geheimrede von Nikita Chruschtschow 1956, in der er die Verbrechen Stalins anprangerte, wurde diskutiert. Ich war entsetzt – auch über die Tatsache, dass diese Familien keine Männer mehr hatten. Sie waren verhaftet worden und dann spurlos verschwunden – bis die Angehörigen eines Tages die Mitteilung erhielten, die Männer seien in einem Lager an einer Krankheit – meistens wurde Herzversagen vermerkt – gestorben. Solche Sterbeurkunden enthielten keine Orts- und keine genauen Zeitangaben. Unfassbar!«*

Stillschweigen verordnet

Sie stellte ihre Eltern zur Rede und wollte von ihnen wissen, ob sie wüssten, dass Stalin Zehntausende von Offizieren der Roten Armee ermorden ließ. »*Es machte keinen Sinn, mit Vater oder Mutter zu reden. Beide hielten sich an die Linie der SED, die Stillschweigen verordnet hatte.*«

Im Jahre 1958 lernten Inge Hähnel und Alex Glesel sich in Leipzig kennen. Beide waren sie in der Sowjetunion aufgewachsen. So entdeckten sie viele Gemeinsamkeiten. Beide empörte, dass in der DDR nicht offen über die Leiden der deutschen Emigranten in der UdSSR und die an ihnen begangenen Verbrechen gesprochen werden durfte.

Ihre Distanz gegenüber dem SED-Regime erleichterte nicht gerade den beruflichen Einstieg. Inge Glesel wurde wissenschaftliche Bibliothekarin. Ihr Mann arbeitete zunächst freiberuflich als Dolmetscher, betreute Delegationen aus der Sowjetunion und zeigte ihnen die DDR. »*Das war nicht sehr aufregend. Aber auf diese Weise habe ich Ostdeutschland kennengelernt. Städte wie Rostock, Halle und Leipzig sowie ganze Regionen in Thüringen sah ich zum ersten Mal.*«

Reisen in die Sowjetunion

In Moskau hatte Glesel noch seinen Abschluss als Bergbauingenieur geschafft. Aber was konnte er in der DDR mit einem Zeugnis anfangen, das auf den polnischen Namen Georgi Iwanitzky ausgestellt war, den er sich in Karaganda zugelegt hatte? Diese Laufbahn blieb ihm also versperrt. Doch er versuchte, beruflich voranzukommen. 1960 wurde er von einem Forschungsinstitut für Elektrotechnik in Berlin als Dolmetscher angestellt. Diese Tätigkeit war mit Reisen in die Sowjetunion und andere osteuropäischen Länder verbunden. Die neue Aufgabe war abwechslungsreich, wurde aber schlecht

Von links: Inge, Gerhard, Matthias, Katrin, Alex Glesel | 1971

bezahlt. Also bemühte Alex Glesel sich um einen Hochschulabschluss. Zwei Jahre lang pendelte er zwischen Berlin und Leipzig, legte an der Universität Prüfungen ab und bestand sein Staatsexamen als Dolmetscher. In einer der Prüfungen sollte er in Russisch über seine Heimatstadt Leningrad erzählen.

»Kaum hatte ich angefangen, stürzte eine Frau aus der Prüfungskommission auf mich zu, umarmte mich … Es stellte sich heraus, dass sie am Pädagogischen Institut in Leningrad eine der Schülerinnen meiner Mutter gewesen war. Sie habe so oft an meine Mutter gedacht, sagte sie. Sie wusste, was mit den Deutschen geschehen war und welch blutige Spur die Verfolgungen hinterlassen hatten.«

Uniformen getauscht

Obwohl das Ehepaar Glesel sich politisch in keiner Weise betätigte und auch sonst ein unauffälliges Leben führte, geriet es in den 1980er-Jahren dennoch in einen Konflikt mit der Stasi. Der Grund: Der älteste Sohn Gerhard, der in der NVA seinen Militärdienst ableistete, wurde von jungen Leuten westlicher Botschaften eingeladen. Solche Kontakte waren eigentlich verboten. *»Unser Sohn ist trotzdem hingegangen. Einmal erschien er in Uniform und wechselte diese im Laufe des Abends mit der Uniform eines jungen Amerikaners. Der Sohn eines libanesischen Diplomaten, der zu den Partygästen gehörte, fotografierte die beiden und informierte die Stasi.«*

Die ganze Familie observiert

Die Staatssicherheit witterte Geheimnisverrat. Statt den Soldaten festzunehmen, stellte sie ihn unter Beobachtung. Auch die übrige Familie wurde observiert. An der Gartenstraße in Pankow parkte über Monate ein Fahrzeug, dessen Insassen den Alltag der Glesels genau protokollierten. Schwerwiegende Folgen hatte der aufwendige Einsatz für die Betroffenen zum Glück nicht – außer, dass Gerhard Glesel zum Abschluss seines Militärdienstes im Gegensatz zu seinen Kameraden nicht zum

Leutnant befördert wurde. Er durfte aber dann doch studieren. Offenbar hatten die MfS-Leute eingesehen, dass sie es nicht mit einem Spion zu tun hatten, sondern mit einem jungen Mann, der einfach nur seinen Spaß haben wollte.

Noch einmal Karaganda

Abgesehen von dem Stasi-Einsatz, von dem Inge und Alex Glesel zunächst ohnehin wenig mitbekommen hatten, blieben sie unbehelligt. Beide nutzten die Reisemöglichkeiten, die die DDR zu bieten hatte. Sie besuchten die Mongolei. In der Sowjetunion zeigten sie ihren Kindern Leningrad und Moskau. Auch Karaganda stand auf dem Programm. Der Reisegruppe wurde eine Grube gezeigt. Zufällig wurde gerade eine mit Kohle beladene Lore vom Aufzug aus dem Schacht auf eine Plattform mit einem weiterführenden Gleis geschoben. Frauen mit kohleverschmierten Gesichtern mühten sich damit ab. Als Glesel genauer hinsah, stellte er mit Tränen in den Augen fest, dass der Höhenunterschied zwischen Plattform und Gleis, der schon zu seiner Zeit die Bergarbeiterinnen so viel sinnlose Kraft gekostet hatte, noch genau so bestand wie damals in seiner Grube.

Familie Glesel | 2005

Das neue Frauenbild in der DDR

Gleicher Lohn für gleiche Arbeit | Auf mindestens einem Gebiet war die DDR der Bundesrepublik ein weites Stück voraus: Während die Frauen in der jungen Bundesrepublik ohne Zustimmung ihrer Ehemänner kein Bankkonto eröffnen oder eine berufliche Tätigkeit aufnehmen durften, setzte die SED auf die Gleichberechtigung von Frau und Mann.

Frauen bekamen für die gleiche Arbeit den gleichen Lohn wie die Männer. Frauenförderpläne sorgten für eine gezielte Aus- und Weiterbildung im Betrieb oder an einer Hochschule. Für ein Studium an einer Fachhochschule etwa gab es bezahlte Freistunden.

Als in den 1970er-Jahren die Bevölkerungszahl deutlich zurückging, beschloss die SED das sogenannte Babyjahr; junge Mütter wurden für zwölf Monate bei voller Bezahlung von der Arbeit freigestellt und konnten anschließend an ihren Arbeitsplatz zurückkehren. Berufstätige Mütter hatten seit 1961 Anspruch auf einen bezahlten Haushaltstag. Das Angebot an Krippen- und Kindergartenplätzen war ausreichend. Von Anfang an bemühte sich der Staat also, Frauen auf den Einstieg ins Berufsleben vorzubereiten und sie in den Arbeitsprozess einzugliedern, und zwar mit Erfolg. Das geschah nicht zuletzt aus wirtschaftlichen Gründen, weil es an Arbeitskräften fehlte. Die DDR wies, statistisch gesehen, die höchste Frauenerwerbsquote der Welt auf.

Am liebsten hätten manche Funktionäre das weibliche Geschlecht modisch im Einheitsgrau gesehen. Aber dagegen setzten sich selbstbewusste Frauen wie die Modejournalistin Dorothea Melis zur Wehr. Sie war Redakteurin der Zeitschrift *Sibylle* und schuf zusammen mit den besten Fotografen der DDR ein neues Frauenbild, das den zunächst offiziell verpönten Minirock, die hart umkämpfte Jeans und andere Neuerungen einschloss.

Ähnlich erfolgreich wie Melis behauptete sich Jutta Voigt, die als Redakteurin und Autorin der Wochenzeitung *Sonntagsblatt* ebenfalls ihre eigene Linie durchsetzte. Für beide Frauen gilt: Sie kämpften nicht in Nischen, sondern nahmen die Politiker beim Wort und nutzten beharrlich alle Spielräume, die das Regime bot.

Dorothea Melis   Selbstbewusst, emanzipiert, berufstätig

Einer Zeitungsreporterin, die Dorothea Melis einmal fragte, was man heute denn so trage, antwortete die Modejournalistin leicht genervt: »*Na das, was Sie heute anhaben.*« Dorothea Melis ist temperamentvoll und kann aus der Haut fahren, wenn jemand meint, jedem Modetrend hinterherlaufen zu müssen. Mode hat für Melis in erster Linie etwas mit der Lebenswelt der Menschen zu tun. Modediktate verabscheut sie zutiefst. Und mit der Modewelt von heute kann sie nicht viel anfangen, was sie aber nicht daran hindert, gelegentlich auf der Friedrichstraße in Berlin-Mitte zu bummeln, um sich die mondänen Geschäfte dort anzusehen.

Die Friedrichstraße – das war vor 40 Jahren schließlich ihre Welt.

Roger Melis: Fotograf. 1940–2009. 1962–1968 wissenschaftlicher Fotograf an der Charité. Ab 1968 freiberuflich tätig als Mode-, Porträt- und Reportagefotograf. 1978–1990 Lehrauftrag an der Kunsthochschule Berlin. 1993–2006 Lehrer für Fotografie beim Lette-Verein Berlin.

Als leitende Redakteurin der Modezeitschrift *Sibylle* hielt sie damals in den Cafés Ausschau nach jungen, gut aussehenden Frauen, um sie als Mannequins ins Blatt zu heben. Und in einem dieser Cafés lernte sie ihren späteren Mann, den Fotografen Roger Melis, kennen, den sie mit anderen Fotoreportern zur *Sibylle* holte, um dem Blatt ein modernes Gesicht zu geben. Melis zählte zu den Künstlern, die in der Fotografie neue Wege gingen.

Dynastie der Schneiderinnen

»*Ich komme aus einer Schneiderinnen-Dynastie.*« Stolz und eine Portion Selbstironie schwingen mit, als Dorothea Melis ihre Herkunft schildert. Die einflussreichste Modejournalistin der DDR, die einst den Minirock im Staat der grau gekleideten Funktionäre salonfähig machte, berichtet, ihre Mutter habe den Beruf einer »*englischen Damenmaßschneiderin*« erlernt. Allerdings durfte sie sich nie dazu bekennen. »*Beim Hochzeitsaufgebot be-*

> »Wo bei anderen Leuten eine Anrichte aus schwerer Eiche stand, standen bei uns Möbel in Hell-Kirsche, ein Sofa mit grobem Tweed bezogen, lag ein beigefarbener Veloursteppich, hingen statt Gardinen bedruckte Vorhänge.«

DOROTHEA MELIS

stand ihre Schwiegermutter darauf, sie solle ihren Beruf verschweigen. Für die konservative, bürgerliche Familie war eine Berufsausbildung für junge Frauen undenkbar. ›Beruf: Ohne‹ stand nun in der Urkunde. Das kränkt sie, die inzwischen 97 Jahre alt ist, heute noch.«

Und dann lebte noch eine Tante im Hause, ebenfalls Schneiderin, die sich in der Haute Couture bestens auskannte und Modeideen in schöne Kleider für adelige Damen und berühmte Schauspielerinnen umzusetzen wusste – auch für eine gewisse Emmi Sonnemann, die spätere Ehefrau des feisten NS-Reichsmarschalls Hermann Göring. Dorothea Melis: *»Zu Hause hatten wir immer eine Nähmaschine. In der Nachkriegszeit, in der es nichts zu kaufen gab, geriet die Nähmaschine erst richtig in Schwung. Meine Mutter hat den Mangel brillant beherrscht. Sie kleidete mich ein. Wie meinte eine Lehrerin noch: ›Sie sieht aus wie eine Primaballerina, ist aber dumm wie Bohnenstroh.‹«*

Figürliches Zeichnen

Dorothea Melis fällt es nicht schwer, jene Einflüsse deutlich zu machen, die ihre spätere Berufswahl bestimmten. Nicht nur die fleißigen Näherinnen in ihrer Familie haben sie geprägt. Der strenge Vater, der als Architekt im Zweiten Weltkrieg in den be-

setzten Ostgebieten Flugplätze und andere Großprojekte baute, trimmte die Tochter auf Bildung. *»Ganz merkwürdige Dinge übte er mit mir. Zum Beispiel musste ich Fremdwörter lernen. Er erklärte mir ihren Ursprung. Auch die Maler und Grafiker der 1920er-Jahre kenne ich heute noch alle auswendig. Ich las Kunstbücher, begriff den Aufbau der Bilder und kopierte italienische Maler. Als Dreizehnjährige lernte ich an der Volkshochschule figürliches Zeichnen, auch Akt-Zeichnen sowie Stillleben. Schon vorher hatte ich Klavierunterricht genommen und spielte zur Begeisterung der Familie Beethoven, Brahms, Schumann und Schubert. Zu Rachmaninow reichten meine Hände allerdings nicht.«*

In ihrem Gedächtnis hat Dorothea Melis viele Bilder und Geschichten abrufbereit gespeichert. Sie schwärmt von den *»schönen weißen Schleiflackmöbeln, die mein Großvater als Tischler gebaut hatte«*, und den Kollektionen, die sie als Redakteurin der *Sibylle* auf den Weg gebracht hat. Bei aller Begeisterung für das Schöne und Neue – die Bodenhaftung hat sie nie verloren. Das unterstreicht schon die Art, wie sie erzählt. Mit jeder Faser ist sie eine waschechte Berlinerin, und was das Berlinern angeht, da kann sie es mit jeder Marktfrau aufnehmen. Handfest, ungekünstelt, natürlich – das ist ihre Devise, nicht nur in der Mode.

Am 17. Juni 1953

Im Jahre 1952 wechselte Dorothea Voigt – so lautet ihr Mädchenname – an die Oberschule in Weißensee. Zur Begrüßung hieß es: »*Ihr seid die erste Generation, die im Sozialismus zur Schule geht!*« Darauf sollten die Kinder und Jugendlichen stolz sein. Es waren durchweg ältere Studienräte, die den neuen Geist verkündeten – humanistisch gebildet, nicht selten während der NS-Zeit verfolgt und vom Lehrberuf ausgeschlossen. 1953 ereignete sich der Volksaufstand, der die gesamte DDR erschütterte und den Aufbruch in eine neue Zeit bereits wieder infrage stellte. »*Am 17. Juni 1953 wurde mir die Gewalttätigkeit des SED-Systems erstmals richtig bewusst. Ein Junge aus unserer Schule wollte sich die Proteste auf dem Alexanderplatz ansehen. Plötzlich geriet er in eine Schießerei, wurde von einem Querschläger am Hals getroffen und verblutete auf der Straße. Sein Onkel war außer sich. Ich höre noch, wie er vom Balkon schrie: ›Ihr Schweine! Ihr Mörder! Ihr habt das Kind umgebracht!‹ Nachbarn versuchten, ihn vom Balkon wegzuziehen, aus Angst vor der Volkspolizei.*«

Bald nach dem Krieg wurde der Vater von seiner NS-Vergangenheit eingeholt. Seiner kommunistisch orientierten Frau zuliebe war er aus der SA ausgetreten, die mit ihren Schlägerbanden Liberale und Linke terrorisierte. Die Mitgliedschaft in der NSDAP behielt er jedoch bis zuletzt bei. »*Mein Vater wurde entnazifiziert. Zur Strafe musste er bei der sowjetischen Militär-Administration den Müll beseitigen. Dann arbeitete er als Maurer. Um da rauszukommen, trat er in die SED ein. Man verzieh ihm sofort. Bald stieg er zum Leiter des Aufbaustabes in Weißensee auf.*«

Nach den Worten seiner Tochter war Werner Voigt ein exzellenter Fachmann, flexibel und voller Tatkraft. »*Auf jemanden wie ihn konnte man eigentlich gar nicht verzichten. So viel war zerstört. So viel musste aufgebaut werden.*« Ein Parteiordnungsverfahren setzte dem gerade begonnenen Aufstieg jedoch ein Ende. Voigt hatte sich geweigert, zu den *Kampfgruppen* zu gehen, und verlor deswegen seinen Arbeitsplatz. Seine Begründung zeugt von Mut: »*Ich habe im Krieg keine Waffe anfassen und keinen Menschen umbringen müssen. Das tue ich jetzt auch nicht.*«

Soziale Ader und große Klappe

Dorothea Melis erinnert sich, welche Konsequenz ihr Vater, der bald wieder eine Beschäftigung im Tiefbauamt und dann in der Bauakademie fand, aus dieser Erfahrung zog: »*›Geh niemals in eine Partei! Dann kannst du deine Meinung sagen und brauchst dich nicht ständig unterzuordnen.‹ – Ich*

Die **Kampfgruppen der Arbeiterklasse** wurden im Zuge der Ereignisse des 17. Juni 1953 aufgestellt. Sie sollten im Kriegsfall die Betriebe sichern und mit der Volkspolizei für Ruhe und Ordnung sorgen.

Werner Voigt und Dorothea Melis

habe es ihm versprochen und mein Wort gehalten.« Und noch eine Devise gab er ihr mit auf den Weg: »›Wenn du in deinem Beruf etwas werden willst, dann nur durch eigene Leistungen. Wenn das nicht geht, finde dich damit ab und versuche etwas anderes!‹ – Zum Glück wurde ich nie zu etwas gedrängt oder genötigt. Alles habe ich ohne die Partei erreicht. In der Schule war ich Klassensprecherin und später Vertrauensfrau der Gewerkschaft. Ich habe eine soziale Ader und eine große Klappe. Mich für andere einzusetzen, macht mir Spaß.«

Als Dorothea Melis 1961 an der Kunsthochschule vor ihrer Diplomprüfung stand, war sie bereits verheiratet. Den Grafiker Axel Bertram, den Vater ihres 1960 geborenen Sohnes, hatte sie mit 18 Jahren kennengelernt. »Die Eltern waren außer sich, als ich sie vor vollendete Tatsachen stellte. Aber der Streit mit meiner Mutter nahm kein Ende. Ich musste da weg. Damals durfte man ja noch nicht zusammen wohnen. Also sagten wir uns: ›Dann heiraten wir eben!‹« Das geschah 1957. Fünf Jahre später wurde die Ehe wieder geschieden.

Altbacken und ideenlos

In ihrer Diplomarbeit nahm Dorothea Bertram die Modezeitschrift *Sibylle* heftig aufs Korn. »Altbacken und ideenlos« nannte sie das 1956 gegründete Blatt, das in einer begrenzten Auflage von etwa 200 000 Exemplaren im Zwei-Monats-Rhythmus erschien. Die im Heft abgelichteten Mannequins verglich sie mit Schaufensterpuppen: »Immer die gleichen künstlichen Posen. Ein unmoderner Frauentyp wurde da propagiert. Dazu schlechte Fotos, kein Konzept.«

Für die praktische Prüfung hatte sie sich auf die Suche nach Mannequins begeben. »Mit den Ladys, die bis dahin bei den Prüfungen die Mode vorführten, konnten wir nicht viel anfangen.« In einer Ballettschule fand sie ihre Models. »Wir vier Diplomandinnen formulierten im Team unsere Vorstellungen von einer Mode für ganz junge Frauen. ›Jugendmode‹, eine Kollektion für sportliche Freizeit, festliche Anlässe, für die Arbeit oder das Studium. 1960, da

war es höchste Zeit, dass man sich von den Mädchenkleidern verabschiedete und eine Bekleidung entwickelte: praktisch, selbstverständlich, auch mit einigen übermütigen Einfällen.«

An geeignete Stoffe zu kommen war schwierig, denn in der DDR herrschte Mangelwirtschaft. Da die SED damals mit der Volksrepublik China noch nicht ideologisch zerstritten war, lieferte Peking Brokatstoffe.

»China-Brokat. Das war kostbare reine Seide. Eigentlich monströses Material, das meist zu Abendroben verarbeitet wurde. Ich saß etwas unglücklich davor, wusste nicht, was ich daraus machen sollte. Da kam die Assistentin vorbei und sagte: ›Langweile die Leute nicht mit ständigen Wiederholungen, sondern mach das, was keiner erwartet.‹ Diesen Satz habe ich mir auch für meine spätere Arbeit gemerkt. Aus dem China-Brokat entstand ein Trenchcoat. Der sah geradezu umwerfend aus.«

Jasmin und Chopin

Die Modenschau an der Hochschule, die Teil der Diplomarbeit war, wurde zu einem Ereignis, das Dorothea Melis noch immer ins Schwärmen versetzt. »Uns schwebte da ein neuer Frauentyp vor: groß, schlank, natürlich, mit extrem kurz geschnittenen Haaren, fast knabenhaft im Aussehen. So ist die Jugend, dachten wir damals. So wollen wir aussehen.« Sie selbst entsprach durchaus dieser Vorstellung: hochgewachsen, sportlich, unkompliziert und selbstbewusst. Die Moderation der Modenschau lag bei ihr. Sie kümmerte sich um jedes Detail, auch um Musik und Dekoration. »Die Mädchen liefen nach Chopin. Auch das war neu. Es war Frühling und der Jasmin blühte. Wir stellten dekorativ die Zweige in große Vasen und junge, selbstbewusste Mädchen führten die Kollektion vor – das alles in einem leer geräumten, weiß gestrichenen Unterrichtsraum: Die Professoren haben wir durch das neue Modekonzept und die unkonventionelle Präsentation sofort überzeugt. Wir bestanden die Prüfung mit Bravour.«

> »Partei und Regierung wollten, dass die Frauen selbst-
> bestimmt, gleichberechtigt, gut ausgebildet und
> berufstätig waren. Sollte ich da etwas dagegen haben?!
> Nein, ich habe das genauso gesehen.«

DOROTHEA MELIS

Mit Elan am Werk

Die ganze Diplomprüfung geriet ungewollt zu einer Generalprobe für die journalistische Aufgabe, die Dorothea Bertram bald darauf bei der *Sibylle* übernahm. Ihre Professorin hatte ihre Diplomarbeit mit der kritischen Analyse der Modezeitschrift an Chefredakteurin Margot Pfannstiel weitergeleitet, die Dorothea Bertram spontan einlud, den Modeteil der Zeitschrift neu zu gestalten. Mit Elan ging die junge Redakteurin ans Werk. Erfahrungen in ihrem neuen Beruf besaß sie nicht. Aber sie wusste genau, was sie wollte. Mode sollte am Alltag gemessen werden. Bekleidung für berufstätige oder studierende Frauen wollte sie propagieren und Models ohne künstliche Posen zeigen. Wenige Monate nach ihrem Einstieg bei *Sibylle* übernahm Dorothea Bertram die Leitung der Modeabteilung. *»Margot Pfannstiel vertraute mir und ließ mir freie Hand, ein Team für eine anspruchsvolle journalistische Arbeit zu gewinnen. Fotografen, Grafiker, Layouter, Schreiber und Fotomodelle – meistens waren es ehemalige Kommilitonen, die nun das alte Redaktionsteam ablösten. Arno Fischer, Oberassistent für Fotografie an der Kunsthochschule und Mentor meiner theoretischen Diplomarbeit, begann Mode zu fotografieren. Elisabeth Meinke, Brigitte Voigt und Erika Bläser entwarfen und fotografierten, und innerhalb kurzer Zeit bekam die ›Sibylle‹ ein völlig anderes Gesicht.«*

Ihr Mann Axel Bertram schrieb, illustrierte und setzte ein strenges Layout in der Zeitschrift durch. Zu den Fotografen, die für *Sibylle* arbeiteten, gehörte Roger Melis, den sie 1970 heiratete; ferner Günter Rössler und Sibylle Bergemann. *»Uns verband viel: die Sicht auf die Zeit, die Gesellschaft, auf die Frauen, ihre Leistungen und Fähigkeiten. Diese Gruppe hat die Zeitschrift geprägt.«*

Vor uns stand die Mauer

Der Bau der Mauer im August 1961 lähmte den Schwung, mit dem Dorothea Bertram ans Werk gegangen war – allerdings nur vorübergehend. *»Axel, mein Mann, hatte zusammen mit anderen Grafi-*

Dorothea und Roger Melis, Mitte: Lisa Schädlich

kern – sie nannten sich Gruppe vier – in einem alten, noch ziemlich gut erhaltenen Bürgerhaus in unmittelbarer Nähe des Brandenburger Tores ein Atelier eingerichtet. Ich wollte zu ihm. Aber da standen die Kampftruppen breitbeinig davor und versperrten den Weg. Jetzt erst wurde mir klar, was passiert war. Vor uns stand die Mauer.« Nach heftigen Diskussionen über die Mauer sahen die Blattmacher nur einen Ausweg: »Jetzt erst recht! Jetzt bauen wir ungestört den Sozialismus auf.« Sie glaubten an eine zukunftsträchtige Alternative zum kapitalistischen westdeutschen Wirtschaftssystem.

Mode und Kultur

Die Umsetzung des offiziellen Frauenbildes der SED stieß in der Praxis auf mancherlei Widerstände. *Sibylle* war eine Zeitschrift für Mode und Kultur. Im Kulturteil erschienen Beiträge bekannter und berühmter Schriftsteller und Dichter, darunter Anna Seghers und Christa Wolf. *Sibylle* hatte meist ein Thema, das Mode und Gesellschaft reflektierte: die Beziehung Mutter/Tochter etwa, ein aktuelles Theaterstück oder die Möglichkeit, Urlaub anders zu gestalten.

Manchmal lösten einzelne Artikel ungeahnte Reaktionen aus. Ein Text über den russischen Schriftsteller Jewgeni Jewtuschenko etwa, der in der Sowjetunion in Ungnade gefallen war und deshalb auch in der DDR nicht mehr positiv gesehen werden durfte, konnte nicht mehr rechtzeitig gestoppt werden. Also wurde die komplette Auflage der *Sibylle* eingestampft.

Frau mit Hund – geht nicht

Die Eingriffe häuften sich und waren für die Redakteure nur schwer nachzuvollziehen. Fotos, die ein Mannequin mit einer Zigarette zeigten – unmöglich! Das Mondäne war verpönt, das Erotische erst recht, und nackte Beine, der tiefe Ausschnitt sowieso. Eine Frau mit einem kleinen Hund an der Leine – auch das ging nicht. Begründung: Eine berufstätige Frau hat keine Zeit für ein Haustier.

Chefredakteurin Margot Pfannstiel musste regelmäßig vor der Frauenkommission erscheinen, um Direktiven abzuholen und sich gegen Kritik zu wehren, etwa an der Minimode. Der Minirock galt der SED als ein westlich dekadentes Kleidungsstück. Für Frauen in der DDR sei es unwürdig, sich zum Sexobjekt zu machen. Doch Dorothea Bertram fand, es müsse den Frauen überlassen bleiben, wie sie sich kleideten. Unbeirrt setzte sie Fotos von Mannequins im Mini ins Blatt, bis der Widerstand der Kommission erlahmte. Doch wie kurz durfte der Mini sein? Die Modejournalistin erinnert sich: *»Ein Foto zeigte ein junges Mädchen im kurzen Rock auf einem Motorrad – sportlich, flott. Anstoß erregte, dass vom Innenschenkel ein wenig zu sehen war. Der Retuscheur musste ran und auf dem Foto den Rock um etliche Zentimeter verlängern.«*

Der retuschierte Minirock

Neue Trends aus Warschau

Anregungen und Ideen für neue Kollektionen holten sich die Modejournalistinnen aus allen Himmelsrichtungen, keineswegs nur aus dem Westen. Im sogenannten »*Giftschrank*«, zu dem nur einige Redakteurinnen Zugang hatten, lagen die neuesten ausländischen Journale. Zudem gab es, auch wegen des Kulturteils, eine umfangreiche Bibliothek.

Neue Trends und Inspirationen konnten in Warschau entdeckt werden. Die polnische Hauptstadt stand in Modefragen in einem engen Kontakt mit Paris und Mailand. Um vom besonderen Flair der Weichsel-Metropole zu profitieren, entschloss sich Dorothea Bertram, eine Fotostrecke in Warschau aufzunehmen.

Kuckuckseier

Sie kümmerte sich um das Konzept, die Auswahl der Fotomotive, die Zusammenstellung der Kollektion, das Styling usw. Sie schrieb die Texte und assistierte dem Fotografen, indem sie Filme anreichte und Regie führte. »*Als wir mit dem Fotografieren fertig waren, 1970 in Warschau, machten wir uns auf den Weg. Vor uns liefen die Mädchen. Und ich dachte: ›Diese Silhouetten, dieses Schmale und Taillierte, das ist doch ganz zauberhaft.‹ Der Fotograf nahm die Kamera und hielt drauf. In der Redaktion legte ich den Beitrag mit diesem Foto auf den Tisch. Doch die neue Chefredakteurin – die Redaktionsleitung hatte inzwischen gewechselt – sah das ganz anders. Sie schrie außer sich: ›Immer legen Sie mir solche Kuckuckseier ins Nest! Sie wollen nur provozieren! Unseren Frauen muss man ins Gesicht sehen. Sie von hinten zu fotografieren, ist abwertend!‹*«

Immer öfter geriet die Modejournalistin mit der neuen Chefin aneinander. Während die Vorgängerin den Druck der Kommission noch abgeledert und möglichst von der Redaktion ferngehalten hatte, gab die Nachfolgerin ihn direkt weiter. Mochten die Einwände auch noch so lächerlich sein – die Journalistinnen waren gezwungen, sich damit auseinanderzusetzen.

Mannequins in Warschau

Der Streit um die Jeans

Neben dem Mini waren auch die Jeans in der DDR ein großes Streitthema. Mit allen Mitteln versuchte die SED-Spitze, die Nietenhose zu verbannen. Als Dorothea Bertram Anfang der 1960er-Jahre in Jeans in der Redaktion erschien, erlebte sie ihr blaues Wunder: »*Sofort zog ich heftige Kritik auf mich. Mit dieser amerikanischen Hose – das kommt nicht infrage! Sie repräsentieren die Redaktion und ziehen so etwas nicht an!*« Ihr blieb nichts anderes übrig, als sich von der Original-Jeans aus dem Wes-

»Wenn etwas in der Luft liegt, dann ist es nicht aufzuhalten, auch nicht durch eine Mauer. Das heißt, die Lebensgefühle, die es überall auf der Welt gab, gab es auch bei uns in der DDR. Wir waren jung, hatten den Rock 'n' Roll, die Beatles. Die Röcke wurden kürzer und bei den Jungs die Haare länger. Eines Tages habe ich mir ein schönes Abendkleid entworfen aus schwarzem Georgette. Ich fand mich unwiderstehlich, aber ein früherer Studien-

freund war entsetzt, als er meine Knie sah, und meinte: ›Ich schäme mich, dich so unwürdig gekleidet zu sehen. Das hast du doch nicht nötig! Du bist eine gebildete, intelligente Frau!‹ – Nicht nur die alten Genossen waren doktrinär, auch die jüngeren. Doch wir haben uns nicht beirren lassen. Wir haben uns durchgesetzt.«

DOROTHEA MELIS

Selbst genähte Jeans-Kreationen

ten zu trennen. Ihr Argument, Jeans seien ursprünglich von Arbeitern auf Farmen der USA getragen worden und könnten kaum als Aushängeschild des Klassenfeindes gelten, wurde zurückgewiesen. *»Aber das waren ja von vornherein verlorene Schlachten«*, berichtet Melis. *»Schließlich musste die SED-Führung einsehen, dass das Verbot das eigene Ansehen ramponierte und die Jeans noch populärer machte, als sie ohnehin schon waren.«*

Schnittmuster

Dorothea Melis schildert, wie sich in der DDR Fantasie und Kreativität neben dem Einheitsgrau behaupteten. Aus Stoffwindeln entstanden Röcke, aus Leinenbettlaken Blazer. Es wurde genäht, gestickt und gebatikt, was das Zeug hielt. Und noch ein Ausweg tat sich auf: der Schnittmusterbogen zum Nachschneidern, wie es ihn auch in Westdeutschland gab. Melis entwickelte zum Beispiel einen Grundschnitt für ein Kleid, das vielfach variiert werden konnte. Mehr als tausendmal wurde der Schnittmusterbogen abgerufen. Die Modejournalistin bekam dafür vom Verlag sogar eine Auszeichnung. Sie meint: *»Eigentlich war das ein zweifelhafter Erfolg, denn wenn das Konfektionsangebot besser funktioniert hätte, wäre vielen Berufstätigen die mitunter mühevolle Hausschneiderei erspart geblieben.«*

> »Mir soll niemand erzählen, dass beispielsweise die Leute im Ruhrgebiet oder im Westberliner Wedding anders gekleidet waren als die Menschen bei uns. Die liefen auch nicht in Armani-Anzügen und Designer-Klamotten herum. Die Frauen trugen alltags Kittelschürzen und haben sich auch oft ihre Kleidung selber genäht.«

Dorothea Melis

Von der »Sibylle« zu »Exquisit«

Mit ihrer Kritik und Nörgelei verleidete die Chefredakteurin ihr die Freude an der Ausgestaltung der Zeitschrift. »*Ihre ständigen Einwände machten mich im Laufe der Zeit auch müde.*« 1970 wurde der Volkseigne Handelsbetrieb *Exquisit* gegründet, um die unzufriedene Bevölkerung mit moderner, hochwertiger Kleidung zu versorgen. Dorothea Melis bewarb sich und bekam die Stelle als Leiterin der Presse- und Öffentlichkeitsarbeit. In dieser Funktion konnte sie ihre Kreativität und ihr Organisationstalent wieder ganz entfalten. Anfangs waren es fünf, später 30 Modedesigner, die Kollektionen aus meist importierten Stoffen in guter Verarbeitung entwarfen. Schließlich deckte *Exquisit* ein Drittel des Konfektionsangebotes der DDR.

Kaufhäuser des Westens

Das Ende der DDR zerstörte die Kreativität, die es im Arbeiter- und Bauernstaat gegeben hatte. Von ihren ersten Erkundungen in den Kaufhäusern im Westen kehrte Dorothea Melis ernüchtert zurück.

Exkurs: Der Siegeszug der Jeans

Um die Jeans ranken sich viele Geschichten. Das Kleidungsstück wurde in der DDR Kult. Selbst Pfarrer schmückten sich damit.

Auch Dorothea Melis weiß einiges über den Siegeszug des schlichten Baumwollstoffes zu berichten. »*Es muss 1976 gewesen sein. Einer unserer Fotografen, der eine Jeansjacke von seiner Westberliner Großmutter bekommen und einige Jahre getragen hatte, gab sie meinem Mann. Roger trug sie weitere Jahre. Dann übernahm sie mein Sohn, obwohl die Jacke*

Mathias Bertram

schon fast auseinanderfiel. Aber sie galt immer noch als etwas Besonderes. Ich habe sie geflickt, solange es überhaupt ging. Als das gute Stück sich dann endgültig auflöste, habe ich aus den Resten Taschen und alles Mögliche gemacht. Bei den Jugendlichen musste alles aus Jeans sein. Aber nicht nur bei ihnen. Wie ich einmal beim Badengehen amüsiert entdeckte, trug der Schriftsteller Heiner Müller sogar eine Jeans-Unterhose.«

Dorothea Melis

»Mode ist die Art, wie man sich kleidet, sich bewegt, wie man isst, wie man wohnt, wie man spricht, wie man lebt.«

DOROTHEA MELIS

Sie sah Frauen, die sich an Wühltischen zu schaffen machten, als gelte es, aus Abfall etwas Brauchbares herauszufischen. Sie beobachtete ältere Frauen, die in Glitzer-Leggins auf die Straße gingen. Ihr Modebegriff geriet heftig ins Wanken. Natürlich hatten viele Frauen ein großes Bedürfnis, das nachzuholen, was ihnen so lange vorenthalten worden war. Aber Melis dachte, ihre jahrzehntelange, lei-

denschaftliche Arbeit in der Mode sei umsonst gewesen. Weder mit den Wühltischen noch mit dem Modekult des Westens wollte Melis etwas zu tun haben. Sie wandte sich ganz der Fotografie zu, organisierte Ausstellungen, publizierte über Mode und Leitbilder, hielt Vorträge und Lesungen und gab den Fotoband *Sibylle. Modefotografien 1962 – 1994* heraus.

Eine Gruppe von Modefotografen vor der Ausstellung ihrer Werke | 1988

1941	Geburt in Berlin
1961	Studium der Philosophie
1966	Redakteurin und Filmkritikerin der Wochenzeitung *Sonntag*
Ab 1990	Redakteurin und Autorin für *Freitag, Wochenpost, Die Woche*
2002	Kolumnistin bei *Die Zeit*

Jutta Voigt   Es geht um die Zwischentöne

Der Lärmpegel im kleinen Café im Herzen von Prenzlauer Berg ist beachtlich. Musik mischt sich mit dem Stimmengewirr der Gäste. Einige arbeiten am Laptop. Ein Hund jault auf. Vor der Kaffeemaschine hatte Jutta Voigt gewarnt. Tatsächlich – wenn das Gerät Dampf ablässt, dröhnt es, als würde eine Rakete abheben.

Jutta Voigt und Prenzlauer Berg gehören zusammen. Hier kennt die Journalistin und Schriftstellerin selbst die verborgensten Winkel und Hinterhöfe. »*Ich bin immer in Prenzlauer Berg geblieben, ich würde auch heute nicht in einen anderen Bezirk ziehen, obwohl mir inzwischen manches missfällt.*«

U-Bahnhöfe, Würstchenbuden, Kneipen, Tanzlokale, Restaurants und Cafés – der Mikrokosmos Prenzlauer Berg ist für Jutta Voigt ein unerschöpfliches Reservoir an Geschichten, die sie in denkbar knappe Sätze fasst und auf den Punkt bringt. »*Ich habe neben vielem anderen immer wieder über den Prenzlauer Berg geschrieben*«, sagt sie mit ihrer angenehmen Stimme. »*Missverstehen Sie mich nicht als Lokalreporterin*«, fügt Jutta Voigt hinzu, »*was ich über den Prenzlauer Berg schreibe und geschrieben habe, sind Feuilletons im klassischen Sinne.*«

Die gewollte Nähe zu ihrer Umgebung – Jutta Voigt spricht von »*meiner Gegend*« – hat ihren Blick keineswegs verengt. Ihre Texte stecken voller Pointen und lesen sich heute, über zwei Jahrzehnte nach dem Ende der DDR, wie eine lebendige und spannende Chronik des Alltags in Ostdeutschland.

Kindheitserinnerungen

In Prenzlauer Berg, diesem jungen und trendigen Berliner Stadtteil mit einer zur DDR-Zeit ausgeprägten Künstlerszene, wurde sie 1941 als Jutta Neumann geboren. »*Die Friedeberger Straße im Bötzow-Viertel gibt es nicht mehr. Ein SS-Kommando hat das Haus, in dem ich zur Welt kam, kurz vor Kriegsende 1945 in die Luft gesprengt, weil die Russen nur noch Trümmer vorfinden sollten. Meine Mut-*

> »Prenzlauer Berg, das ist heute ein durch und durch
> bürgerlicher Bezirk, ruhig und spießig und liberal, weil
> sich das so gehört. Die Schwaben, die hier wohnen,
> haben die Biederkeit mitgebracht.«
>
> JUTTA VOIGT

ter wollte was aus der Wohnung holen und fragte die
SS-Leute fassungslos: ›Was macht ihr denn da, seid
ihr verrückt geworden?‹ Und wer weiß, vielleicht
wäre sie auf der Stelle erschossen worden, wenn sie
nicht ein so hübsches, dekolletiertes Kleid angehabt
hätte – sie war 24. Die Soldaten sagten nur: ›Befehl
ist Befehl‹ und fackelten unser Haus ab. Dank meiner Mutter kamen alle Hausbewohner im letzten
Moment aus dem Luftschutzkeller und konnten sich
retten.«

Juttas Vater kehrte 1949 aus russischer Gefangenschaft zurück. Um wieder zu Kräften zu kommen, trank er jeden Morgen ein Glas Rotwein mit
Eigelb und Traubenzucker. »Essen war Wiederaufbau, Wiederaufbau am eigenen Körper.« Vater und
Tochter waren sich fremd, sie hatten sich sieben
Jahre lang nicht gesehen. Als Jutta geboren wurde,
wartete Willi Neumann auf seinen Wehrmachtein-
satz an der Front. Danach war er vier Jahre in russischer Kriegsgefangenschaft.

»Vom Krieg hat er niemals was erzählt, kein einziges Wort«, berichtet Jutta Voigt. »Nach seiner Rückkehr trat er unter dem Motto ›Nie wieder Krieg!‹ in
die SED ein und machte eine steile Karriere im Au-
ßenhandel. Nach und nach ist er abgestürzt, gefallen,
ganz nach unten. Er begann, die Erinnerungen an
den Krieg wegzusaufen und seine Karriere ebenfalls.
Er starb mit 47, mit einem Netz leerer Bierflaschen

in der Hand, auf der Straße. Es war nur ein halbes
Leben. Armer Willi.«

Trotz solch bedrückender Erlebnisse – ihre
Kindheit schildert Jutta Voigt als glücklich und be-

Jutta Voigt in Berlin mit ihrer Mutter | 1945

51

hütet. In den weitläufigen Hinterhöfen, wo Nachbarn nach dem Krieg Kühe und Kaninchen hielten, gab es viel zu entdecken. Im Sommer lief sie barfuß, die Straßen, Höfe und Ruinen waren ein riesiger Spielplatz.

Von einem Lebensmittelhändler an der Greifswalder Straße bekam das Mädchen eines Tages ein kleines Glas mit roter Marmelade geschenkt. Unterwegs hielt es das Glas etwas von sich weg und sah, wie darin ein rötliches Licht schimmerte – ein Glücksmoment, der in ihrem Gedächtnis haften blieb. »*Damals habe ich gelernt, mich über die kleinen Dinge zu freuen. Nichts war selbstverständlich. Heute scheint alles selbstverständlich, nur die Freude über die kleinen Dinge nicht. Müssen Menschen Unglück erleben, um Glück empfinden zu können?*«

Eulenspiegel: Satirische Wochenzeitschrift der DDR, auch Eule genannt. Von der SED streng kontrolliert. In Satire verpackte kritische Beiträge.

Schülerin und Fotomodell

Als Oberschülerin arbeitete Jutta Neumann gelegentlich als Fotomodell. Aufnahmen von ihr erschienen in der Frauenzeitschrift *Sibylle*, die dabei war, das von der SED-Spitze propagierte, überkommene Frauenbild abzustreifen. Arno Fischer, Roger Melis und Sibylle Bergemann waren die Wegbereiter einer neuen Modefotografie. Jutta Voigt: »*Im Sportunterricht hatte ich auf dem Schwebebalken mit dem Gleichgewicht zu kämpfen. Da meinte der Sportlehrer: ›Auf dem Laufsteg geht's wohl besser, Jutta!‹ Aus der Reihe tanzen war nicht beliebt in der sozialistischen Schule. Aber das machte mir nichts aus, denn Modefotos in der ›Sibylle‹ waren eine ziemliche Bestätigung für ein 16-jähriges Mädchen, das sich zu groß, zu dünn und nicht besonders hübsch fand.*«

Wolfgang Heise: 1925–1987. Philosoph, Kunsttheoretiker. Wegen seines Eintretens für Havemann gemaßregelt. Lehrer u. a. von Wolf Biermann und Rudolf Bahro. Berater der DEFA und der Filmhochschule in Babelsberg.

Philosophiestudium

Nach dem Abitur belegte Jutta Voigt, die inzwischen verheiratet war, einen Kurs in Aktzeichnen. Doch schon bald merkte sie, dass ihr Zeichentalent nicht ausreichte, um Mode zu studieren. Also folgte sie einem Rat von Wolf Biermann, mit dem sie und ihr Mann Peter Voigt damals befreundet waren, und schrieb sich für Philosophie ein. Ein wunderbares Studium, hatte Biermann geschwärmt.

Doch Jutta Voigt machte an der *Humboldt Universität* in Berlin andere Erfahrungen. Im ersten Jahr stand Marxismus-Leninismus auf dem Plan. Sie wurde mit »Genossin« angeredet, obwohl sie nicht in der Partei war und ihr auch später nicht angehörte. Die Atmosphäre wurde von linientreuen Kommilitonen bestimmt, die bei jeder Gelegenheit ihre ideologische Festigkeit beweisen mussten. Sie petzten wie Drittklässler und meldeten: »*Die Genossin Voigt interessiert sich nicht für den dialektischen Materialismus, sie liest unter der Bank den ›Eulenspiegel‹.*«

Siegmund Freud statt Ernteeinsatz

Drei Monate hielt sie es an der Universität aus, dann stellte sie einen Antrag auf Exmatrikulation. »*Eines Tages bekam ich Post. Da stand plötzlich nicht mehr: ›Werte Genossin Voigt‹, sondern: ›Liebe Jutta!‹*

Als Studentin in Berlin | 1960er-Jahre

> »Ich habe zwei Jahrzehnte lang an den Sozialismus geglaubt; andere waren von Anfang an nicht glücklich mit der klassenlosen Gesellschaft. Jedenfalls hatten wir einen gemeinsamen Alltag, anstrengend, absurd, tragikomisch.«

JUTTA VOIGT IM NACHSCHLAG ZU IHREM BUCH
DER GESCHMACK DES OSTENS – VOM ESSEN, TRINKEN UND LEBEN IN DER DDR | BERLIN 2010

Die wollten nicht, dass ich aufhöre, es wäre auf sie zurückgefallen. Ich solle doch bitte so freundlich sein und zu einem Gespräch in die Universität kommen. Da saß Professor Wolfgang Heise, eine Koryphäe in bürgerlicher Philosophie, ein gelassener, Pfeife rauchender Intellektueller, und erklärte mir, dass die Situation im Moment schwierig sei, so kurz nach dem Mauerbau, dass sich das aber bald wieder ändern werde.

Er sprach 30 Minuten mit mir, analysierte das Objektive und das Subjektive der gegenwärtigen Lage. Heise war ein so anderer Mensch als jene, die ich bisher an der Humboldt Universität kennengelernt hatte, dass ich nach dieser halben Stunde meinen Antrag zurückzog. Ob ich gleich morgen meinen Kommilitonen in den Ernteeinsatz folgen sollte, fragte ich ihn. ›Das machst du besser nicht, die machen dich fertig. In den Semesterferien arbeitest du für mich, über Siegmund Freud.‹«

Jutta Voigt widmete sich also weiter der Philosophie und dann den Kulturwissenschaften. Das Gespräch mit Professor Heise nennt sie eine wichtige Wegmarke. Ihm habe sie zu verdanken, was schließlich aus ihr geworden sei.

»Auf der einen Seite diese kalte, dogmatische Atmosphäre unter den Studenten, die mich verzweifeln ließ, und dann dieser Professor, der mir eine völlig andere Richtung des Denkens aufzeigte. Das ist ein Beispiel für die Zwischentöne in 40 Jahren DDR. Um die geht es mir, auch in dem, was ich schreibe, es geht um die Zwischentöne. Die Farben der DDR waren nicht Schwarz oder Weiß, sondern Grau und manchmal sogar bunt.«

Im letzten Semester vermittelte ihr ein Universitätsassistent den Kontakt zur Wochenzeitung *Sonntag*, für die sie in den folgenden Jahren als Redakteurin, Reporterin und Filmkritikerin tätig war. Doch zunächst galt es, ihre Diplomarbeit abzuschließen.

Sonntag: Wochenzeitung. Zentralorgan des Kulturbundes der DDR. Wurde vor allem von Intellektuellen und Künstlern gelesen. Freiräume bei der Auswahl und Gestaltung von Themen.

Die Arbeit sei nicht genug wissenschaftlich ausgerichtet, hieß es, sie wurde nur mit einer Zwei benotet. Immerhin bescheinigte man ihr einen hervorragenden Schreibstil. *»Das hat mich auf die Idee gebracht, in den Journalismus zu gehen.«*

Journalistisches Credo

Alles, was in der DDR veröffentlicht wurde, stand unter Beobachtung und Kontrolle, wobei der *Sonntag* einen größeren Freiraum besaß als die Parteizeitungen der SED. Gleich zu Beginn machte sich

In ihrer Trauerrede für die im November 2010 verstorbene Fotografin Sibylle Bergemann erinnerte Jutta Voigt daran, wie ein ungewöhnliches Foto eines Depeschenreiters der Roten Armee entstanden war: *»Am Abend folgten wir der Einladung des Depeschenreiters und seiner Frau zum Abendbrot. Es gab Brühwürste. Sie schwammen in einer Terrine mit grauen Fettaugen, beleuchtet vom trüben Licht der Deckenlampe. Wir mussten essen, wir mussten, sonst wäre das Vertrauen in* *Gefahr gewesen. Ich konnte nicht, aber Sibylle schluckte tapfer die fetten Würste: Überwindung um der Fotografie willen. Aus eben den Gründen der Vertrauensbildung übernachteten wir auf dem 70 Zentimeter breiten Wohnzimmersofa, beide, eine Intimität, die Sibylle einige Überwindung gekostet haben dürfte. Es hatte sich gelohnt, am nächsten Morgen entstand das Foto: der Depeschenreiter mit allen seinen bunt verzierten Orden in seinem herbstkalten Kleingarten, berührend unheldisch.«*

die junge Redakteurin daran, die Grenzen der Berichterstattung abzutasten. Zu ihren Aufgaben gehörte es, Dissertationen für die Zeitung so zu redigieren, dass sie verstanden und im *Thema der Woche* gedruckt werden konnten. Jeder Respekt vor einem Doktor-Titel sei ihr dabei abhanden gekommen, sagt sie, *»und zwar lebenslang«*.

»Ich habe von Anfang an über den Rand der Gesellschaft geschrieben, nicht über das scheinbar Wichtige, nicht über das Offizielle. Über das scheinbar Kleine habe ich geschrieben, nicht über das scheinbar Große. Immer vom Rand ausgehen, nicht in der Mitte aufhalten. Mitte ist langweilig. Dort tummeln sich die Verlautbarungen.« Ihrem journalistischen Credo ist Jutta Voigt stets treu geblieben.

Der Glaube an den Sozialismus

Die Reportage lag ihr besonders. Voigt schrieb über Näherinnen in einem Textilbetrieb, eine Dorfhochzeit sowie *»über chilenische Emigranten, mit denen wir am Abend ›Vinceremos‹ sangen«.* Ihr Glaube an den Sozialismus hinderte sie nicht daran, dessen reale Existenz kritisch zu beleuchten – nicht im Ton einer lauten Anklage, sondern leise und *»vom Rand her«.* Das ersparte ihr, vom Regime als Kritikerin festgemacht zu werden, obwohl sie mehrmals aneckte.

Im *Thema der Woche* widmete der *Sonntag* sich regelmäßig Schwerpunkten, die jeweils von mehreren Autoren abgehandelt wurden. Einmal ging es um *»jugendgemäße Tanzmusik«.* Jutta Voigt steuerte eine Reportage über eine noch kaum bekannte Band bei, die sich *Modern Soul* nannte. *»So 'ne Kapelle«,* informierte sie ihren Chef, sie vermied das Wort Band, weil das zu westlich geklungen hätte. Nach Erscheinen der Ausgabe bekam der Chefredakteur einen Anruf aus dem Zentralkomitee der SED, der ihn harsch zu einem Gespräch vorlud. Weil sie das Thema redaktionell verantwortet und er selbst keine Ahnung von *»jugendgemäßer Tanzmusik«* hatte, bat er Jutta Voigt, ihn zu begleiten. *»Unsere Redaktion war am Hausvogteiplatz, gleich neben dem ZK, ein Katzensprung. Auf dem Weg dorthin merkte ich, wie nervös dieser gestandene Mann war, der immerhin dem Nationalkomitee Freies Deutschland angehört hatte und einer berühmten adeligen Familie entstammte. In dem ZK-Gespräch mit der zuständigen Funktionärin wurden wir abgekanzelt wie Schulgören, ohne Unterschied. Ich, die Anfängerin, und Herr von K., eine Persön-*

lichkeit mit großen Verdiensten. Was wir uns dabei gedacht hätten, diese amerikanische Unkultur ins Blatt zu bringen! ›Gerade jetzt, wo der Westen …‹ Die Funktionärin, die uns da runterputzte, war mit einem renommierten Tanzmusiker alten Stils befreundet, handelte also auch aus eigenem Interesse. ›Erst brechen, dann formen‹ war die Devise. Auf das Runterputzen folgte die vertrauliche Belehrung: ›Das müsst ihr doch einsehen, Genossen, gerade jetzt, wo …‹ und so weiter. Wäre ich da öfter vorgeladen worden, hätte ich nicht mehr schreiben können.«

Gegessen, was übrig blieb

Der Alltag in der DDR war beschwerlich, insbesondere das Einkaufen. Wenn sich vor einem HO-Laden eine Schlange bildete, weil es lang entbehrte Mangelware gab, machte Jutta Voigt einen Bogen darum. *»Ich hatte als junge Frau keine Zeit und keine Lust, mich vor einem Fleischerladen anzustellen. Also habe ich gegessen, was übrig blieb, Schweinekamm, Schweinebauch, Schweinenieren. Nur bei den Jeans machte ich eine Ausnahme. Für Levis stellte ich mich in die Schlange.«*

Der Mangel trieb seltsame Blüten. Das SED-Politbüro in Berlin befasste sich ständig mit Versorgungsengpässen, um *»die Rhythmusstörungen der Planwirtschaft«* zu überwinden. Mal fehlte es an Butter, Kaffee und Würfelzucker, dann wieder an Nudeln oder Backwaren. Das mächtige Parteigremium kümmerte sich sogar um die Herstellung von Damenschlüpfern.

BINO

Um westliche Produktnamen zu vermeiden, wurden neue Bezeichnungen erfunden. Hinter *BINO* verbarg sich *Maggi*. Und so lautete der Slogan: *»Koche mit Liebe – würze mit BINO«*.

Not macht bekanntlich erfinderisch. Und so wurden *»fleischfreie Tage, auch für Urlaube«* propagiert. Das Transformatorenwerk Oberspree baute eine eigene Schweinemästerei auf, um die Belegschaft ordentlich versorgen zu können. Wer das

Haus verließ, nahm einen Einkaufsbeutel mit – *»geblümt wie die Schürze der Hausfrau«*. Die tägliche Devise lautete *»SKET: sehen, kaufen, einkellern, tauschen«*.

Bei ihren Erkundungen nach dem *»Geschmack des Ostens«* entdeckte Jutta Voigt *»weltläufige Rezepte. Sie suggerierten, dass man auch in der Bratpfanne Reisen machen konnte.«* Als Beispiele nennt sie *Fish Chowder* aus New York und eine würzige Fischsuppe aus Ghana, *»heiß wie die afrikanische Sonne«*.

Redakteurin der DDR-Wochenzeitung »Sonntag« | 1968

Hast du Schwermut ...

Mochten in den Regalen der Kaufhallen auch große Lücken klaffen, an alkoholischen Getränken fehlte es selten. *Nordhäuser Doppelkorn* war immer da und wurde gern genommen. Auch hier folgte die DDR eifrig der großen Sowjetunion, wo der Wodka das Nationalgetränk war. Beliebt war noch ein anderes Getränk: »*Gotano-Wermut (im thüringischen Gotha hergestellt), weißen und roten, haben wir mit Eis getrunken, als Ersatz für Cinzano, manche haben ihn flaschenweise geschluckt, ohne Eis: Hast du Schwermut, greif zum Wermut!*«

Als Redakteurin der Wochenzeitung »Wochenpost« | 1990er-Jahre

Der Mangel an Lebensmitteln und moderner Kleidung machte Voigt weniger zu schaffen, zumal Berlin besser versorgt wurde als andere Städte und die ländlichen Gebiete. Die »*Diktatur der Kellner und Verkäuferinnen*« dagegen erregte ihren Zorn. Auf der Stirn eines jeden Kellners habe man lesen können: »*Wagen Sie nicht, mich anzusprechen!*« Verkäuferinnen hätten sich oft wie Königinnen aufgeführt. Schon die Frage »*Haben Sie ...?*« konnte heftige Abwehrreaktionen auslösen. Dass es an Obst und Gemüse fehlte, lag nicht selten am »*sozialistischen Schlendrian*«. Voigt berichtet, in den 1970er-Jahren seien Gemüseladungen aus Bulgarien, Albanien und Rumänien schon »*vollends verdorben*« angekommen. Der Umschlag der Ware habe ebenfalls nicht funktioniert. So kam es vor, dass im Sommer ganze Waggons mit Melonen verrotteten, weil der Weitertransport nicht klappte.

Zeit des Aufbruchs

Politisch gesehen empfand Jutta Voigt die 1960er-Jahre als eine Zeit des Aufbruchs. Die Mauer sah sie mehr als ein »*Kuriosum*« an, das bald wieder verschwinden würde. »*Jetzt kamen wir dran, die junge Generation, und konnten zeigen, was Sozialismus wirklich heißt, ohne dass jemand von außen reinfunken konnte. Eine Illusion.*«

In einigen Verlagen wehte plötzlich ein frischer Wind. Kämpfe in den Redaktionen wurden offen ausgetragen, sodass Voigt Spaß daran fand, sich durchzusetzen. Die Musik der *Beatles* und *Rolling Stones* fand auch im Osten viele Anhänger.

Frauen drängten in leitende Positionen, um Veränderungen durchzusetzen. Am Arbeitsplatz besaßen sie die gleichen Rechte wie ihre männlichen Kollegen. »*In der DDR gab es keine Antihaltung gegenüber den Männern, eher eine Art Komplizenschaft. Dass der Mann der Frau zu Hause das Geld zuteilte und sie an den Herd zwang, war undenkbar.*«

Allerdings, die Doppelbelastung der Frauen, die arbeiten gingen und gleichzeitig für Haushalt und Kinder aufkommen mussten, wurde auch in der

Als Reporterin im VEB Fortschritt, Berlin

Dass ihre Beiträge, in denen das Wort *Sozialismus* nicht vorkommt, gelesen wurden, davon konnte sie sich öfter überzeugen. Dabei erreichte der *Sonntag* nur eine Auflage von etwa 25 000 Exemplaren. Beim Einzug in ihre heutige Wohnung erkundigte sich ein Klempner, der die Heizung reparierte, ob sie die Jutta Voigt sei, die im *Sonntag* schreibe. Als sie die Frage bejahte, sagte der Mann, wenn er drei Wochen nichts von ihr lese, denke er immer: »*Jetzt hamse sie, jetzt hamse sie, jetzt darf sie nicht mehr schreiben!*« Jutta Voigt: »*Das ist absurd. Meine Texte waren einfach nur realistisch, das reichte, um die harmlosen Feuilletons als subversiv zu begreifen.*«

Ein Staat von Laubenpiepern

Die Journalistin unterstreicht, es sei ihr nicht darum gegangen, Widerstand gegen die SED zu leisten. Vielmehr habe sie versucht, Phrasen und Schönfärberei zu vermeiden sowie die Wirklichkeit von den Rändern her aufzurollen. »*Ich habe immer etwas gewollt, das macht es einfacher. Natürlich gab es diese Entwicklung vom sozialistischen Ideal hin zum Kleinbürgertum, gegen die ich mich wehrte. Der Arbeiter- und Bauernstaat wurde spätestens ab den 1970er- und 1980er-Jahren zu einem Staat von Laubenpiepern.*« Erich Honecker, der diese Entwicklung zu verantworten hatte und die DDR letztlich in den Abgrund führte, nennt sie einen »*Staatsmann mit dem Charme eines Aktenordners*«.

Als die DDR scheiterte, geriet die Journalistin Jutta Voigt nicht aus der Bahn. Auch wenn einige der Zeitungen und Zeitschriften, für die sie im wiedervereinigten Deutschland schrieb, nach und nach eingingen, konnte sie sich behaupten. Dazu kamen die Bücher über die Menschen und das Leben in der DDR, die sie veröffentlichte. Nach den Worten der Autorin geht es um Rückblenden, Erinnerungen und auch um Versuche, die eigenen Erfahrungen zu bündeln. Jutta Voigt: »*Die bizarre deutsche Zwischenzeit währte ein halbes Jahrhundert, sie war zufällig mein Leben.*«

DDR nicht überwunden. Jutta Voigt, die zwei Töchter hat, spricht von einem Spagat, der viel Kraft gekostet habe. »*Wir waren Übergangsfrauen, die mit einem Bein in den alten Verhältnissen steckten und mit dem anderen in der neuen Zeit.*«

Existenzangst, Sorge um Arbeit und Einkommen habe es nicht gegeben. Die Journalistin schildert den Fall eines Nachbarn, der morgens pünktlich in den Betrieb gefahren und im Laufe des Vormittags zurückgekehrt sei, um zu Hause gemütlich sein zweites Frühstück einzunehmen.

Filmkritikerin

Als Filmkritikerin konnte Jutta Voigt ihren Radius noch erweitern. Die Auswahl der Themen und damit der Filme, die im *Sonntag* besprochen wurden, lag, von Ausnahmen abgesehen, bei ihr. Propagandastreifen versuchte sie nicht zu beachten. Vom *Dokumentarfilm-Festival* in Leipzig schwärmt sie. Das sei jedes Mal ein »*Schlachtfeld*« gewesen, auf dem sich bestimmte Richtungen und Überzeugungen durchzusetzen versuchten. Als Filmkritikerin durfte sie manchmal – das war sehr selten – Einladungen zu Festivals ins westliche Ausland folgen und internationale Produktionen mit denen aus der DDR vergleichen.

Jutta Voigt

Die Journalistin und Autorin
Jutta Voigt beherrscht als
Chronistin des Alltags der DDR
meisterhaft die Zwischentöne.

Haben Sie geahnt, dass die DDR scheitern könnte, dass die Friedliche Revolution der staatlichen Existenz ein Ende setzen würde?

JV – Nein, habe ich nicht vorausgesehen. Die meisten hatten sich mit den Verhältnissen längst abgefunden und dachten: Das bleibt jetzt ewig so. Zwischen Partei und Volk herrschte eine Art Waffenruhe. Man konnte versuchen, auf seinem Gebiet erfolgreich zu sein und ein paar Dinge aufzubrechen. Mehr nicht. Im Übrigen halte ich es für einen Irrtum zu glauben, ein ganzes Volk habe hier eine Revolution gemacht. Das war nicht so.

Welche Reaktion hat das Ende der DDR bei Ihnen ausgelöst: Ängste? Hoffnungen?

JV – Als die Mauer fiel, habe ich zwei »Faustan« genommen und bin ins Bett gegangen. Am nächsten Morgen informierte ich meine kleine Tochter: Die Grenzen sind offen. Damit war besiegelt, dass ich 28 Jahre meines Lebens für nichts und wieder nichts hinter einer Mauer gelebt hatte.

Es handelte sich doch auch um ein gescheitertes gesellschaftspolitisches Experiment.

JV – Mit dem Abstand von zwanzig Jahren sage ich: Die DDR war eine Fehlgeburt. In den 1960er-Jahren hatte ich mal das Gefühl, Teil eines Aufbruchs zu sein, und war davon überzeugt, im besseren Teil Deutschlands zu leben. Später relativierte sich das.

Alles vergeblich, alles umsonst?

JV – Ich bin ja kein unglücklicher Mensch, ich bin kein Pessimist. Ich kann sagen: Ich habe zwei Gesellschaftsordnungen am eigenen Leibe gespürt. Das ist eine besondere, eine nützliche Erfahrung, für die man allerdings teuer bezahlt hat – durch das Eingesperrtsein.

Ich meine, dass es nach dem Zweiten Weltkrieg gute Gründe gab, Konsequenzen zu ziehen und einen Neuanfang zu wagen. Künstler und Schriftsteller haben sich nach 1945 bewusst für die DDR und gegen Westdeutschland entschieden. Ich weiß, dass manche sich später enttäuscht abgewandt haben, als die DDR unter Ulbricht einen stalinistischen Kurs einschlug.

JV – Es gab wunderbare Anfänge. Und es gab Enttäuschungen noch und noch. Man muss den Gang der Geschichte akzeptieren. Ich hatte Glück, ich fühlte mich niemals untergebuttert im vereinigten Deutschland. Wenn ich meine Arbeit verloren hätte und mein Selbstbewusstsein, würde ich anders reden.

Noch einmal zum Thema Gleichberechtigung der Frau. Wenn ich im Westen aufgewachsen wäre, wäre ich wahrscheinlich auch eine Emanze geworden, eine Frauenrechtlerin – nicht in der radikalen Fraktion, die den Männern die Schwänze abschneiden wollten, sondern eine von denen, die kühl für die Gleichberechtigung der Frau eintraten. Dazu fällt mir ein Erlebnis aus den 1990er-Jahren ein, als der Vorstandsvorsitzende von Gruner & Jahr, Schulte-Hillen, neue Pläne für die *Wochenpost* schmiedete. Er war oft bei uns in der Redaktion, deshalb kannten wir uns gut. Beim Empfang zur Kisch-Preis-Verleihung in Hamburg begrüßten eine Kollegin und ich den mächtigen Mann an der Bar. Nicht lange, und wir waren weg von der Macht. Kaum hatten wir die ersten Sätze gewechselt, stürzte sich eine Meute von Männern, Journalisten wie wir, auf den Vorstandschef, drängten uns mit ihren Körpern beiseite, um den Platz an der Macht zu erobern. Es war ein unterbewusster, instinktiver Vorgang. Eine Kostprobe der männermächtigen Ellbogengesellschaft. Meine Kollegin und ich fanden das irgendwie komisch, irgendwie zum Lachen, unerotisch, vollkommen unerotisch.

Das war die Ellbogen-Gesellschaft, die Sie noch nicht kannten.

JV – Stimmt.

Den beruflichen Übergang in die Zeit nach dem Ende der DDR haben Sie beinahe mühelos geschafft. Sie haben eine Zeitung mitgegründet, die es heute noch gibt.

JV – Der *Sonntag* erschien erst mal weiter. 1991 bot mir die Wochenzeitung *Die Zeit* eine Kolumne an. Im Wechsel mit Jens Reich und Roger Willemsen schrieb ich »*Deutsche Ansichten*«. Als dann der *Sonntag* mit einem Blatt der westdeutschen DKP *(Deutsche Kommunistische Partei)* fusionierte und wir die Ostwest-Wochenzeitung *Freitag* gründeten, haben wir den West-Kollegen erst einmal erklärt, was Wochenzeitungs-Journalismus ist. Dass es nicht um Ideologie geht, sondern um Journalismus, um Sprache. Wir wollten ja nicht wieder unter Verhältnissen, die wir jahrzehntelang bekämpft hatten, weitermachen. Für den *Freitag* habe ich nur ein Jahr gearbeitet. Dann wechselte ich zur *Wochenpost,* die später von der *Woche* gekauft wurde. Beide Zeitungen schafften es nicht. Aber die journalistische Arbeit dort habe ich genossen. Es war eine gute Zeit.

Hatten Sie Konflikte in diesen Redaktionen? Wie stand es mit den journalistischen Freiräumen?

JV – Die Freiräume für die Arbeit waren groß genug. Der Konflikt war, dass es immer nur um die Auflage ging, immer nur ums Geld. Das war neu für mich.

Jugendliche im Widerstand

Früher Widerstand | Die Studentin Elisabeth Graul gehört zu den Frauen, die schon in den 1950er-Jahren gegen die SED-Diktatur aufbegehrten. Graul schloss sich in Westberlin einer strikt antikommunistisch eingestellten Gruppe an, die das politische System der DDR bekämpfte. Die junge Frau schaffte Flugblätter über die Grenze und bezog öffentlich gegen die SED Stellung. Doch die Staatssicherheit schlug zurück. Elisabeth Graul wurde bei einem Besuch in Erfurt festgenommen und in das Gefängnis Berlin-Hohenschönhausen gebracht. Nach endlosen Verhören wurde sie zu 15 Jahren Zuchthaus verurteilt. Fast zehn Jahre verbrachte sie im berüchtigten Frauengefängnis Hoheneck.

Der Fall Elisabeth Graul unterstreicht, mit welcher Härte die SED gerade gegen junge Oppositionelle vorging. Langjährige Freiheitsstrafen, sogar Todesurteile wurden verhängt, von denen einige in Moskau vollstreckt wurden. Die abschreckende Wirkung, die sich das Regime davon versprach, trat jedoch nicht ein. Gerade die Todesurteile lösten neue Gegenbewegungen aus. Mit ihrem Widerstand störten die Jugendlichen die Pläne des Regimes. Denn von Beginn an hatte sich die SED vorgenommen, Kinder und Jugendliche an sich zu binden. Der »neue sozialistische Mensch« sollte schon früh geformt werden. Das war Aufgabe von Massenorganisationen wie *Junge Pioniere* und *Freie Deutsche Jugend.*

In den Anfangsjahren der DDR und auch später weigerten sich viele, in den kommunistischen Jugendverbänden mitzumachen. Stattdessen schlossen sie sich der evangelischen Jugendarbeit, also den *Jungen Gemeinden,* an. Oder sie bildeten Gesprächskreise, aus denen Widerstandsgruppen wurden. So entstand in der thüringischen Stadt Eisenberg ein Verbund von Schülern und Lehrlingen, der Protestaktionen etwa gegen Wahlfälschung und vormilitärische Ausbildung organisierte. Opposition und Widerstand junger Menschen hatte viele Ursachen. Karl Wilhelm Fricke verlor schon früh seinen Vater, der in einem sowjetischen »Speziallager« umkam. Er selbst geriet nach seiner Flucht in den Westen in die Fänge der Stasi, die ihn nach Ostberlin entführte, wo ein langer Leidensweg begann.

Karl Wilhelm Fricke   Entführt aus Westberlin

Was gleich zu Beginn auffällt, ist die Ruhe und die Genauigkeit, mit der Karl Wilhelm Fricke spricht. Er wägt seine Worte, formuliert exakt und redet sich nicht in Rage. Obwohl er allen Grund dazu hätte. Fricke könnte – auch wenn das alles schon lange zurückliegt – seine Empörung über das ihm zugefügte Unrecht zum Ausdruck bringen: seinen Schmerz über den frühen Tod seines Vaters, der im Zuchthaus Waldheim elend zugrunde ging, weil ihm die medizinische Hilfe versagt blieb; seine Verbitterung über die brutale Entführung aus Westberlin durch die Stasi 1955 und die einsamen Jahre danach in den Gefängnissen Hohenschönhausen und Bautzen II.

Mit vernichtender Sachlichkeit

Aber Fricke wahrt Distanz, auch und nicht zuletzt gegenüber dem eigenen Schicksal, das ihm sein Lebensthema gleichsam aufgezwungen hat. Er konnte gar nicht anders, als sich mit dem Unrechtsstaat DDR auseinanderzusetzen; Fricke tat es als Journalist und Schriftsteller und hört auch im Alter nicht damit auf. Zweifellos ist er einer der besten Kenner dieses Kapitels der jüngsten deutschen Geschichte. Dass er damit trotz seiner persönlichen Leidensgeschichte souverän umgeht, bringt ihm viel Anerkennung ein. In dieser Haltung liegt vermutlich auch der Grund für die besondere Wirkung seiner Bücher. »*Mit vernichtender Sachlichkeit beschreibt Karl Wilhelm Fricke seine Verfolgung durch die Stasi*«, heißt es in der Besprechung des *Tagesspiegels* seines Buches *Akten-Einsicht – Rekonstruktion einer Verfolgung*.

Erwachsen werden

1929 in Hoym, Kreis Aschersleben in Sachsen-Anhalt, geboren, hat er die NS-Diktatur als Jugendlicher noch miterlebt. So wurde Fricke 1940 Mitglied im *Deutschen Jungvolk* und vier Jahre später auch in der *Hitlerjugend*. Sein Einsatz beschränkte sich auf die Feuerwehr-HJ, die ihm eine Uniform zur Verfügung stellte – was in Zeiten der Not durchaus seinen praktischen Nutzen hatte.

Seine Eltern stammten aus soliden bürgerlichen Verhältnissen, die Mutter aus einer Uhrmacherfamilie in Harzgerode, der Vater als Sohn eines Betriebsschlossers aus Bernburg. In Hoym unterrichtete Karl Fricke an der Volksschule. 1937 schloss er sich der NSDAP an und betätigte sich als Pressewart. Im Mai 1943 erhielt er die Einberufung zu einer Flakeinheit der Wehrmacht

Die Mutter musste jetzt allein mit ihren beiden Kindern zurechtkommen. Ihrem Sohn Karl Wilhelm blieb nichts anderes übrig, als schnell erwachsen zu werden. *Meine Mutter hing sehr an unserem Vater. Vielleicht klingt es merkwürdig, aber ich wuchs allmählich in die Rolle des Familienvorstands. In den letzten Kriegsjahren und in der Nachkriegszeit kümmerte ich mich darum, dass genug zu essen da war. Auf dem Schwarzmarkt kaufte ich, was knapp war, und machte Geschäfte mit Bauern. Wir brauchten also nicht zu hungern.*

Im August 1945 kehrte Karl Fricke aus amerikanischer Kriegsgefangenschaft heim. *Wir haben uns umarmt. Er war ja kein Fremder für mich. Wir hatten uns während des Krieges gesehen. Er war zu Hause auf Urlaub gewesen und Mutter hatte mich mitgenommen, wenn sie ihn besuchte. Auch wenn wir politisch nicht immer einer Meinung waren – wir hatten uns nicht entfremdet.* Der Heimkehrer wurde entnazifiziert und, wie es den Kontrollratsgesetzen entsprach, aus dem Schuldienst entlassen. Allerdings durfte er als Foto-Schriftsteller arbeiten.

Politischer Streit mit dem Vater

Am Abend des 20. Juni 1946 saß die Familie am Küchentisch und diskutierte kontrovers über Politik. Karl Fricke äußerte die Absicht, in die SPD einzutreten – sein Vater war ebenfalls Sozialdemokrat gewesen. Ihm ging es um *moralische Wiedergutmachung*, wie Karl Wilhelm Fricke berichtet. Gleichzeitig drängte er den Sohn, im *Antifa-Jugend-*

ausschuss, dem Vorläufer der FDJ, mitzuarbeiten. *Dafür ist es noch zu früh, entgegnete ich. Die Dinge müssen sich erst noch entwickeln. Ich stellte mich also gegen den Vater und habe das abgelehnt.*

Gegen 19.30 Uhr meldeten sich zwei Russen und ein Volkspolizist an der Haustür und erklärten, sie wollten Karl Fricke abholen. Sie durchsuchten das Haus, beschlagnahmten die Fotoausrüstung und nahmen Fricke mit. Wie sein Sohn später herausfand, brachten sie ihn von Hoym nach Ballenstedt. Dort hatte die Rote Armee eine Kreis-Kommandantur und der sowjetische Geheimdienst eine Dependance eingerichtet. *Ich bin einige Male mit dem Fahrrad nach Ballenstedt gefahren, um Vater frische Wäsche zu bringen. Zum letzten Mal habe ich ihn gesehen, als er mir vom Fenster im Souterrain aus, wo er inhaftiert war, zuwinkte. Dass ich im Streit von meinem Vater geschieden war, darunter habe ich jahrelang gelitten.*

Schweigelager

Die Gewahrsame, die Karl Fricke in den folgenden Monaten durchlaufen musste, stammten noch aus der NS-Zeit: das Gefängnis *Roter Ochse* in Halle, das ehemalige Wehrmachtsgefängnis in Torgau und das KZ Buchenwald, jetzt eines von 13 sowjetischen Speziallagern in Ostdeutschland.

Das waren Schweigelager. Bis 1950 bekamen wir keine Nachricht über seinen Verbleib. Kameraden von ihm, die 1948 entlassen worden waren, berichteten uns, dass er am Leben sei und es ihm gesundheitlich sogar einigermaßen gut ginge. Dabei war die Todesrate gerade in Buchenwald damals besonders hoch.

Im Zuge der sogenannten *Waldheimer Prozesse*, bei denen im Jahr 1950 über 3400 Internierte in Scheinprozessen massenhaft abgeurteilt wurden,

Waldheimer Prozesse: In Waldheim standen im Frühjahr 1950 3432 Angeklagte vor Gericht. Innerhalb von drei Monaten wurden insgesamt 56 000 Jahre Zuchthaus und 31 Todesurteile verhängt, davon 24 vollstreckt. Verteidiger oder Zeugen waren nicht zugelassen.

> »Der Tod meines Vaters, dessen Urne in einem Massengrab beigesetzt wurde, hat mich zutiefst erschüttert. Ich hatte das nach allem, was schon passiert war, nicht mehr erwartet. Schon seine Verurteilung empfand ich als bitteres Unrecht.«

KARL WILHELM FRICKE

erhielt Karl Fricke zwölf Jahre Zuchthaus. Im Frühjahr 1952 grassierte im Gefängnis in Waldheim eine Ruhr- und Grippe-Epidemie, der auch Karl Fricke erlag.

Sein Sohn, der inzwischen in den Westen geflüchtet war, erfuhr später die Umstände seines Todes. »*In der offiziellen Todesnachricht hieß es, er sei an einer toxischen Kreislaufstörung verstorben. Von zwei seiner Kameraden erfuhren wir, dass er am Abend des 30. März 1952 das Bewusstsein verlor. Ein Sanitäter, den man alarmierte, habe erwidert, der Fricke markiere ja nur. Erst am nächsten Morgen kam Vater ins Lazarett, wo er am Nachmittag verstarb.*«

Hilfslehrer für Russisch

Karl Wilhelm Fricke hatte zwei Jahre vor seinem Abitur intensiv Russisch gelernt; er dachte, damit könnte er seinem inhaftierten Vater vielleicht helfen. Mit diesen Sprachkenntnissen wurde er an der Volksschule Hoym, an der bereits sein Vater unterrichtet hatte, als Hilfslehrer für Russisch eingestellt, »*was mich bei den alten Nazis meiner Heimatstadt unbeliebt machte: ›Wie kannst du Russisch unterrichten, wenn dein Vater bei den Russen im KZ sitzt!‹ Ich erwiderte: ›Erstens verdiene ich 300 Mark und kann meine Mutter unterstützen und zweitens habe ich immer unterschieden zwischen der russischen Sprache und den Völkern der Sowjetunion auf der einen und dem System auf der anderen Seite.‹*«

Ein Scherz mit Folgen

Ein mehr im Scherz hingeworfener Satz gegenüber einer Kollegin, die sich mächtig für die SED einsetzte: »*Na, wenn Sie so weitermachen, kommen Sie auch noch auf meine schwarze Liste*«, löste eine Kettenreaktion aus, die seinem Leben im Sommer 1949 eine völlig neue Wende gab. Die Pädagogin informierte die Polizei. Der Vorsitzende der SED-Ortsgruppe war gleichzeitig Polizeichef von Hoym. Als Fricke gerade eine Klasse von zwölfjährigen Mädchen unterrichtete, meldete sich ein Oberrat der Volkspolizei, begleitet von einem Hauptwachmeister, und erklärte, er müsse ihn wegen Vorbereitung zum Hochverrat festnehmen. Die Kinder fingen an zu weinen. Völlig konsterniert fragte Fricke nach dem Wieso und Weshalb. Der Beamte erwiderte: »*Sie haben behauptet, schwarze Listen angelegt zu haben.*« Fricke erklärte, das sei ein Witz gewesen. Der Polizist blieb stur.

Der Lehrer durfte unter Bewachung kurz nach Hause gehen, um einen Rucksack mit Wäsche und Lebensmitteln zu packen. Die Festnahme hatte sich herumgesprochen, die Menschen wollten ihm helfen. Dann ging es nach Ballenstedt in die Dienststelle der Politischen Polizei K 5, der Vorläuferin der Stasi. »*Wieder geschah einer dieser schicksalhaften Zufälle. Ein zu meiner Bewachung abgestellter Volkspolizist war ein ehemaliger HJ-Führer von mir. Wir flachsten miteinander. Er ließ mich zur Toilette gehen. Anschließend ging ich ruhig an der Wachstube vorbei ins Freie und flüchtete in Richtung Harzgerode.«*

Die sofort ausgelöste Ringfahndung verlief ergebnislos. In der Heimatstadt seiner Mutter kam Fricke zunächst bei einem Freund unter, der ihm etwas Geld gab und zu einer Tante brachte. Ein Cousin wanderte mit ihm am nächsten Morgen in aller Frühe nach Benneckenstein nahe der Grenze. Zu Fuß ging Fricke weiter in Richtung Westen. Zwei Stunden nach Mitternacht erreichte er den Ort Hohegeiß in der britischen Zone. In einer Gaststube brannte noch Licht. Die Wirtsleute nahmen den Flüchtling auf und boten ihm für den Rest der Nacht ein Sofa zum Schlafen an.

Student in Wilhelmshaven

In den Flüchtlingslagern für Jugendliche in Poggenhagen und Hannover-Kirchrode endete die Flucht. Im Lager lernte Karl Wilhelm Fricke einen Professor der neu gegründeten Hochschule für Arbeit, Politik und Wirtschaft in Wilhelmshaven kennen, der studierwillige junge Flüchtlinge suchte. Bei Fricke war dem Hochschullehrer schnell klar, dass er einen intelligenten, fleißigen und zielstrebigen jungen Mann vor sich hatte. *»In Wilhelmshaven habe ich eine Art Studium generale begonnen, um mich auf meinen späteren Beruf als Journalist vorzubereiten. Nebenbei erledigte ich Schreibarbeiten für Professoren. Das Schreiben auf der Maschine beherrschte ich nahezu perfekt. So konnte ich mir noch etwas Geld dazuverdienen.«*

In Wilhelmshaven erreichte Fricke im Frühjahr 1952 die Nachricht vom Tod seines Vaters. *»Zum ersten Mal seit langer Zeit musste ich weinen. Ich konnte es nicht fassen. Kurzerhand entschied ich mich, meine Zelte in Wilhelmshaven abzubrechen und nach Westberlin überzusiedeln, um dort mein Studium fortzusetzen und meiner Mutter nahe zu sein. Da die Sektorengrenze in Berlin noch offen war, konnte sie mich besuchen. Von ihr erfuhr ich, dass sie acht Tage nach der Todesnachricht vom Zuchthaus Waldheim noch eine Besuchserlaubnis erhielt …«*

»Der ganze Pankower Spuk«

Fricke studierte in Berlin Politische Wissenschaften an der Deutschen Hochschule für Politik und veröffentlichte Artikel und Aufsätze, die auch in Ostberlin auffielen. Zum Volksaufstand am 17. Juni 1953 schrieb er: *»Ohne die Panzer der Roten Armee wäre der ganze Pankower Spuk längst verflogen. Ohne die Panzer der Roten Armee hätte das Volk jene Figuren, die sich in der Zone als Herren aufspielen, längst dorthin zurückgejagt, von wo sie 1945 importiert wurden.«* DDR-Justizministerin Hilde Benjamin verglich er mit Roland Freisler, dem Präsidenten des NS-Volksgerichtshofes, der Gegner des Hitler-Regimes reihenweise in den Tod geschickt hatte. Wortgewaltig und ganz im Stil des Kalten Krieges ging der junge Autor mit dem SED-Regime ins Gericht. Die Wochenzeitung *Rheinischer Merkur*, die Zeitschrift *SBZ-Archiv* sowie die Rundfunksender *NWDR* und *Sender Freies Berlin* veröffentlichten seine Beiträge.

Ausgeforscht

Berlin war die Nahtstelle des Kalten Krieges, Westberlin Frontstadt eines globalen Gegensatzes zwischen Ost und West und zugleich ein Tummelplatz von Agenten, Provokateuren und Propagandisten.

In dieser Arena behielt Fricke einen kühlen Kopf. Weil er gründlich recherchierte, konnte er mit Fakten aufwarten, die der SED-Führung unangenehm waren.

Was er nicht ahnte – in Ostberlin wurde von langer Hand ein Komplott gegen ihn geschmiedet, und zwar auf höchster Ebene. Fricke sollte aus dem Verkehr gezogen, seine Stimme zum Schwei-

Karl Wilhelm Fricke | 1954

gen gebracht werden. Diese Methode wurde später *Kidnapping* genannt.

Die Vorbereitungen für den Überfall auf Fricke dauerten über ein Jahr. Die Staatssicherheit überließ nichts dem Zufall. Mit einem beträchtlichen Aufwand sammelten Stasi-Mitarbeiter wichtige Informationen. Frickes Wohnung im Westberliner Stadtteil Friedenau, sein persönlicher Umgang, die beruflichen Kontakte – alles wurde ausgeforscht und fand seinen Niederschlag in zahlreichen vertraulichen Berichten an die Stasi-Zentrale.

Die Hauptrolle bei der Entführung fiel dem Inoffiziellen Mitarbeiter *Fritz* zu, der sich auch Kurt Maurer nannte und Kurt Rittwagen hieß. »*Rittwagen konnte sich mein Vertrauen umso leichter erschleichen, als ich ihm, dem Opfer zweier totalitärer Systeme, mit Sympathie und Solidarität gegenübergetreten war*«, schreibt Fricke in seinem Buch *Akten-Einsicht*. »*Immerhin war er auch wirklich Gefangener bei Stalin und Hitler gewesen.*«

»Das Paket Fricke«

Rittwagen war es, der am 1. April 1955 Fricke in eine konspirative Wohnung im Bezirk Schöneberg im amerikanischen Sektor lockte, wo ihm ein Betäubungsmittel in ein Glas Weinbrand geschüttet wurde, das ihn für sieben Stunden außer Gefecht setzte. Und Rittwagen war es auch, der später in einer Niederschrift die Formulierung benutzte:

»*Das sogenannte Paket Fricke wurde ordnungsgemäß dem Ministerium für Staatssicherheit übergeben.*« Vermutlich transportierten Stasi-Agenten das betäubte Opfer in einem Schlafsack über die Sektorengrenze nach Ostberlin.

Als der Journalist eine Stunde vor Mitternacht wieder zu sich kam, befand er sich im Stasi-Untersuchungsgefängnis in Berlin-Hohenschönhausen. In einem Vernehmungsraum standen ihm mehrere Offiziere gegenüber, die auf ihn einbrüllten und aufs Übelste beschimpften. Nur schemenhaft nahm der Gefangene seine Umgebung wahr. »*Als ich versuchte, mehr taumelnd, eine Zimmertür zu erreichen, um den Raum zu verlassen, wurde ich zurückgerissen. Ich schrie um Hilfe, schlug um mich, da ich die Ausweglosigkeit meiner Situation noch immer völlig verkannte, und verlor erneut das Bewusstsein.*«

Während die Westmedien über den ungeheuerlichen Fall von Menschenraub berichteten, kam die Westberliner Polizei Kurt Rittwagen auf die Spur. Fricke hatte sich für den Abend des 1. April mit seiner Verlobten, Friedelind Möring, seiner heutigen Frau, verabredet und in seinem Tischkalender das Treffen mit Rittwagen vermerkt. Als die Stasi mit einem fehlerhaften Telegramm an die Hauptmieterin von Frickes Wohnung dessen Abwesenheit zu erklären versuchte, verfügte die Kripo über genügend Anhaltspunkte, um Rittwagen festzunehmen. Angeblich reichten aber die Verdachtsmomente für

---

Exkurs: Entführungen

Die genaue Zahl der Entführungen von Menschen aus dem Westen durch die Staatssicherheit der DDR ist nicht bekannt. Die Angaben schwanken zwischen 500 und 700. Das Verschleppen von Flüchtlingen, Fluchthelfern und Geheimagenten begann schon 1947 und

dauerte bis 1964. Die meisten dieser Aktionen lösten jeweils einen erheblichen Pressewirbel in den westlichen Medien aus und belasteten das Ansehen der DDR. Vermutlich deswegen nahm die Geheimpolizei schließlich Abstand vom Kidnapping.

einen Haftbefehl nicht aus. So kam Rittwagen wieder auf freien Fuß und konnte sich nach Ostberlin absetzen.

Die Taktik der Stasi durchschaut

Nach seiner Verschleppung aus Westberlin blieb Karl Wilhelm Fricke für eineinhalb Jahre der Willkür der Staatssicherheit ausgesetzt. So lange dauerte die Untersuchungshaft in Hohenschönhausen. Die meiste Zeit saß er in Einzelhaft, isoliert, ohne jeden Kontakt zur Außenwelt. Die einzige Unterbrechung stellten die Verhöre dar, die anfangs zumeist spätabends begannen und bis in die Morgenstunden dauerten. Fricke wusste genug über die stalinistische Vernehmungspraxis, um die Taktik der Stasi durchschauen zu können.

Der Vernehmungsoffizier Horst Bauer versuchte, dem Häftling eine Tätigkeit als Agent für die *Organisation Gehlen*, den Vorläufer des Bundesnachrichtendienstes, anzuhängen. Einige von Frickes Antworten dürften ihn verblüfft haben. Als Bauer wissen wollte, welche Ziele der Journalist mit seinen Artikeln verfolgt habe, bekam er zu hören: *»Mit diesen von mir verfassten und veröffentlichten Artikeln verfolgte ich das Ziel, einen Beitrag im politischen Kampf gegen die Regierung der Deutschen Demokratischen Republik zu leisten.«*

Gelegentlich ließ Bauer eine Spur von Humor erkennen, indem er das Gefängnis wegen der fensterlosen Zellen, die Tag und Nacht beleuchtet waren, *»Hotel zur ewigen Lampe«* nannte. Eine Zeit lang ließ Fricke die Verhöre als *»willkommene Abwechslung in meinem tristen Häftlingsdasein«* über sich ergehen. Aber dann verweigerte er jede weitere Auskunft.

Alle sechs bis acht Wochen wurde Fricke kurz vorgeführt. Bauer versuchte es gelegentlich sogar auf die lustige Tour, ihn zum Sprechen zu bewegen: *»›Na, ist der Arm schon steif?‹ Ich fragte, ›Wieso?‹ ›Na ja, weil Sie die Fahne Konrad Adenauers immer noch hochhalten!‹«* Fricke lacht und fährt fort: *»Das war Stasi-Humor.«*

Häftlingsfoto kurz vor der Entlassung | 1959

Physisch sei er nicht gefoltert worden, aber psychisch: *»Keine Kontakte, weder brieflich noch persönlich, kein Anwalt, keine Bücher, keine Zeitungen, nichts. In der U-Haft habe ich versucht, mich geistig zu beschäftigen. Ich rief mir Gedichte ins Gedächtnis zurück, spielte in Gedanken Schach oder Skat und entwickelte Techniken, die mich ablenkten. Noch vor meiner Entführung hatte ich das Buch von Alexander Weißberg-Cybulski* (über stalinistische Säuberungen) *gelesen und auch besprochen. Insofern kannte ich die sowjetischen Psycho-Techniken und durchschaute den Vernehmungsplan. Die Stasi war eine Kopie davon.«*

Zwischen Fricke und Bauer entwickelte sich ein ungleiches Kräftemessen. Der Stasi-Offizier saß dabei stets am längeren Hebel. Als der Häftling wieder einmal stumm blieb, drohte Bauer: *»Wir lassen Sie schmoren, bis Ihnen das Wasser im Arsch kocht. Sie werden noch dankbar sein, wenn Sie aussagen dürfen.«* Fricke erwiderte: *»Das werden Sie nie er-*

leben. Und eines muss ich Ihnen auch noch sagen: ›Wenn Sie glauben, die Zeit arbeite für Sie, dann irren Sie sich. Die Zeit arbeitet für mich.‹«

Ein abgekartetes Spiel

Was im Vorfeld seines Prozesses hinter den Kulissen geschah, erfuhr Fricke erst später durch das Studium seiner Akten. Sein Fall beschäftigte die Abteilung Staatliche Verwaltung beim Zentralkomitee der SED, die nach politischem Gutdünken das Strafmaß festlegte. Ursprünglich bestand die Absicht, ihn als Top-Agenten hinzustellen und mit 15 Jahren Zuchthaus zu bestrafen. Während man noch über das Strafmaß diskutierte, bereitete Fricke sich gründlich auf den Prozess vor. Vor Gericht wollte er sich selbst verteidigen. Doch ihm wurde – aus welchen Gründen auch immer – ein Pflichtverteidiger zur Seite gestellt: Friedrich Wolff, der für den Beschuldigten zwar nicht viel unternahm, ihn aber immerhin über wichtige Veränderungen der Weltlage informierte. Zum ersten Mal erfuhr Fricke vom Staatsbesuch von Bundeskanzler Konrad Adenauer in der Sowjetunion, ferner von der Aufnahme diplomatischer Beziehungen zwischen Moskau und Bonn und in Umrissen auch von der Rede Chruschtschows auf dem XX. Parteitag der KPdSU, in der er die Verbrechen Stalins anklagte. Für kurze Zeit setzte danach auch in der DDR politisches Tauwetter ein.

Am 11. Juli 1956 begann vor dem 1. Strafsenat des Obersten Gerichts der DDR in Berlin der Prozess gegen Karl Wilhelm Fricke. Die Tatsache, dass das höchste Gericht und nicht das Ostberliner Stadtgericht sich mit seinem Fall befasste, überraschte den Angeklagten. Was im Ablauf wie ein Gerichtsverfahren aussah, war in Wirklichkeit ein abgekartetes Spiel, ein Geheimprozess, bei dem nur der Beschuldigte den Ausgang nicht kannte. Immerhin erklärte sein Verteidiger, die Agententätigkeit sei nicht erwiesen. Aber auch diese Anmerkung war möglicherweise Teil der Inszenierung.

Für Fricke bedeutete der Prozess schon deswegen eine Tortur, weil er nicht wusste, ob er überhaupt jemals wieder freikommen würde. Als er aufgefordert wurde, zum Schicksal seines Vaters Stellung zu nehmen, verlor er für einen Moment die Fassung und erlitt einen Weinkrampf. Die lange Untersuchungshaft, die Isolation und die unge-

---

Exkurs: Suizid-Versuch

»Am schwersten war die Zeit in der Untersuchungshaft. Ich sah überhaupt keine Perspektive mehr und musste davon ausgehen, vielleicht lebenslänglich oder auf lange Zeit hinter Gittern zu verschwinden. Weder zu meiner Mutter noch zu meiner Verlobten bestand Kontakt. Ich hatte das Schicksal meines Vaters vor Augen und das Schicksal vieler, die auch entführt wurden. In dieser trostlosen Lage habe ich einen allerdings dilettantischen Selbstmordversuch unternommen, der rechtzeitig ent-deckt wurde. Daraufhin wurde ich Tag und Nacht mehrmals kontrolliert. Mein Vernehmungsoffizier fragte: ›Warum machen Sie denn so etwas?‹ Der wollte natürlich, dass ich am Leben bleibe, weil er die Illusion hegte, er könnte von mir noch alles Mögliche erfahren. Es klingt naiv, aber ich gab ihm mein Ehrenwort, keinen weiteren Suizidversuch zu unternehmen, wenn man mich in Ruhe lasse.«

> »... erlauben Sie mir, dass ich Sie in dieser Stunde, die eine Schicksalsstunde meines Lebens ist, daran erinnere: Der Richter ist nicht allein dem Gesetz unterworfen, sondern auch seinem Gewissen. Ich erwarte mein Urteil.«

wisse Zukunft – das alles bedeutete eine extreme nervliche Belastung. Immerhin wurde ihm ein Schlusswort zugebilligt. Darin erklärte er zu seiner Entführung aus Westberlin: »*Ich sehe darin einen Gewaltakt, den ich niemals billigen werde.*«

Der Angeklagte wurde unter Anrechnung der Untersuchungshaft wegen »*Kriegs- und Boykotthetze*« zu vier Jahren Zuchthaus verurteilt. Die folgenden zweieinhalb Jahre verbrachte er im Stasi-Gefängnis Bautzen II, wo viele andere politische Gefangene einsaßen. »*Was ich mir bis heute nicht erklären kann – ich brauchte im Strafvollzug keine Zwangsarbeit zu leisten, sondern durfte Papier und Bleistift besitzen und gesellschaftswissenschaftliche Literatur lesen.*«

In seiner Zelle in Bautzen vollendete Fricke, was er in Westberlin begonnen hatte: »*Ich habe die Werke von Marx, Engels und Lenin intensiv studiert. Es war ja nicht damit getan, Stalin alles in die Schuhe zu schieben. Ich hegte immer noch einen Schimmer von Hoffnung, die SED werde eine Phase der Liberalisierung und Humanisierung durchlaufen. Aber weil jegliche Opposition weiterhin unterdrückt wurde, stand für mich fest: Es handelt sich nicht um Akte spontaner Willkür. Vielmehr ist das System selbst nicht reparabel. Demokratie und ein Sozialismus sowjetischer Prägung schließen einander aus.*«

Das Schicksal der Mutter

Was den Gefangenen während der Haft in Bautzen besonders belastete, war die Ungewissheit über das Schicksal seiner Mutter. Einzelheiten ihrer Festnahme im April 1955 und der anschließenden Drangsalierung durch die Stasi erfuhr er erst Jahre später aus den Akten. »*Meine Mutter hat nie mehr darüber gesprochen …*«

In der Untersuchungshaft geriet Edith Fricke an denselben Vernehmungsoffizier wie zuvor ihr Sohn. Horst Bauer wollte von ihr ein Geständnis erzwingen, wonach sie Kurier in einem Agentennetz gewesen sei. Er übte einen derartigen Druck auf die Frau aus, dass sie einen Nervenzusammenbruch erlitt. Zur Untersuchung ihres Geisteszustandes wurde Edith Fricke in die Heil- und Pflegeanstalt Waldheim eingewiesen. Schon der Name *Waldheim* dürfte bei ihr traumatische Erinnerungen ausgelöst haben.

In einem psychiatrischen Gutachten beschrieb der Chefarzt ihren Zustand: »*Psychisch bot die Fricke in den ersten Wochen ihres hiesigen Aufenthaltes das Zustandsbild einer schweren, reaktiv bedingten Depression. Scheu, gedrückt, ängstlich, ratlos, unentschlossen lief sie entweder ständig ruhelos in ihrem Einzelstübchen umher oder saß stumpf vor sich hin brütend auf ihrem Bett.*«

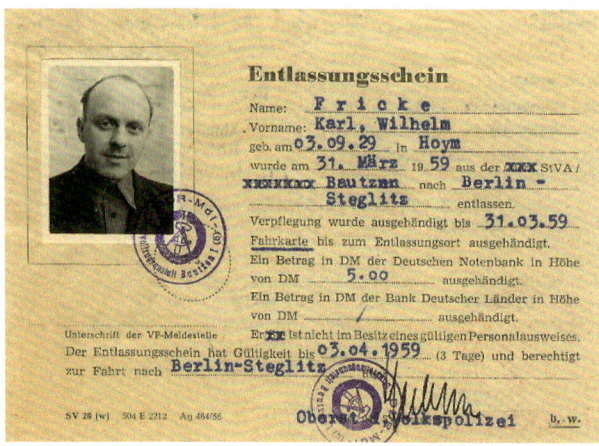

Entlassungsschein | 1959

gen und Rundfunk berichteten über seine Entlassung aus dem Zuchthaus Bautzen und die Ausreise nach Westberlin. »Es war die Ironie des Schicksals, dass ich mit einem Mal bekannt war«, berichtet Fricke. »Die Staatssicherheit hatte das Gegenteil dessen bewirkt, was sie erreichen wollte. Beruflich standen mir alle Türen offen.«

Kühle Sachlichkeit

Die Zeitungen, für die der Journalist vor seiner Entführung gearbeitet hatte, beschäftigten ihn wieder als Reporter und Autor. In einer Serie für den *Rheinischen Merkur* schilderte Fricke den an ihm begangenen Menschenraub und die bitteren Jahre in Haft.

Seine Beiträge wurden von ausländischen Blättern übernommen. Von seinem ersten Honorar kaufte er sich eine Reiseschreibmaschine. Der Journalist hatte nicht vor, seine Zeit ausschließlich am Redaktionsschreibtisch zu verbringen. Und noch ein Vorsatz war ihm wichtig. Er habe sich fest vor-

Nach 313 Tagen Untersuchungshaft wurde sie im Februar 1956 in Halle vor Gericht gestellt und in einem Scheinprozess »wegen Staatsverleumdung und Ausfuhr von DM der Deutschen Notenbank aus dem Gebiet der Deutschen Demokratischen Republik« zu zwei Jahren Gefängnis verurteilt. In der Wäschereibrigade einer Haftanstalt in Halle musste Edith Fricke anschließend die Kleidung von Mitgefangenen waschen und ausbessern. Ein halbes Jahr später kam sie frei. Nach der vorzeitigen Entlassung flüchtete Edith Fricke über Westberlin in die Bundesrepublik. In Leverkusen fand sie, wie ihr Sohn sagt, »eine neue Heimat«.

Bis zum letzten Tag

Er selbst musste seine Strafe in Bautzen bis zum letzten Tag absitzen. Ein dreiviertel Jahr vor seiner Entlassung geriet Fricke in einen Konflikt mit der Gefängnisleitung, die ihn plötzlich zwingen wollte zu arbeiten. Als er sich weigerte, wurden ihm Schreibutensilien und Bücher entzogen. In seiner Einzelzelle durchlebte der Häftling noch einmal eine kritische Phase. Er bildete sich ein, er könnte die deutsche Sprache verlieren, und verlegte sich auf Sprechübungen. Als er Ende März 1959 endlich freikam, war das Echo in den Medien groß. Zeitun-

Nach der Freilassung | 1959

Karl Wilhelm Fricke im Deutschlandfunk-Studio | 1993

genommen, schreibt er, Disziplin zu wahren und nicht in den Stil des Kalten Krieges zurückzufallen. Fricke verordnete sich »kühle Sachlichkeit«.

Redakteur beim Deutschlandfunk

Was manche seiner Kollegen nicht verstanden – Fricke bemühte sich in den folgenden Jahren immer wieder um Einreisemöglichkeiten in die DDR, insbesondere, als der *Deutschlandfunk* ihn 1970 als Redakteur mit besonderen Aufgaben einstellte. Acht Jahre später übernahm er dort die Leitung der Ost-West-Redaktion. Für die Bevölkerung der DDR gehörte der Sender neben RIAS Berlin zu den wichtigsten Informationsquellen. Vielen ist die Stimme von Karl Wilhelm Fricke heute noch vertraut.

Dass er mit seinen Reisen in die DDR wieder ins Visier der Staatssicherheit geriet, war Fricke klar. Er vertraute darauf, dass die SED-Führung es nicht noch einmal wagen würde, ihn zum Schweigen zu bringen. Die von Bundeskanzler Willy Brandt eingeleitete Entspannungspolitik wäre in Gefahr geraten, außerdem die finanziellen Leistungen der Bundesrepublik, von denen die DDR immer mehr profitierte.

Doch die Stasi-Agenten arbeiteten schon wieder fleißig daran, die Akte von Karl Wilhelm Fricke mit weiteren Berichten zu füllen. Konspirative Beobachtung und Überwachung geschahen unter den Decknamen »Reptil« und »Wühler«. Seine Telefongespräche wurden abgehört. So wussten die Spitzel selbst über redaktionelle Planungen und Einschätzungen von Themen genau Bescheid.

Ein Kompliment

Der Journalist, der häufig als Korrespondent in der DDR war, suchte keine Abenteuer. Er habe die Arbeitsmöglichkeiten ausschöpfen wollen, die der Grundlagenvertrag zwischen der Bundesrepublik und der DDR geboten habe, betont Fricke. Außerdem habe er sich jenem Teil Deutschlands verbunden gefühlt, »der seinerzeit DDR zu sein hatte«. Sachlichkeit und fundierte Berichterstattung sei seine Devise gewesen, fügt er hinzu.

Als Karl Wilhelm Fricke eines Tages einem Rundfunkkollegen eines seiner Bücher schenkte und dieser Frickes Lebenslauf auf dem Einband las, sagte der Kollege: »Ach, Sie waren in politischer Haft? Das merkt man Ihrer Arbeit aber nicht an.« Fricke erwiderte: »Ein besseres Kompliment konnten Sie mir nicht machen!«

In der Gedenkstätte Berlin-Hohenschönhausen | 2003

1937 Geburt in Eisenberg
1955 Abitur, Medizinstudium in Jena
1958 Haft
1964 Freikauf durch die Bundesrepublik
1965 Studium in Tübingen, Bonn und Erlangen
1975 Wissenschaftlicher Mitarbeiter des Gesamtdeutschen Instituts in Bonn
1991 Mitarbeiter der Bundeszentrale für politische Bildung
1992–1998 Mitwirkung an den Enquête-Kommissionen des Deutschen Bundestages
zur Geschichte und den Folgen der SED-Diktatur

Thomas Ammer   Die *Weiße Rose* als Vorbild

Vom Widerstand der Geschwister Hans und Sophie Scholl gegen den Nationalsozialismus erfuhr Thomas Ammer erstmals in der Schule seiner Heimatstadt Eisenberg in Thüringen. Auch wenn in der DDR nur kommunistische Untergrundkämpfer geehrt und beachtet wurden – die *Weiße Rose* und die Ermordung ihrer wichtigsten Mitglieder und Anhänger kamen im Unterricht der frühen DDR nicht zu kurz. Der Mut und das Schicksal der Münchener Studenten machten auf Thomas Ammer und einige seiner Mitschüler einen nachhaltigen Eindruck. Sie sahen in ihnen Vorbilder, die sie in ihrer Absicht bestärkten, gegen Unfreiheit und Unterdrückung in der von der SED beherrschten DDR vorzugehen.

In den 1950er-Jahren entwickelte Ammer sich zum Kopf einer Gruppe aus Schülern, Studenten und jungen Arbeitern, die als *Eisenberger Kreis* in die Geschichte der Jugend-Opposition einging. In Jena wurde er von einem Theologiestudenten an die Staatssicherheit verraten und in einem Prozess zu 15 Jahren Zuchthaus verurteilt. Nach über sechsjähriger Haft gehörte er 1964 zur ersten Gruppe von politischen Gefangenen in der DDR, die von der Bundesrepublik freigekauft wurden.

Die Eltern

Neben der Schule hat vor allem das Elternhaus die Einstellung von Thomas Ammer beeinflusst. Der Vater besaß zusammen mit seinem Bruder eine kleine Firma, die Cembali, Klavichorde und Spinette herstellte. In Eisenberg – zwischen Jena und Gera gelegen – gab es seit dem 19. Jahrhundert mehrere Klavierbau-Betriebe. Die Mutter war Klavierlehrerin, sodass die Eltern »*gut zueinander passten*«, wie Thomas Ammer in einem Gespräch in seinem Wohnhaus in Euskirchen berichtet. Ihre Gegnerschaft zum NS-Regime war eindeutig: »*Ich sehe noch, wie sich die beiden über eine Europa-Landkarte beugten und überlegten, wie weit die Alli-*

ierten inzwischen gekommen waren und wer wohl zuerst unsere Gegend erreichen würde: die Amerikaner oder die Russen. Es waren die Amerikaner, die bald Kontakt zu meinem Vater aufnahmen. Als radikaler Gegner der Nazis war er schließlich bekannt. Seit 1943 stand er in Verbindung zu Widerstandsgruppen in Thüringen und Sachsen.«

KZ-Häftlinge unterbringen und versorgen

Als amerikanische Verbände im Frühjahr 1945 in Richtung Jena und Gera vorrückten, zog die Familie sich in ein Sommerhaus außerhalb von Eisenberg zurück. »Das erwies sich als überflüssig, denn es wurde nicht mehr gekämpft.« Die US-Militärverwaltung beauftragte Alois Ammer, sich um Häftlinge aus dem KZ Buchenwald auf dem Ettersberg bei Weimar zu kümmern, die beim Todesmarsch gestrandet waren. »Die SS, die den Marsch befohlen hatte, war bis vor Krossen (östlich von Eisenberg) mitmarschiert und hatte sich dann abgesetzt. Von meiner Mutter weiß ich, dass Vater den Auftrag erhielt, die Häftlinge provisorisch unterzubringen und zu versorgen. Mit amerikanischen Armee-Lastwagen ist er nach Buchenwald gefahren, um von dort Lebensmittel zu holen. Er hat das Lager also noch in seinem ursprünglichen Zustand gesehen.«

Gleich nach der Befreiung vom NS-Regime war Alois Ammer in die KPD eingetreten. Von der ersten Stunde an wollte er tatkräftig am Neubeginn mitwirken. Bevor die US-Truppen gemäß einer Vereinbarung zwischen den Alliierten vom 14. September 1944 wieder aus Thüringen abrückten und der Roten Armee das Feld überließen, wurde Ammer zum Kulturstadtrat ernannt. Sein Sohn berichtet: »Alle möglichen Nazis liefen ihm die Bude ein, um einen ›Persilschein‹ zu bekommen, eine Bestätigung also, wonach sie während der NS-Zeit nichts Schlimmes verbrochen hätten. Die meisten hat er wohl gleich wieder rausgeworfen.«

Die Zwangsvereinigung von KPD und SPD in der Sowjetischen Besatzungszone im April 1946 hat Ammer nicht mehr erlebt. Er starb kurz vorher

Elisabeth Ammer mit ihren Söhnen Thomas (links) und Stefan | 1950

an einer Hirnhautentzündung. Elisabeth Ammer stand jetzt allein da mit zwei Kindern und einem Betrieb, der bis dahin die Familie weitgehend ernährt hatte. Etwa fünf Jahre konnte sie das kleine Unternehmen halten, dann musste sie sich daraus zurückziehen. Es fehlte an Bauteilen, die aus dem Westen hätten beschafft werden müssen. Auch wenn der Eiserne Vorhang noch Lücken aufwies – die Einfuhr war aufwendig und konnte als Wirtschaftsverbrechen verfolgt werden.

Todesmärsche: Gegen Ende des Krieges wurden KZ-Häftlinge gezwungen, die Lager zu räumen und weite Strecken zu Fuß zurückzulegen. Im KZ Buchenwald begann die Evakuierung im April 1945. Von den insgesamt etwa 43 000 Gefangenen kamen auf dem Todesmarsch etwa 14 000 ums Leben.

Erste Bewährungsprobe

Für ihren Sohn Thomas kam 1952/53 die erste Bewährungsprobe. An der Oberschule in Eisenberg war er von seiner Klasse zum Sekretär der FDJ-Gruppe gewählt worden und in einen heftigen Konflikt um Anhänger der Jungen Gemeinde geraten, die als »Agentur des amerikanischen Imperialismus« diffamiert wurde; ihre Mitglieder sollten von der Schule ausgeschlossen werden. Ammer musste Farbe bekennen. »Um die Anhänger der ›Jungen

> »Ich hatte zunächst keine besondere Abneigung gegen
> den Staat. Mein Eintritt in die FDJ geschah freiwillig.
> Aber bald änderte sich meine Einstellung.«

Thomas Ammer

Gemeinde‹ zu entlassen, wurde eine Vollversammlung der FDJ-Schüler einberufen. Ich habe gegen den Ausschluss geredet, ohne Erfolg. Die SED-Kreisleitung hatte einige Funktionäre geschickt. Sie bestimmten den Ablauf und setzten den Rauswurf durch.«

Der Zorn der Bevölkerung

Mit dem Volksaufstand am 17. Juni 1953 bekam die SED auf breiter Front den Zorn der Bevölkerung über den stalinistischen Kurs der Regierung und die Mangelwirtschaft in Ostdeutschland zu spüren. Auch wenn der Aufstand von sowjetischen Truppen gewaltsam niedergeschlagen wurde – für die Oberschüler in Eisenberg bedeuteten die Massenproteste ein Signal des Aufbruchs. Denn der 17. Juni hatte deutlich gemacht, wie schwach der Rückhalt für das Regime war. Die Stimmung in der Kleinstadt mit etwa 16 000 Einwohnern war alles andere als SED-freundlich.

Im Herbst 1953 traf Thomas Ammer sich mit anderen Oberschülern, um Protestaktionen vorzubereiten, falls die Schulleitung neue Entlassungen von Schülern planen sollte. Die Gruppe verabredete, möglichst viele FDJ-Posten mit regimekritischen Jugendlichen zu besetzen, um so den staatlichen Jugendverband zu unterwandern. Da ein Teil der Lehrkräfte der SED-Herrschaft kritisch gegenüberstand, schien diese Taktik durchaus erfolgversprechend.

Exkurs: Widerstandskreis Werdau

Der Widerstandskreis aus Oberschülern, Lehrlingen und jungen Arbeitern in Werdau bei Zwickau orientierte sich ebenfalls an der *Weißen Rose*. Die Jugendlichen verteilten regimekritische Flugblätter. Ein gegen den Schüler Hermann Flade aus Olbernhau in Sachsen verhängtes Todesurteil empörte sie besonders. Flade hatte vor den Volkskammerwahlen am 15. Oktober 1950 Flugblätter gegen diese Scheinwahlen verteilt. Als er von einer Polizeistreife überrascht und festgenommen wurde, setzte er sich mit einem Taschenmesser zur Wehr und verletzte einen der Polizisten leicht. Deshalb wurde er wegen angeblichen Mordversuchs 1951 vom Landgericht Dresden zum Tod verurteilt. Aufgrund zahlreicher Proteste wurde das Urteil vom Oberlandesgericht Dresden in 15 Jahre Zuchthaus umgewandelt. Der Widerstandskreis Werdau hielt die Sicherheitsorgane mehrere Monate in Bewegung, bis bei einer nächtlichen Plakataktion zwei Schüler festgenommen wurden. Einige konnten fliehen. Im Oktober 1951 verhängte das Landgericht Zwickau Haftstrafen von insgesamt 130 Jahren gegen 19 Anhänger der Gruppe.

Politische Forderung des »Eisenberger Kreises«

Thomas Ammer: »*Nach dem Volksaufstand haben wir begriffen, dass die Probleme, mit denen wir uns in Eisenberg auseinandersetzten, nur ein kleiner Teil eines viel größeren Problems waren. Außerdem waren wir nicht allein. Auch in Werdau war eine Gruppe von Oberschülern aktiv im Widerstand gewesen, bis sie zerschlagen wurde. Einer der Lehrer dort wurde nach Eisenberg versetzt und berichtete uns. Dass die Anhänger des ›Werdauer Kreises‹ zu Haftstrafen verurteilt wurden, hat uns nicht abgeschreckt.*«

Flugblätter und Wandparolen

Nach dem Vorbild der *Weißen Rose* konzentrierte sich der *Eisenberger Kreis* zunächst auf das Herstellen und Verteilen von Flugblättern sowie auf Wand-

Plakat gegen die »Nationale Front« | 1954

parolen. Im Vorfeld der Volkskammerwahl im Herbst 1954 appellierte die Gruppe an die Bevölkerung, gegen die von der SED aufgestellte *Nationale Front* zu stimmen.

Das Herstellen der Flugblätter bereitete einige Mühe, da die Gruppe über kein technisches Gerät verfügte. Thomas Ammer: »*Die Flugblätter haben wir mit Kinder-Druckkästen hergestellt, also auf eine sehr einfache Weise. Deswegen waren die Texte, die wir gemeinsam entwarfen, auch ganz kurz gehalten. Einen Vervielfältigungsapparat, wie ihn die ›Weiße Rose‹ besaß, hatten wir nicht.*« Flugblätter und Wandparolen konnten nur nachts angebracht werden. Neben Slogans wie »*Freiheit*« und »*Freie Wahlen*« prangten auch Symbole wie der durchgestrichene Sowjetstern auf Hauswänden.

Wandparole

Thomas Ammer | 1955

Protest gegen die Wiederbewaffnung

Ende 1955 kam Ammer, der inzwischen in Eisenberg sein Abitur bestanden und in Jena ein Medizinstudium begonnen hatte, auf die Idee, einen Brandanschlag auf einen Schießstand der Gesellschaft für Sport und Technik zu verüben, und zwar aus Protest gegen die Wiederbewaffnung. »Offiziell war die Rede davon, dass die DDR eine Nationale Volksarmee bekommen würde. Viele von uns befürchteten, dass bald auch die allgemeine Wehrpflicht eingeführt würde, was sechs Jahre später auch der Fall war. Dagegen richtete sich unser Protest.«

Die Eisenberger Gruppe hatte inzwischen ihren Schwerpunkt in die Universitätsstadt Jena verlagert. Ammer ließ sich wieder zum FDJ-Sekretär seines Studienjahrgangs wählen. Unter diesem Deckmantel erlangte er Informationen, die der Gruppe sonst verschlossen geblieben wären. Da er seit 1957 der FDJ-Hochschulleitung angehörte, notierte er heimlich den Verlauf von Besprechungen. So konnte er eine brisante Einschätzung des SED-Parteisekretärs und Historikers Kurt Pätzold

weitergeben, wonach 1956/57 von den etwa 6000 Studentinnen und Studenten in Jena nur 150 SED-Anhänger waren.

Der *Eisenberger Kreis* traf sich in kleiner Runde zumeist in einer Wohnung, um die nächsten Aktionen vorzubereiten. Ende 1955 stand der von Ammer vorgeschlagene Brandanschlag im Vordergrund. Dabei handelte es sich um den bis dahin größten und auch riskantesten Plan der Gruppe.

Thomas Ammer hatte sich den Schießstand genau angesehen: »*Anfang Januar 1956 lief die Kampagne zum Aufbau der NVA auf Hochtouren. Deswegen haben wir uns schnell für den Anschlag entschieden. Wir achteten darauf, dass kein Schnee gefallen war. Sonst hätten wir Spuren hinterlassen. Wir waren zu fünft. Drei sicherten die Zugangswege, falls doch ein einsamer Spaziergänger auftauchen sollte. Zwei trugen in dem Schießstand Holzwolle und Reisig zusammen, übergossen das Ganze mit Benzin und zündeten es an. Im Nu brannte die Baracke lichterloh. Wir machten uns so schnell wie möglich auf den Rückweg.*«

Bayern ersetzt Stalin

Eine andere Aktion – weniger riskant als der Brandanschlag – betraf Fahrgastschiffe auf der Saale-Talsperre. Eines der Schiffe trug den Namen *Thüringen*, ein anderes war auf *J. W. Stalin* getauft worden. Zwei Mitglieder des Kreises ersetzten *Stalin* durch den Schriftzug *Bayern*. Es dauerte einige Tage, bis der Namenswechsel auffiel. Als im Herbst 1956 in Polen Unruhen aufflammten, wurden Güterwaggons mit Parolen wie »*Polen ruft Deutschland*« und »*Freiheit für Deutschland*« beschriftet.

Die Gruppe stellte Überlegungen an, Pistolen und Sprengstoff zu beschaffen. Bei einem Einbruch in das Eisenberger Heimatmuseum wurde allerdings nur ein Vorderlader vorgefunden. Mit Miniraketen sollten Flugblätter abgeworfen werden. Thomas Ammer erwog, die Reifen von Fahrzeugen der Polizei und der Staatssicherheit durch Säure zu zerstören. Bei einzelnen Einsätzen führten Mitglie-

Das Foto der Stasi zeigt den Schießstand nach dem Anschlag. | 1956

der der Gruppe Gaspistolen mit sich. Die Gewaltfrage wurde in der Gruppe öfter diskutiert. »Wir wären nicht in der Lage gewesen, Gewalt anzuwenden«, sagt Thomas Ammer. »Übrigens kam ja später heraus, dass Hans Scholl keineswegs konsequent gewaltlos war. Von Anneliese Knoop-Graf, deren Bruder der ›Weißen Rose‹ angehörte, weiß ich, dass er bei manchen Aktionen eine Pistole trug.«

Vorkehrungen zum eigenen Schutz

Mit ihren Aktivitäten hatte die Widerstandsgruppe wichtige Erfahrungen gesammelt, auch was Vorkehrungen zum eigenen Schutz anging. Aus einer ursprünglichen Diskussionsrunde war inzwischen ein Verbund geworden, der äußerst konspirativ vorging, um nicht entdeckt zu werden. Man traf sich stets in kleinen Zirkeln. Die Zahl der Mitwisser sollte möglichst gering gehalten werden. Über den tatsächlichen Umfang des *Eisenberger Kreises* und einzelne Mitglieder wusste letztlich nur Thomas Ammer Bescheid. Insgesamt dürften es etwa zwei Dutzend gewesen sein. Bei allen Aktionen trugen die Beteiligten Handschuhe, um keine Fingerabdrücke zu hinterlassen. Ein im Oktober 1957 hergestelltes und bereits gedrucktes Flugblatt, das sich an die Professoren in Jena, Halle und Leipzig richtete, wurde allein deswegen zurückgehalten, weil die Blätter Fingerabdrücke aufwiesen. »*Zum 4. November, dem Jahrestag des Einmarsches der Warschauer-Pakt-Truppen in Ungarn, wollten wir das Flugblatt verschicken. Neben unserem Text enthielt es einen Auszug aus dem Schlusswort von Professor Kurt Huber, dem Mentor der ›Weißen Rose‹, bevor ihn der Volksgerichtshof 1943 zum Tode verurteilte. Aber wegen der vielen Fingerabdrücke wäre das Versenden zu riskant gewesen.*« Ammer ist davon überzeugt, dass die Gruppe der Stasi bei keiner Aktion einen Anhaltspunkt für Nachforschungen geliefert hat.

Netzwerk für den Widerstand

Das Jahr 1956 hatte dem *Eisenberger Kreis* viel Auftrieb gegeben. Die Offenlegung stalinistischer Verbrechen durch den sowjetischen KPdSU-Generalsekretär Nikita Chruschtschow auf dem XX. Parteitag der Kommunistischen Partei, die Unruhen in Polen, im Herbst dann der Aufstand in Ungarn – die Anhänger der Widerstandsgruppe glaubten, das ganze sowjetische Imperium gerate ins Wanken und es bedürfe nur noch weniger Anstöße, das SED-Regime zum Einsturz zu bringen. Deswegen folgten sie einer Idee, die im Dritten Reich schon die *Weiße Rose* beflügelt hatte, und zwar den Widerstand auf möglichst viele Universitäten auszudehnen, um so ein Netzwerk aufzubauen. Die politischen Vorstellungen der Gruppe hätten zweifellos das Ende des SED-Regimes bedeutet. Sie verlangte den Abzug der Roten Armee, die Freilassung aller politischen Häftlinge, freie Wahlen, die Zulassung demokratischer Parteien sowie demokratische Rechte wie Presse- und Meinungsfreiheit.

Der Verrat

Um die Aktivitäten ausdehnen zu können, musste der Kreis erweitert werden. Thomas Ammer schildert, wie einem der Mitglieder dabei ein verhängnisvoller Fehler unterlief: »*Wir haben auch Personen angesprochen, die wir nicht genau kannten und nicht überprüft hatten. Einer von uns traf einen Theologiestudenten, den er für zuverlässig hielt, der jedoch für die Staatssicherheit tätig war. Der erfuhr dann zwar nicht viel über uns, aber das wenige gab er weiter. Die Stasi in Gera witterte sofort eine größere Verschwörung und leitete eine sogenannte ›Operative Kombination‹ ein. Dafür brauchte sie die Zustimmung des sowjetischen Beraters, wie sie damals zu jeder Stasi-Bezirksdienststelle gehörten. Die Operation bestand in unserem Fall darin, dass die Stasi-Zentrale einen Inoffiziellen Mitarbeiter mit westdeutschen Papieren nach Jena schickte. Angeblich wollte der ›westdeutsche Journalist‹ die politische Lage an den Universitäten recherchieren. Über den Theologiestudenten nahm er Verbindung zu mir auf, stellte sich als Kontaktmann des Ministeriums für Gesamtdeutsche Fragen vor und bot technische Hilfe an, Druckgeräte usw. Auf diese Weise hat er sich Informationen erschlichen, sodass die Stasi zuschlagen konnte.*«

Doch den Theologiestudenten plagten Gewissensbisse, er gestand Thomas Ammer seinen Verrat und warnte ihn. Davon erhielt die Stasi Kenntnis, denn sie hatte den Theologiestudenten überwacht. Man nahm ihn fest und leitete sofort weitere Festnahmen ein: Am Morgen des 13. Februar 1958 meldete sich an der Tür der Studentenwohnung von Ammer ein Mann, der vorgab, ihn im Auftrag der FDJ zu einer Besprechung abholen zu müssen.

»*Ich kannte den Mann nicht. Er begleitete mich nach unten. Dort stand ein Wagen bereit. Als ich Platz nahm, saßen plötzlich zwei Leute neben mir. Damit war die Situation klar. Ich war festgenommen.*« In diesem Augenblick wusste Ammer, dass er zu lange gezögert hatte. »*Nach der Warnung hätten wir stehenden Fußes zum Bahnhof gehen und abreisen müssen.*«

In Untersuchungshaft

Die Untersuchungshaft dauerte über sieben Monate. Ursprünglich sollte der Prozess gegen Ammer und 23 weitere Anhänger des *Eisenberger Kreises* im Sommer stattfinden. Aber ein spektakuläres Gerichtsverfahren hätte nicht zu dem für Juli vorgesehenen V. Parteitag der SED gepasst. Außerdem sorgte die Flucht des Rektors der Universität Jena im August 1958 für Schlagzeilen in Westdeutschland. Einige Mitglieder der Widerstandsgruppe um Thomas Ammer waren rechtzeitig geflohen und informierten die Medien in der Bundesrepublik über den *Eisenberger Kreis*. Aus der Sicht der Staatssicherheit und der SED sollte das alles zunächst abklingen, bevor der erste von insgesamt vier Prozessen im September 1958 begann.

Die ersten Monate der Untersuchungshaft im MfS-Gefängnis in Gera beschreibt Thomas Ammer als die schwierigste Zeit seiner Gefangenschaft. Die Vernehmungsbeamten wechselten häufig ihre Taktik; sie drohten und machten Versprechungen. Mal waren sie laut und aggressiv, sprachen von »*Hetzflugblättern*«. Später führten sie die Vernehmungen kalt und halbwegs sachlich. Die ständigen Verhöre, die ewige Fragerei – das kostete Nerven. Physische Misshandlungen hat er in dieser Zeit nicht erlebt, wohl aber immer wieder Schikanen.

»Eines der ganz primitiven Mittel war, dass mir und anderen Häftlingen Flüssigkeit vorenthalten wurde. Morgens bekamen wir einen Viertel Liter Wasser, abends noch einmal so viel und mittags Flüssigkeit als Suppe. Mehr nicht. Der Entzug von Wasser schwächte uns. Bei den Vernehmungen war ich gedanklich nicht so fit und reaktionsschnell, wie ich es mir wünschte. Ein Wachposten hat das manchmal durchbrochen, indem er mich aus der Zelle holte und an einem Wasserhahn so viel trinken ließ, wie ich wollte.«

Der Prozess

Bis Mitte Juni 1958 dauerten die Vernehmungen, dann wurde es ruhiger. Die Staatssicherheit glaubte offenbar, genügend Material gegen die Studenten in der Hand zu haben. Ein aus Berlin angereister Stasi-Offizier sorgte sogar dafür, dass die Häftlinge Lesestoff bekamen. *»Der hatte meinen Mitstreiter, den Mathematikstudenten Peter Herrmann vernommen. Mit dem Mann konnte man reden. Als ich meine Anklageschrift gelesen hatte und ihm erklärte, da stimme kein einziges Wort, erwiderte er: ›Das müssen Sie uns nicht sagen. Wir haben dieses Pamphlet nicht verfasst!‹ Mit dem Offizier, der zum Oberst aufstieg und später Wirtschaftsstrafsachen bearbeitete, hätte ich nach dem Ende der DDR gern noch einmal gesprochen. Aber es gelang mir nicht, ihn ausfindig zu machen.«*

Der Vorsitzende Richter, der den Prozess gegen Ammer und andere leitete, war offenbar ein Choleriker, der sich am Anfang erst einmal abreagierte. *»Etwa zwei Minuten lang spielte er jedes Mal den Freisler* (Präsident des NS-Volksgerichtshofs) *und legte eine Brülleinlage ein. Dann ging das Verfahren halbwegs normal weiter.«* Letztlich führte dabei die Stasi Regie. Der Richter bekam nicht alle Vernehmungsprotokolle zu sehen. Meist las er aus einem Schlussbericht, den das MfS vorbereitet hatte.

Die Höchststrafe

Am 27. September 1958 verurteilte das Bezirksgericht Gera den Medizinstudenten Thomas Ammer wegen »Staatsverrats« zu 15 Jahren Zuchthaus. Als Anführer des *Eisenberger Kreises* erhielt er damit die Höchststrafe. Gegen die 24 Anhänger der Gruppe wurden im September und Oktober Freiheitsstrafen von insgesamt 114 Jahren verhängt. Im Zuchthaus Brandenburg-Görden verbrachte Ammer die ersten acht Monate in Einzelhaft. Für weitere 15 Monate wurde ihm jeder Arbeitseinsatz untersagt. Der Student galt als »zu gefährlich«.

In dem Zuchthaus war die Zahl der politischen Gefangenen fast doppelt so hoch wie die der Kriminellen. Ammer fand genügend Gesprächspartner. *»Wir konnten uns geistig austauschen. Während meiner Isolation verständigten wir uns durch Klopfzeichen.«*

Die Furcht vor Spitzeln unter den Häftlingen war eher gering. Meistens sprach es sich schnell

Thomas und Elisabeth Ammer nach der Freilassung | 1964

Exkurs: Kopfgeld

Zwischen 1962 und 1989 wurden insgesamt 33 755 politische Gefangene im »Gegenwert« von etwa 3,4 Milliarden DM freigekauft. Bezahlt wurde in bar oder mit Gütern, die von der Regierung in Ostberlin angefordert wurden. Am Anfang lag der Preis pro Häftling noch bei 40 000 DM. Die SED-Führung trieb ihn jedoch immer weiter nach oben. Sie berechnete den »Schaden«, den ein Häftling angeblich angerichtet hatte, ferner den Grad seiner Ausbildung. Rainer Barzel, der damalige Bundesminister für Gesamtdeutsche Fragen, sagte später: »Widerlich! Das Kopfgeld richtet sich nach dem menschlichen und politischen Gewicht.« Doch Barzel zahlte, wie auch die nachfolgenden Regierungen.

---

herum, wenn jemand den Zuträger für die Geheimpolizei machte. Homosexuelle waren in diesem Zusammenhang allerdings leicht erpressbar. *»Gleichgeschlechtliche Liebe wurde damals in der DDR noch bestraft und war in der Bevölkerung extrem verpönt. Diese Einstellung herrschte auch unter den Gefangenen. Die Stasi hatte daher leichtes Spiel: ›Entweder machen wir deine Neigung bekannt oder du arbeitest für uns!‹ So haben sie Homosexuelle für Spitzeldienste gewonnen.«*

Einmal im Monat durfte Ammer einen Brief schreiben und alle Vierteljahre Besuch empfangen, von seiner Mutter oder seinem Bruder. Die beiden wechselten allerdings im April 1960 nach Westdeutschland. Auch wenn der Häftling auf den Kontakt zu seinen Angehörigen verzichten musste, so war er doch froh, dass Mutter und Bruder keine weitere Verfolgung befürchten mussten.

Häftlingsfreikauf

Seit dem Mauerbau waren die Gefängnisse der DDR überfüllt. Außerdem brauchte die SED-Führung dringend westliches Geld, um im kapitalistischen Ausland Waren und Industriegüter einkaufen zu können. Der Rechtsanwalt Wolfgang Vogel, Bevollmächtigter der DDR-Regierung in humanitären Fragen, hatte der Bundesregierung angeboten, politische Gefangene gegen Geld freizulassen.

Tatsächlich kamen die ersten politischen Häftlinge 1962 auf Initiative der evangelischen Kirche frei, die dafür sorgte, dass im Gegenzug drei Waggonladungen Kalisalz in die DDR geliefert wurden. Das Diakonische Werk der EKD in Stuttgart wickelte bis 1989 in enger Abstimmung mit der Bundesregierung den Freikauf von Häftlingen ab.

Mitte 1964 bot sich Thomas Ammer die Chance auf vorzeitige Freilassung. *»Zuerst war es nur ein kleines Licht am Ende eines langen Tunnels«*, sagt er. Immerhin hatte er schon sechs Jahre hinter Gittern verbracht. *»Ganz konkret wurde die Sache dann im August. Und plötzlich musste alles ganz schnell gehen. Zuletzt hatte ich als Sanitäter gearbeitet. Man gab mir zwei Stunden, meinen Nachfolger als Sanitäter notdürftig einzuweisen, mich umzuziehen und meine Sachen zu packen. Ich gehörte zum ersten Gruppentransport von 20 Häftlingen – zehn aus Brandenburg und die übrigen aus anderen Haftanstalten. Am 7. August 1964 brachte uns ein Bus zum Stasi-Gefängnis in Berlin-Lichtenberg. Dort blieben wir eine Woche. Am zweiten Tag wurde mir mitgeteilt: ›Sie werden entlassen. Wohin wollen Sie entlassen werden? In die DDR oder in die BRD?‹«*

Wolfgang Vogel: 1925–2008. Rechtsanwalt. Organisierte als Bevollmächtigter der DDR den Freikauf von politischen Häftlingen, ebnete 215 000 Menschen im Zuge der Familienzusammenführung den Weg in die Bundesrepublik und wirkte an der Freilassung von 150 Agenten mit.

Von Berlin ging die Fahrt weiter über das Hermsdorfer Kreuz und Eisenach in Richtung deutsch-deutsche Grenze. Dem Bus folgte in seiner Limousine Rechtsanwalt Wolfgang Vogel.

»Kurz vor dem Grenzübergang Wartha-Herleshausen wurden wir eindringlich ermahnt, kein Wort über unseren Freikauf, die vorzeitige Entlassung und den Grund unserer Verurteilung verlauten zu lassen. Sonst bestünde die Gefahr, dass der Häftlingsfreikauf eingestellt werde. Und das sollten wir unseren zurückgebliebenen Kameraden nicht antun. Ähnliches hörte ich im Oktober 1964 beim Empfang einer Delegation von Studenten, die aus der DDR freigekauft worden waren. Der damalige Bundesminister Heinrich Krone betonte: ›Schweigen Sie! Sagen Sie nichts! Sonst machen die den Laden dicht!‹ Daran habe ich mich gehalten. Aber irgendwann erfuhr die Öffentlichkeit doch davon, und dann habe auch ich darüber geredet.«

Verwirrende Eindrücke

Die ersten Eindrücke, die Thomas Ammer in der Bundesrepublik sammelte, waren zwar verwirrend, aber er ließ sich davon nicht aus der Bahn werfen. Kaufhäuser mit ihrem verlockenden Warenangebot mied er. Ohnehin besaß er kein Geld, um Einkäufe zu tätigen.

Stattdessen plante er nüchtern seine berufliche Zukunft. Vom Medizinstudium nahm Ammer Abstand. *»Da hätte ich zu viel Zeit verloren. Ich bin auf Jura und dann auf Geschichte und Politikwissenschaften umgestiegen.«*

Nach dem Studium 1972 arbeitete er drei Jahre als freier Journalist. Das in Bonn ansässige Gesamtdeutsche Institut stellte ihn 1975 als wissenschaftlichen Mitarbeiter ein. Dort setzte er sich mit den politischen Vorgängen in der DDR, der Teilung Deutschlands und dem Kalten Krieg auseinander. Ammer fand mehrfach Hinweise darauf, dass ihm die Staatssicherheit auch im Westen auf der Spur blieb. Deshalb mied er Reisen in die DDR bis Anfang 1990; sie erschienen ihm zu riskant.

Wolfgang Vogel

Nach der Auflösung des Instituts im Jahr 1991 wechselte Ammer zur Bundeszentrale für politische Bildung, die ihm viele Möglichkeiten bot, seine Erfahrungen und sein Wissen um die jüngste deutsche Geschichte weiterzugeben.

Von 1992 bis 1998 war er zur Verwaltung des Deutschen Bundestages abgeordnet und in den Sekretariaten der Enquête-Kommissionen über Geschichte und Folgen der SED-Diktatur tätig.

Thomas Ammer hat bereits als Jugendlicher versucht, sich diesem gewaltigen Apparat in den Weg zu stellen. Sein Entschluss, mit anderen zusammen Widerstand zu leisten, hat sein Leben radikal verändert. Das Vorbild der *Weißen Rose* ließ ihn bei allen Unterschieden der beiden Diktaturen nie daran zweifeln, dass dies der richtige Weg war.

In Bussen wurden die Häftlinge in die Bundesrepublik gebracht.

Eine Mauer mitten durch Berlin

Brennpunkt des Kalten Krieges | Als SED-Chef Walter Ulbricht auf einer internationalen Pressekonferenz in Berlin die Frage nach Plänen, eine *»internationale Staatsgrenze am Brandenburger Tor«* zu errichten, verneinte, liefen die Vorbereitungen zum Bau der 156,4 Kilometer langen Mauer bereits auf Hochtouren. *Die Mauer:* Der Begriff steht nicht nur für den Grenzwall quer durch Berlin, sondern letztlich für die mit Stacheldraht, Todesstreifen und Selbstschussanlagen gesicherte gesamte Grenzlinie durch ganz Deutschland.

Die Errichtung der Mauer war der Höhepunkt des Kalten Krieges zwischen Ost und West, zwischen zwei Systemen, die sich feindselig und schwer bewaffnet gegenüberstanden. Ulbricht hatte seine Gründe, ein solch brutales Bollwerk mitten in einer Großstadt zu errichten. Die Bevölkerung lief ihm seit Jahren in Scharen davon – vor allem Facharbeiter, Ingenieure, Ärzte und Wissenschaftler. Deswegen stand der unbeliebte Staats- und Partei-Chef vor der Wahl, entweder zu kapitulieren und die kommunistische Herrschaft aufzugeben oder die Fluchtwege in den Westen zu schließen.

Erich Honecker leitete vom Polizeipräsidium am Alexanderplatz aus den Großeinsatz. In den frühen Morgenstunden des 13. August 1961 blockierten Volkspolizisten, Grenzsoldaten und Milizionäre die Sektorenübergänge zwischen Ost- und Westberlin. Stasi und NVA blieben im Hintergrund. Der S-Bahnverkehr wurde gestoppt. Maurer begannen mit der Arbeit. Einer von ihnen bekannte später: *»Man hatte das Gefühl: Jetzt hast du dazu beigetragen, dass du deine Verwandten nicht mehr sehen kannst. Das war deprimierend und schmerzlich.«* Auch wenn sich zunächst nicht alle daran hielten – jegliche Kontaktaufnahme zwischen Ost und West war nicht erlaubt.

Fast 30 Jahre lang trennte die Mauer die ehemalige Reichshauptstadt in zwei Teile, bis am 9. November 1989 der Versprecher eines SED-Funktionärs sie dem Ansturm der Menschen preisgab. Wie viele Tragödien und Geschichten ranken sich um das Bollwerk – Geschichten der Trennung, der Trauer und auch der Sehnsucht, dass dieses in Beton gegossene Symbol der Ohnmacht eines diktatorischen Regimes endlich vom Erdboden verschwinden möge.

1944	Geburt in Neidenburg (heute Polen)
1962	Abitur, Abschluss an der Hochschule für Musik
1965–1970	Studium der Philosophie
1970–1975	Assistentin am Institut für Philosophie der Deutschen Akademie der Wissenschaften
1971	Heirat mit Thomas Kuczynski
1976	Promotion
Seit **1990**	Freie Schriftstellerin

Rita Kuczynski   Leben auf der Grenze

Gleich zweimal hat die Berliner Mauer das Leben von Rita Kuczynski verändert: 1961 trennte das Bollwerk sie von der in Westberlin lebenden Großmutter, die ihr alles bedeutete und ihr musikalisches Talent gefördert hatte. Und 1989, als die Mauer fiel, wurde ihre Existenz in der DDR zerstört. Die Schwiegertochter des bekannten Wirtschaftshistorikers Jürgen Kuczynski musste wieder von vorn anfangen.

»*Ein Leben auf der Grenze*« lautet der Untertitel ihrer Autobiografie *Mauerblume.* Die Teilung Berlins brachte die Pianistin, Philosophin und Schriftstellerin mehrfach in Grenzsituationen, beendete ihre Karriere als Künstlerin und trieb sie an den Rand der Gesellschaft. Als junge Frau lebte Rita Kuczynski zeitweise ohne festen Wohnsitz. Das Nötigste zum Leben klaute sie in Konsum- und HO-Läden. Durch Heirat wurde sie schließlich Mitglied eines in der DDR hoch angesehenen Familienclans, »*der roten Aristokratie*«, wie sie sagt.

Immer nur Angst

In ihrer Wohnung in Berlin-Schlachtensee schildert Rita Kuczynski ihr ganz und gar »unordentliches« Leben.

Als ihr Vater 1950 aus sowjetischer Kriegsgefangenschaft heimkehrte und die Mutter vor Freude in Tränen ausbrach, blieb sie reserviert: Für Rita war der Mann ein Fremder. Und daran änderte sich auch in den folgenden Jahren wenig. Ihren »*Soldaten-Vater*« lehnte sie ab. Denn der war oft betrunken, unberechenbar und gewalttätig. »*Er hatte Stalingrad erlebt. Das wusste ich damals nicht. Ich sah nur, wie die Tassen flogen und die Mutter verprügelt wurde. Und dann dieses Gebrüll:* ›*Halt die Schnauze!*‹ *Vor diesem Vater hatte ich immer nur Angst und wollte mit ihm nichts zu tun haben.*«

In der Drei-Zimmer-Wohnung in Pankow ging es oft hoch her. Den Russland-Heimkehrer verfolgten Albträume. Oder er halluzinierte und schrie: »*Feuer! Feuer! In Deckung!*« Für ihn war der nächste

> »Diese traumatische Kinderzeit samt Elternhaus ist nie wirklich von mir gewichen. Sie hängt in mir wie ein Schrei. Nachts steht sie mitunter auf und treibt mich ...«

RITA KUCZYNSKI

Krieg beschlossene Sache. Seine Tochter zitiert ihn mit dem Satz: »*Krieg hat zu tun mit Kapitalisten. Kapitalisten sind Ausbeuter. Gegen Ausbeuter muss man kämpfen.*« Seine Kinder jagte er durch den Wald, zwang sie, zu marschieren und zu singen. »*Er sagte: Ich bringe euch bei, den nächsten Krieg zu überleben.*« Wandern mit Kompass, Hindernisse überwinden, überleben unter widrigsten Bedingungen – Tochter Rita wurde es irgendwann zu viel. Gekonnt täuschte sie eine Ohnmacht vor, kippte beim Exerzieren einfach um und galt fortan als verweichlicht. Auch dagegen wollte der Vater etwas unternehmen. »*Heute weiß ich: Er hat es irgendwie gut gemeint. Das war seine Art von Liebe.*«

Gegenwelt bei der Großmutter

Bei der Großmutter in Westberlin fand Rita eine wohltuende Gegenwelt. Im Haus der Opernsängerin Elisabeth Grohé gab es keinen Krach, keine Schläge, keinen Streit.

»*Auf den Besuch bei der Oma in Schlachtensee habe ich mich immer gefreut. Dort war alles entspannt. In meiner Schultasche hatte ich verschiedene Sachen, die ich im Osten bzw. im Westen trug. Den Faltenrock aus dem Osten zum Beispiel mochte ich in Westberlin nicht tragen. Meine Großmutter sagte dann: ›Hier ist deine Ecke für den Osten und dort für den Westen.‹ Wenn ich dann wieder nach Pankow fuhr, fragte sie: ›Was nehmen wir denn diesmal aus der Ostecke?‹*«

Rita besaß Ost- und Westgeld. Sie lernte: Bei den Russen sind die Amerikaner die Bösen. Bei den Amerikanern sind es die Russen. Wem sollte sie glauben? Mit der großen Politik wollte sie nichts zu tun haben. Sie war vollauf damit beschäftigt, sich ständig anpassen zu müssen. Wie eine Schauspielerin wechselte sie immer wieder die Rollen.

Rita Kuczynski | 1952

»*Die Leute in Westberlin verhielten sich anders als in Ostberlin. Sie bewegten sich anders. Das fiel mir sofort auf. Ich beobachtete die Menschen und imitierte sie. In meinem Leben habe ich viel mit Musik und Bewegung gemacht. Das kam mir zugute. Später, bei meiner ersten Reise in die USA, stand ich in New York am Broadway und sah zu, wie die Leute liefen. Nach einer Viertelstunde nahm ich ihren Rhythmus auf. Und nach einer halben Stunde fragte man mich nach dem Weg. Katzen machen es übrigens genau so: Sie gehen in einen bestehenden Rhythmus.*«

Im Reich der Töne

Die Großmutter im Westen wusste um die musikalischen Talente ihrer Enkelin. Die Opernsängerin schickte Rita auf das Städtische Konservatorium an der Hardenbergstraße, wo sie Klavierunterricht erhielt. Sie besitzt ein absolutes Gehör, also die Fähigkeit, die Höhe eines Tones genau zu bestimmen. Bald spielte sie Sonaten und Präludien aus dem Gedächtnis. In ihrem Kopf entstand ein Reich der Töne mit vielen Stücken, die sie zu jeder Zeit, auch ohne Klavier, abrufen konnte. Gestandene Musiker staunten über ihre Begabung und sagten ihr eine große Karriere als Pianistin voraus.

Vor dem Bau der Mauer | 1960

Familie im Ost-West-Konflikt

Den Eltern in Pankow blieb der Einfluss der Großmutter im Westen auf ihre Tochter nicht verborgen. Beide gehörten der SED an, waren überzeugte Genossen und zählten die von Rita innig geliebte Oma zu den politischen Feinden im Westen. Sie warfen ihr vor, das Kind zu verderben. Für die Eltern stand fest: Der Westen bestand nur aus Kriegstreibern und Imperialisten, wogegen im Osten Friedensfreunde für eine bessere Welt kämpften.

Rita wurde verpflichtet, der Oma nichts über die häuslichen Konflikte zu erzählen. Sie tat es dennoch, und eines Tages fuhr Elisabeth Grohé nach Pankow und stellte Ritas Eltern zur Rede; sie würden das Kind noch ganz verrückt machen, kritisierte sie. Der Trennungsstrich verlief quer durch die Familie, und Rita stand zwischen den Fronten. Sie musste sich entscheiden und stellte sich auf die Seite der Großmutter. Damit entfernte sie sich zwangsläufig von ihren Eltern und den zwei Geschwistern.

Sommer 1961: »Ich bin gegangen«

Im Sommer 1961 braute sich über Berlin einiges zusammen, wovon Rita kaum etwas mitbekam. Sie lebte ganz in der Welt der Musik und bemerkte höchstens am Rande, dass der Kalte Krieg wieder

»Ich bin Musikerin. Und als Musikerin habe ich einen bestimmten Rhythmus im Kopf, den ich wechseln kann. Und bestimmte Töne. Ich funktioniere über die Musik. Alles, was ich wahrnehme und denke, hat einen musikalischen Ausgang.«

RITA KUCZYNSKI

einmal in ein lautes politisches Getöse ausartete. Die meiste Zeit wohnte sie jetzt bei der Oma im Westen, war dort aber nicht gemeldet, weil das der Parteikarriere ihrer Mutter geschadet hätte. »*Die Sommerwochen verbrachten wir häufig mit unserer Mutter auf einer Parzelle am Wasser außerhalb von Berlin. Dieser gemeinsame Urlaub war eine Art Ritual geworden. Als sie mich 1961 wieder dazu einlud, zögerte ich. Meine Großmutter war zunächst dafür, dann plötzlich dagegen. Hätte sie gesagt: ›Rita, die politische Situation ist so angespannt. Bleib doch hier!‹ – Ich wäre geblieben. Aber ich bin gegangen. Am 13. August war ich auf dem Wasser und habe vom Bau der Mauer nichts mitbekommen. Erst am nächsten Morgen beim Bäcker sagte eine Kundin: ›Die Mauer ist da!‹ Zunächst begriff ich gar nichts und dann war ich völlig fertig.*«

Eine solche Sehnsucht

Die Großmutter setzte alle Hebel in Bewegung, denn sie wollte ihre Enkelin nicht verlieren. Rita Kuczynski: »*Ich habe furchtbar geweint und hatte eine solche Sehnsucht. Aber ich sagte mir: ›Sie hat mich noch nie enttäuscht. Wenn sie verspricht, sie holt mich da raus, dann glaube ich ihr.‹ Andererseits war ich verzweifelt. Ich saß jetzt in der Wohnung in Pankow fest – mit den Geschwistern und dem Vater, der weiter trank, seine Familie schlug und herumschrie. Meine Mutter wollte sich das Leben nehmen; eines Tages lag sie mit dem Kopf im Gasofen. Wir kamen zufällig dazu.*«

Vergebens glaubte Rita, ihre Großmutter könnte das Schicksal noch wenden. Westberlin blieb ihr versperrt, sie saß im Ostteil fest. Immerhin erlaubten die Eltern, weiter Musik zu machen, und ein immer etwas verstimmtes Klavier wurde geborgt. Es dauerte jedoch nicht lange, bis sie zum »Störfaktor Rita« wurde. Ihr »Geklimper« ging den anderen auf die Nerven. Zum Glück hatte sie eine Klavierlehrerin, die ihre Nöte erkannte und bei der sie zeitweise wohnen durfte. An der Hochschule für Musik setzte sie ihre Ausbildung fort.

Aufsässig und aggressiv

Die tief sitzende Angst vor dem gewalttätigen Vater, die Trennung von der geliebten Großmutter – beides hat das junge Mädchen nicht verkraftet. Jedenfalls entwickelte es sich in der Schule zum Schrecken für Lehrer und Mitschülerinnen.

»*Ich war ein schwer erziehbares Kind, sehr aufsässig und aggressiv.*« Nur der Umstand, dass sie ausgezeichnet Klavier spielte und wie eine »*kleine Nachtigall*« sang, stimmte die Pädagogen milde.

»*Wenn ich ihnen ein Präludium hinlegte, waren alle still. Wenn ich sang, flossen Tränen. Ja, sie weinten. Und ich durfte wieder mal zubeißen oder jemanden verhauen. Ich habe andere Mädchen regelrecht verkloppt.*«

Ihre unkontrollierte Wut richtete sich gegen die sogenannten »*Bonzenkinder*« – also gegen die Kinder der Parteifunktionäre. An der Wilhelm-Pieck-Schule in Ostberlin, an die sie zwangsweise versetzt worden war, stürzte sie sich auf die erstbeste Mitschülerin und schlug sie zusammen. Wie sich herausstellte, handelte es sich um Beate Ulbricht, die Stieftochter von Lotte und Walter Ulbricht.

Beate Ulbricht: 1944–1991. Stieftochter von Lotte und Walter Ulbricht. Abitur in Leningrad. Zweimal verheiratet, zwei Kinder. Bruch mit den Eltern. Arbeiterin. Flucht in den Alkohol. 1991 äußert sie sich im Interview kritisch über ihre Eltern und die frühere DDR-Führung. Kurz darauf erschlagen aufgefunden. Bluttat bleibt ungeklärt.

Der Name Ulbricht interessierte Rita überhaupt nicht. Doch ihre Mutter war entsetzt. Sie fürchtete um ihren Arbeitsplatz und ihre Karriere in der SED. »*Sie war eine gläubige Genossin und hat sich aufgeopfert für das ›neue Leben‹, das in der DDR propagiert wurde.*«

Die Mutter gehörte, wie Lotte Ulbricht, dem SED-Bezirk Pankow an. Während die beiden Frauen noch überlegten, wie der Vorfall aus der Welt zu schaffen sei, vertrugen sich ihre Töchter und freundeten sich an. Beate lud Rita bald nach Hause ein.

»Die Familie Ulbricht wohnte im Majakowski-Ring. Wir spielten manchmal im Garten ihrer Eltern. Eines Abends im Sommer sah ich, wie Walter Ulbricht seltsam herumsprang, bis ich verstand, dass er die Kaninchen einfangen wollte, die Beate hatte auf dem Rasen laufen lassen. Ulbricht wollte nicht, dass sie die Blumen abfraßen. Wir halfen ihm und bald waren die Tiere wieder im Stall. Zur Belohnung gab er uns Bonbons. Beim Abendbrot sagte er dann noch: ›Lasst die Kaninchen nicht wieder raus!‹ Natürlich wusste ich, wer Ulbricht war. Das hat mich jedoch in keiner Weise beeindruckt. Er hat sich auch nicht so aufgeführt.«

RITA KUCZYNSKI

Zusammenbruch

Ihr Abitur bestand Rita Kuczynski 1963 an der Carl-von-Ossietzky-Schule. Gleichzeitig machte sie ihren Abschluss an der Hochschule für Musik. Sie war jetzt ausgebildete Pianistin und hatte im Zweitfach Orgel studiert. Ihrer künstlerischen Karriere stand nichts mehr im Weg. Einer ihrer Lehrer legte ihr nahe, nach Leningrad zu gehen, um dort weiterzustudieren. Ritas erster Gedanke war: weg von zu Hause! Das ist die Chance! Sie stimmte sofort zu. Auch die Eltern waren einverstanden: Leningrad, die Wiege der russischen Revolution – das bedeutete Prestige.

In Leningrad kam die junge Pianistin in einem Studentenwohnheim am Konservatorium unter. Die Einrichtung war spartanisch: Doppelstockbetten, ein viereckiger Tisch. Ihre Kommilitonen sprachen Russisch. Rita verstand kaum ein Wort. Es dauerte nur wenige Wochen, bis sie einen psychischen Zusammenbruch erlitt, der alle weiteren Proben und Auftritte unmöglich machte und ihre Rückkehr in die DDR erzwang.

»Als ich 1961 Ostberlin nicht mehr verlassen durfte, habe ich mich völlig abgekapselt. Mithilfe der Musik gelang es mir, die Wirklichkeit zu ignorieren. Die DDR existierte für mich gar nicht. Ich hielt meine Ohren zu. Ich hatte immer Angst, dass mir meine Melodie zerbricht. Angst, dass nicht nur der Vater meine Musik kaputt macht. In dieser Zeit habe ich mir angewöhnt, selektiv zu hören, das heißt, Geräusche auszuschalten. Ich habe mich an die Straße gestellt und im Kopf eine Klaviersonate gespielt. Das kann man trainieren, so wie man in einem Konzert nur die Flöte wahrnimmt oder nur die Geige. Man kann Geräusche ausschalten: den Straßenlärm, das Gerede der Leute ringsum usw. So weit ausschalten, dass nur noch die Melodie weiterläuft. So war sie zu retten, meine Musik, dachte ich. Ich glaube, dies war der Anfang einer von mir mitverschuldeten Psychose, die in der DDR begann und sich in Leningrad steigerte.«

Erst im Klinikum Berlin-Buch wurde der jungen Frau bewusst, in welch katastrophaler Lage sie sich befand, als der Chefarzt sagte, sie sei schizophren und könne nie wieder Klavier spielen. In diesem Augenblick brach alles zusammen. Sie landete in einem seelischen Labyrinth, aus dem sie sich mithilfe von Medikamenten, vor allem Beruhigungsmitteln, zu befreien suchte. »Die Nische, in der ich mich verkrochen hatte, war zerstört. Der Ballon, an dem mein Leben hing, platzte. Und das Allerschlimmste war: Die Töne waren verschwunden. Ich hörte meine Melodien nicht mehr.«

Ihr ganzes Leben geriet aus der Bahn. Zeitweise lebte sie in Abbruchhäusern. Die Medikamente, die Ärzte ihr verschrieben, brachten ihren Lebensrhythmus völlig durcheinander. Manchmal schlief sie tagelang nicht, bis sie vor Müdigkeit irgendwo umfiel. Gelegentlich war sie so verzweifelt, dass sie versuchte, sich das Leben zu nehmen. *»Beim dritten Mal, als es wieder nicht klappte, sagte ich mir: Anscheinend willst du doch leben. Dann sieh mal, ob es weitergeht.«*

Was zum Überleben notwendig war, klaute sie sich zusammen. *»Es handelte sich ja um Volkseigentum. Meine Fingerübungen beim Klavierspielen kamen mir in den Regalen entgegen. Auf eine etwas entfremdete Weise haben sie sich dort bewährt (lacht).«*

Der Takt des Lebens

Der Hunger trieb sie zu Gelegenheitsarbeiten. Sie war als Krankenschwester tätig, dann als Verkäuferin in einer Metzgerei, wo der Meister sie zur Probe eine Wurst in Scheiben zerlegen ließ. Der Mann war beeindruckt von der Kraft ihrer Hände und stellte sie ein. Zeitweise stand sie im Berliner Glühlampenwerk *Narva* am Fließband. *»Am Band habe ich gern gearbeitet. Das Tempo immer gleich bleibend. Man konnte total abschalten. Der Takt des Lebens war vorgegeben.«*

Bei der monotonen Tätigkeit erwies sich ihr absolutes Gehör als nützlich, weil sie früher als alle anderen wahrnahm, wenn ein Motor seine Drehzahl änderte. Während das Band noch lief, rief sie ihrer Kollegin zu: *»Emma, pass auf, wir können gleich rauchen. Die Maschine geht kaputt!«* Tatsächlich drehte bald darauf der Motor durch und gab seinen Geist auf.

Das Studium der Philosophie

Die Pianistin, die ihren Beruf nicht mehr ausüben konnte, brauchte Zeit, um Energie zu schöpfen und ihrem Leben eine Richtung zu geben. Zwischendurch hatte sie sich in eine Ehe gestürzt, die jedoch scheiterte. Auch ein zweiter Anlauf zu einer dauerhaften Beziehung war in die Brüche gegangen. Mitte der 1960er-Jahre sah Rita Fischer, wie sie in-

Geburtstag von Professor Heise (letzte Reihe, ganz rechts); letzte Reihe 2. von links: Rita Kuczynski; 2. Reihe ganz links: Christa Wolf | 1982

zwischen hieß, ihre Großmutter zum ersten Mal wieder. Elisabeth Grohé war inzwischen in Westdeutschland gemeldet und konnte ihre Enkelin besuchen. Ritas Anblick löste Entsetzen aus. *»Du bist krank«*, sagte sie. Die Enkeltochter verschwieg der Großmutter, was sie inzwischen durchgemacht hatte, dass sie ohne Medikamente kaum noch leben konnte, dass überhaupt das Leben ihr nur noch wenig bedeutete. Denn die Großmutter gehörte zu einer anderen Welt, einer Welt, die ihr unerreichbar schien. Ihren damaligen Seelenzustand beschreibt sie als *»stumpf«*. Sie bekämpfte ihre Erinnerungen und rührte jahrelang kein Musikinstrument mehr an, ja, sie mochte nicht einmal mehr die Musik von einst hören.

Erst das Studium gab ihr etwas Halt. Bei der Suche nach einem Ausweg aus ihrer Lebenskrise entdeckte sie die Philosophie, die wie die Musik eine Chance bot, die Ebenen zu wechseln – von der realen Welt in den abstrakten Kosmos der Philosophie. Den Marxismus-Leninismus, der zwangsläufig dazugehörte, hakte sie als Pflichtübung ab. An der Humboldt Universität traf sie auf viele Dozenten, die als »gläubige Genossen« nachbeteten, was unter dem Motto »Die Partei hat immer Recht« nachzubeten war. »Das war mir zu dumm. Für mich war weder die Sowjetunion noch die DDR das gelobte Land. Aber Gott sei Dank gab es auch Dozenten, die dachten. Sie entführten mich in die Philosophiegeschichte.« Und so vertiefte sie sich in das Werk des Philosophen Friedrich Hegel. Die Welt als reine Idee zu betrachten – allein dieser Gedanke erlaubte ihr, dem alltäglichen Elend wenigstens zeitweise zu entkommen.

Thomas Kuczynski

Mit erschreckender Regelmäßigkeit kehrten die traumatischen Bilder der Vergangenheit zurück, auch wenn sie sich vehement dagegen zur Wehr setzte. So gab es auf dem Weg zu einer wissenschaftlichen Karriere Rückschläge und Einbrüche, die zu heftigen Depressionen führten. In einer solchen Phase lernte sie 1970 in einem Café an der Berliner Friedrichstraße Thomas Kuczynski kennen: »Mag sein, dass er seinen vollen Namen nannte

---

Exkurs: Jürgen Kuczynski

Der Wirtschaftshistoriker Jürgen Kuczynski (1904–1997) kam aus einer großbürgerlichen, jüdischen Familie. Er war neben dem Erfinder Manfred von Ardenne (1907–1997) der wohl prominenteste und zugleich produktivste Wissenschaftler der DDR. Die Liste seiner Veröffentlichungen umfasst über 4000 Titel. »Seine Werke waren gewaltige Zitaten-Sammlungen für diejenigen, die keinen Zugang zu den Giftschränken der Bibliotheken hatten«, heißt es 1991 in einem Porträt Kuczynskis in der Zeitung Neue Zeit. Selbst besaß der Professor in seinem Haus in Weißensee mehr als 70 000 Bände. Für Erich Honecker entwarf

Kuczynski Reden, auch wenn er manchmal ideologisch aus der Reihe tanzte. Er hatte sich im Laufe seines Lebens eine gewisse Narrenfreiheit erstritten.

Dem zweiten Band seiner Memoiren gab er den Titel *Ein Querdenker und fröhlicher Marxist*. Während der NS-Zeit war Kuczynski, seit 1930 KPD-Mitglied, im Untergrund aktiv gewesen. 1936 ging er nach London ins Exil, wo er sich vom US-Geheimdienst anwerben ließ. Als jüdischer Intellektueller aus bürgerlichem Haus stand er immer in Verbindung mit jüdischen Wissenschaftlern aus den USA, West- und Osteuropa, Australien und Lateinamerika. Sein Haus in Ostberlin war Treffpunkt für Besucher aus aller Welt. Das SED-Regime überhäufte ihn mit Auszeichnungen, was ihn nicht daran hinderte, das Politikbüro als »eine Befehlszentrale von uralten Leuten« zu bezeichnen. Seiner Überzeugung, der Sozialismus sei die einzige Alternative zum Kapitalismus, blieb er zeit seines Lebens treu.

oder sich mit Thomas vorstellte. Hätte ich gewusst, in welch kommunistisch privilegierte Familie ich da hineingeraten würde, ich glaube, die Beziehung wäre nicht zustande gekommen. Gott sei Dank war es nicht so. Ich kannte den Namen seines Vaters Jürgen Kuczynski damals gar nicht. Tho-

Thomas Kuczynski | 2000

mas und ich fanden schnell zueinander. Nach fünf Wochen zog er zu mir. Ich hatte nichts dagegen, weil ich wieder einmal am Ende war. Wirklich am Ende. Keine Kohle zum Heizen. Ich aß nichts und wollte eigentlich auch nicht mehr leben.«

Heiraten war einfach

Nach den Worten von Rita Kuczynski nahm ihr Freund Thomas *»die Sache«* in die Hand. *»Er kochte und machte. Wir diskutierten viel über Philosophie und Ökonomie. Und eines Tages fragte er: ›Wollen wir nicht heiraten?‹ Und ich erwiderte: ›Wenn du meinst.‹ Heiraten in der DDR war einfach und folgenlos. Man ging zum Standesamt, zahlte eine Gebühr von fünf Mark. Eine Scheidung kostete das Dreifache. Bei unserer Trauung waren seine ehemalige Frau und mein früherer Mann Trauzeugen. Anschließend sind wir zu viert essen gegangen.«*

»Ich hasse Familie«

In der Akademie der Wissenschaften, wo Rita Kuczynski sich auf ihre Promotion vorbereitete, wurde sie anfangs auf ihren polnisch klingenden Namen angesprochen und gefragt, ob sie mit dem gleichnamigen Professor Jürgen Kuczynski verwandt sei, was sie verneinte. Mit den Eltern von Thomas hatte sie bis dahin keinen Kontakt gehabt. Weder mit der eigenen Familie noch mit der ihres Mannes wollte sie etwas zu tun haben. Stur wieder-

holte sie: *»Ich hasse Familie.«* Eines Tages ließ sie sich dennoch zu einem Treffen mit den Schwiegereltern überreden. Als sie das Haus von Jürgen Kuczynski betrat, erstarrte sie. Alles hatte sie erwartet, nur nicht dies: eine großbürgerliche Wohnung mit wertvollen Gemälden, vielen Bücherregalen und erlesenem Meißener Porzellan. Im Esszimmer ein prächtiger Kronleuchter. *»Da saßen viele Leute am Tisch, die alle irgendwie zur Familie gehörten. Beim Essen bin ich dann durchgedreht, schrie ›Ihr Scheißbonzen‹ und schleuderte ein Rotweinglas quer über den Tisch!«*

Ihre Annahme, das Thema Familie sei damit endgültig vom Tisch, erwies sich als falsch. Vielmehr kümmerten sich die Schwiegereltern, die ihre physischen und psychischen Nöte schnell erkannt hatten, rührend um sie – vor allem ihre Schwiegermutter.

»Sie brachte viel Verständnis für meine verworrene und entwurzelte Situation auf und arbeitete daran, mich wieder auf die Beine zu bringen. Von ihr stammt der feinsinnige Satz: ›Mit 77 Pfund kann man nicht promovieren‹.« Die Schwiegertochter ließ schließlich ohne Gegenwehr alle Wohltaten über sich ergehen. Sie willigte sogar ein, einen Psychiater zurate zu ziehen, der sie von ihren Ängsten befreien sollte.

»Rita muss promovieren«

Mit dem ersten Arzt geriet Rita Kuczynski jedoch schnell aneinander und brach die Behandlung ab. Ein chilenischer Psychoanalytiker und Neurophysiologe, der 1973 in die DDR geflüchtet war, untersuchte sie gründlich und kam zu dem Ergebnis, sie müsse den Beruf wechseln. Sie sei keine Philosophin, sondern Künstlerin. Am Ende der Therapie müsse sie wieder fähig sein, künstlerisch zu arbeiten. *»Resultat dieser Angst-Behandlung war, dass ich von der Philosophie weggegangen bin. In mein Leben kam allmählich wieder Ordnung. Und dieses Leben drehte sich dann fast ausschließlich darum: ›Rita muss promovieren!‹ Da fing ich an zu schreiben.«*

»Als 1989 die Mauer fiel, war plötzlich alles, was mit mir in den
28 Jahren zuvor geschehen war, vorbei. Mir war klar: Die DDR
geht zu Ende. Diese Einsicht stimmte mich nicht froh. Denn ich
saß zuletzt schön an der Sonne, hatte mich keineswegs dem
Regime ausgeliefert und war mit mir im Reinen. Und dann dies.«

RITA KUCZYNSKI

Mehr Fußnoten

Den Text ihrer Dissertation über Hegel, den sie innerhalb weniger Monate zu Papier brachte, zeigte sie ihrem Schwiegervater. Jürgen Kuczynski war beeindruckt und meinte, sie sei sehr begabt, könne schreiben und müsse entlastet werden. Dem jungen Ehepaar wurde eine Haushälterin zur Seite gestellt. In einem Punkt übte Kuczynski allerdings Kritik. Die Dissertation sei viel zu schnell entstanden und enthalte nicht genügend Anmerkungen. Er empfahl ihr, weitere Quellen zu erschließen und die komplette Doktorarbeit mit möglichst vielen Anmerkungen erst ein Jahr später vorzulegen. Diesem Rat folgte die Schwiegertochter. Ihre Arbeit enthielt am Ende über 800 Fußnoten. 1976 wurde Rita Kuczynski mit einer Dissertation zu Hegels Logik promoviert. »*Meinen Schwiegervater mochte ich sehr, weil er das Gegenteil von meinem Vater war: liebevoll, geistreich, souverän und großzügig. Er nahm es mir nicht übel, als ich ihm sagte, ich hätte sein Buch ›Dialog mit meinem Urenkel‹ nicht zu Ende gelesen. Seine Reaktion: ›Kind, du bist noch so jung. Natürlich liest du das Zeug nicht, das ich schreibe.‹*«

Honecker und Aristoteles

Es dauerte nicht lange, bis die einstige Rebellin sich ohne Murren in das Familienleben fügte. Einmal in der Woche traf man sich, »*sprach über Gott und die Welt, über Honecker und Aristoteles sowie Gorbatschow und Turgot. Man sah noch gemeinsam die ›Tagesschau‹. Das war ein Ritual. Dann zogen meine Schwiegereltern sich zurück, nicht ohne auf den Kognak zu verweisen. Wir sollten es uns gemütlich machen.*« Bei den Tischgesprächen wurde offen über heikle Themen diskutiert. Mit großem Bedauern wurde z. B. der Weggang von Sarah Kirsch, Jurek Becker und Manfred Krug aus der DDR registriert. In diesem Zusammenhang berichtet Rita Kuczynski, sie habe nicht gegen die Ausbürgerung von Wolf Biermann protestiert, und zwar »*aus Rücksicht auf meine Familie und meinen Mann*«. Diese Haltung bedaure sie im Nachhinein.

Hausfrau und Gattin

Während ihrer Arbeit an der Dissertation lehrte Rita Kuczynski als Dozentin für Philosophie an der Humboldt Universität. Ansonsten mied sie den Lehrbetrieb an der Universität, weil es nur um Marxismus-Leninismus ging. Das tat sie auch später, als sie eine anerkannte Hegel-Spezialistin war. »*Ich wollte keine Studenten im Sinne des Systems erziehen*«, sagt sie. 1981 trennte sie sich ganz von der Akademie – im besten Einvernehmen, obwohl es durchaus Konflikte um ihre Aufsätze gegeben hatte. Dann war sie nach eigenen Worten in erster Linie »*Hausfrau und Gattin*« – ausgestattet mit Privilegien. So durfte sie in den Westen reisen und in den USA unterrichten. Ganz in der Tradition der Familie gingen in ihrem Berliner Haus Intellektuelle aus aller Welt ein und aus.

An der Columbia Universität | New York 1987

Die neue Rolle habe sie mit einer gewissen »Clownerie« ausgeübt, berichtet sie. Denn Dr. Rita Kuczynski war nicht im SED-System verankert und gehörte doch der »roten Aristokratie« an. Rückblickend wundert sie sich selbst, wie sie nach all den Turbulenzen in ihrem Leben ohne eigenes Zutun Mitglied einer etablierten Gesellschaft wurde.

Schriftstellerin werden

Nach dem Fall der Mauer steuerten die beiden deutschen Staaten im Eiltempo auf die Wiedervereinigung zu. Rita Kuczynski, die diese Entwicklung vorausgesehen hatte, war entschlossen, sich möglichst schnell auf die neuen Verhältnisse einzustellen. Was ihr den Neuanfang erleichterte, war die Tatsache, dass sie ihr Ziel genau kannte: Die ehemalige Pianistin und Philosophin wollte Schriftstellerin werden.

Freunde aus dem Westen rieten ihr, sich beim Arbeitsamt zu melden, um nicht mittellos dazustehen. Denn auch für ihren Mann, der als Direktor des Instituts für Wirtschaftsgeschichte der Akademie der Wissenschaften die Nachfolge seines Vaters angetreten hatte, war nicht klar, ob das Institut abgewickelt würde.

*»Ich habe mich dann tatsächlich arbeitslos gemeldet und bekam einen Job in einer Art Frauenagentur zugewiesen. Nach einem Jahr war ich wieder arbeits-*los. Die staatliche Unterstützung habe ich dann als eine Art Stipendium betrachtet, um Bücher schreiben zu können. Das war eigentlich nicht in Ordnung. Aber ich sah keine andere Möglichkeit.«* In dieser Zeit entstanden Bücher wie *Im Kreis* (1992), *Stakkato* (1997), *Mauerblume* (1999) und *Die gefundene Frau* (2001).

Der Neuanfang brachte es mit sich, dass Rita und Thomas Kuczynski sich auseinanderlebten. Bedauern und Schmerz klingen an, als die Schriftstellerin über das Scheitern ihrer Ehe spricht. Ihrem Mann hatte sie geraten, die neue Realität anzunehmen und sich eine eigene Existenz aufzubauen. Sie selbst stellte sich diesem Kraftakt. Und sie gewöhnte sich daran, dass eine Autorin und Publizistin im Westen einen Steuerberater und eine Agentur braucht, wenn es darum geht, einen Verlag zu finden.

Das Leben auf der Grenze hatte also ein Ende. Die Ängste blieben und erfordern stete Wachsamkeit. Der DDR weint die Autorin keine Träne nach. Aber dem Westen gegenüber bleibt sie distanziert. Gewiss, die Stationen ihrer Kindheit bedeuten ihr einiges: der Schlachtensee, die Musikhochschule, der Kurfürstendamm und die Philharmonie, wo die Pianistin gewiss eines Tages ihren großen Auftritt gehabt hätte, wäre sie am 13. August 1961 in Westberlin geblieben. *»Der Mauerbau hat ein Leben von mir zerstört und der Mauerfall ein zweites«*, stellt sie nüchtern fest. Das Bollwerk aus Beton verschwand bis auf wenige Reste. Im Gedächtnis von Rita Kuczynski bleibt der Grenzwall jedoch gegenwärtig.

Schriftstellerin Kuczynski | 1997

Sportler in den Fängen der Stasi

»Spritzensport« | Den Sport hatte die DDR zum Wettkampf der Systeme aus-
erkoren. Je mehr Medaillen und Trophäen der Staat einheimste, desto größer
die Anerkennung für das sozialistische Modell – so dachten die Funktionäre.
Um weltweit Höchstleistungen aufbieten zu können, war jedes Mittel recht.
Von frühester Jugend an nahm der Staat sportliche Talente unter seine Fittiche,
um sie auf Rekorde zu trimmen. In einer Kombination aus hartem Training,
Rundumbetreuung und Doping entwickelte sich eine Elite von Sportlerinnen
und Sportlern, die reihenweise Medaillen einsammelten.

Die Verantwortung für das Doping-System lag bei Manfred Ewald, Präsident des Deutschen Turn- und Sportbundes und zugleich Präsident des Nationalen Olympischen Komitees der DDR. Ihm zur Seite stand der Sportmedizi-
ner Manfred Höppner, der zugleich Inoffizieller Mitarbeiter des MfS war und
die Forschungsgruppe mit dem harmlos klingenden Titel *Zusätzliche Leis-
tungsreserven* leitete. Unter strenger Geheimhaltung und unter Beteiligung
des Forschungsinstituts für Körperkultur und Sport in Leipzig entstand ein
von oben gesteuertes, flächendeckendes System, das Sportlerinnen und Sportler wie Versuchskaninchen behandelte.

Für den SED-Staat hatte das zentral gesteuerte Doping-System eine
Schwachstelle. Je öfter die Athleten ins Ausland reisten, desto größer war die
Gefahr, dass sie sich von der DDR-Mannschaft absetzten. Um Fluchtpläne auszuschließen, saß die Staatssicherheit von Beginn an mit im Boot; sie durchsetzte das Kadersystem mit Spitzeln, achtete auf Linientreue und griff brutal
ein, wenn es galt, eine Absetzbewegung zu stoppen. So erging es der Sprinterin
Ines Geipel: Stasi-Mitarbeiter, Sportfunktionäre und Ärzte wirkten daran mit,
ihre Karriere, ihren Ruf und vor allem ihre Gesundheit zu zerstören.

Der Radrennfahrer Wolfgang Lötzsch, der sich weigerte, Kontakte zu Verwandten im Westen abzubrechen, durfte nicht mehr bei Radrennen starten.
Aber er gab nicht auf. Als Mitglied einer Betriebssportgruppe jagte er weiter
von Sieg zu Sieg, bis der Sportverband ihm erneut einen Riegel vorschob.
Lötzsch wurde zum einsamen Helden des Radsports der DDR.

1960 Geburt in Dresden
1977 Leistungssport beim SC Motor Jena
1980 Mitglied der DDR-Nationalmannschaft
1985 Ende der Sportkarriere, Beginn des Studiums
1989 Flucht in die Bundesrepublik
1996 Erste Veröffentlichungen
2000 Professur an der Hochschule für Schauspielkunst Berlin

Ines Geipel   Doping – ein kriminelles System

Es ist Montag, der 11. April 2011. Im Auditorium der Katholischen Akademie in Berlin haben sich zahlreiche Gäste versammelt, um einer ungewöhnlichen Preisverleihung beizuwohnen. Ines Geipel, Schriftstellerin, Professorin und Sprecherin der Doping-Geschädigten der DDR, wird mit dem Ethikpreis des katholischen Sportverbandes *Deut-* *sche Jugend Kraft* ausgezeichnet. Die ehemalige Leichtathletin, die zu den schnellsten Frauen der Welt gehörte, hebt zu ihrer Dankesrede an. Es wird ganz still im Saal, als Geipel erstmals ihre persönliche Geschichte erzählt, über die sie bislang in der Öffentlichkeit geschwiegen hat.

Die Wunde

Die Sportlerin war in das staatliche Zwangsdopingsystem der DDR eingebunden und seit ihrem 17. Lebensjahr mit männlichen Sexualhormonen gedopt worden. 1984, als für sie feststand, dass sie beim nächsten internationalen Wettkampf flüchten würde, musste sie sich auf Anraten ihres Sportarztes einer Operation unterziehen.

Was die Sportlerin nicht wusste – ein enger Freund, der Speerwerfer Jürgen Falkenthal, der ihre Fluchtpläne kannte, hatte die Staatssicherheit informiert und vorgeschlagen, die Sprinterin »zumindest für längere Zeit auf Eis zu legen«, wie Ines

Preisverleihung | 11. April 2011

Geipel später in ihrer Stasi-Akte nachlesen konnte. Aus einer Blinddarm-Operation wurde eine Verletzung, die nicht nur ihre sportliche Laufbahn beendete, sondern sie in der Folge in eine lebensbedrohliche Situation brachte. »*Mein gesamter Bauch samt Muskulatur war durchschnitten worden*«, sagt Geipel. »*Alle inneren Organe wurden verletzt.*«

Fassungslos blicken die Festgäste auf die Frau am Rednerpult. Wie war so etwas möglich? Am Ende dankt Geipel den Preisgebern, »*dass Sie mir abgefordert haben, diese ausgelegte Schlinge endlich auch öffentlich zu lösen. Es ist für mich ein weiterer Schritt, ein Stück mehr Souveränität über die eigene Geschichte zurückzuerlangen.*«

Am Tag nach der Preisverleihung schildert Ines Geipel in einem Gespräch, wie schwer ihr der Entschluss gefallen sei, »*sich hinzustellen und von der eigenen Verletztheit zu sprechen. Das war ein absoluter Grenzgang.*« Bis dahin habe sie für andere Doping-Opfer gesprochen. Seit 1989 hatte es unendlich viel zu klären gegeben. Dabei habe sie sich wohl auch ein bisschen hinter ihren Aktionen und Büchern versteckt. Zwanzig Jahre hat es gedauert, bis Ines Geipel 2004 in Berlin einen Chirurgen fand, der die Ursachen für ihre jahrelangen Koliken und das Narbengeflecht in ihr herausfand. Durch die Sorgfalt des Arztes wurde die Operation »*zu einer regelrechten Wiederherstellung*«, wie sie sagt.

OPK »Ernesto«

Der von der Stasi veranlasste Eingriff hatte eine Vorgeschichte, die mit einem Trainingslager der DDR-Nationalmannschaft in Mexiko begann. Die

Ines Geipel | 1982

Höhenlage der Hauptstadt Mexiko-City war der eigentliche Grund, warum sich dort vor allem die besten Sprinter und Springer auf die Olympischen Spiele 1984 in Los Angeles (USA) vorbereiteten.

Ines Schmidt – wie sie damals hieß – verliebte sich in einen mexikanischen Athleten und fasste den Entschluss, nach den Spielen in den USA zu bleiben und sich von der DDR-Mannschaft abzusetzen. Als die Stasi durch Jürgen Falkenthal davon erfuhr, startete der Geheimdienst unter dem Decknamen *Ernesto* eine *Operative Personen-Kontrolle* (OPK). Zur Begründung hieß es in ihrer Akte: »*Es kann die Version aufgestellt werden, dass die OPK-Person aufgrund ihres nicht gefestigten politisch-ideologischen Standpunktes und ihres Verhältnis zu dem mexikanischen Geher Ernesto Canto bei einem der nächsten Starts im kapitalistischen Ausland versucht wird, die DDR illegal zu verlassen. Mit dieser Republikflucht würde sie einen großen Schaden dem Ansehen des DDR-Leistungssports beifügen.*«

Mit aller Hartnäckigkeit verfolgte die Stasi das Ziel, die Flucht von Ines Schmidt zu verhindern und sie aus der Nationalmannschaft der DDR sowie aus ihrem Verein, dem *SC Motor Jena*, auszuschließen. Ihre sportlichen Leistungen spielten keine Rolle mehr. Dabei stellte sie im Sommer 1984

»Was hatten die für eine Angst, man würde einen neuen Weltrekord laufen, und sie müssten einen dann doch wieder im Ausland starten lassen.«

INES GEIPEL

> »Ja, natürlich habe ich über Ines Geipel berichtet. Worüber, nein, das sage ich nicht. Es ist ja schon damals mit unserem Wissen viel Missbrauch getrieben worden. Und außerdem: Wir waren doch nichts anderes als kleine Rädchen in einer großen Geschichte.«

JÜRGEN FALKENTHAL IN DER ARTE-FERNSEHSENDUNG »INES GEIPEL – VOM SPRINTEN ZUM SCHREIBEN« | 17.08.2008

in der Staffel ihres Vereins mit drei Club-Kameradinnen den heute noch gültigen Vereinsweltrekord über 4 x 100 Meter mit 42,20 Sekunden auf.

Ein Foto besorgen

Ihr vermeintlicher Freund Falkenthal wirkte unterdessen im Hintergrund weiter. Er, der mit seinen an die 3000 Seiten Spitzelberichten viele seiner Jenaer Sportkollegen denunzierte, produzierte auch im Fall Ines Schmidt unentwegt »Informationen«. Vielfach entsprangen sie nur seiner Fantasie. Wie die Stasi-Unterlagen ausweisen, entwickelte er ständig neue Pläne, um die Athletin an die DDR zu binden und sie zugleich vom Sport auszugrenzen.

In einem Bericht für die Geheimpolizei schlug er vor, ein Foto von Geipels mexikanischem Freund

DDR-Meisterschaften in Jena. Ganz links: Ines Geipel

zu besorgen, »um in der DDR einen ähnlich aussehenden Mann zu finden, damit die Sprinterin ihre Fluchtpläne aufgäbe.« Ein »aztekischer Kopf« schien im Land jedoch nicht ohne Weiteres auffindbar. Ilja Vogelberg – so der Deckname des IM – äußerte zahlreiche Verdächtigungen. Doch alles umsonst. Auch der Plan, die Sportlerin in eine Agentin umzufunktionieren, scheiterte. Falkenthal formulierte in einem Stasi-Bericht: »Vielleicht wäre die Situation, in der sich Schmidt derzeit befindet, genau das Richtige, sie an die Wand zu nageln und in ihr eine hörige Mitarbeiterin für uns zu erziehen, die sich dadurch selbst fesselt.«

Tatsächlich ging die sportliche Karriere von Ines Geipel, die nach ihrer Scheidung ihren Geburtsnamen wieder angenommen hatte, im Jahr 1985 endgültig zu Ende.

»Unentwegt gab es Tribunale. Ich sollte mich zum Staat bekennen und mich von meinen regimekritischen Freunden lossagen, was ich abgelehnt habe. Und dann ging auf einmal alles ganz schnell. Innerhalb von zehn Minuten hatte ich das Sportgelände des SC Motor Jena zu verlassen. Immerhin war ich zu dem Zeitpunkt Olympionikin, und wir waren einen Weltrekord gelaufen. Doch ab da war ich nur noch eins: Feindin des Staates.«

Exkurs: Die kleinen blauen Pillen

»Das Ende meiner sportlichen Karriere war wie ein kalter Entzug. Männliche Sexualhormone bedeuten ja nicht nur mehr Muskeln, sondern wirken wie Drogen, die psychische Abhängigkeiten zur Folge haben. Das heißt, die Athleten tragen nicht nur körperliche Schäden davon, sondern vor allem auch psychische. All das lief seit 1974 als streng geheimer Masterplan, auch Staatsplan 14.25 genannt. Dabei ging es ja nicht darum, dass die Athleten nicht wussten, dass sie Medikamente einnahmen, sondern darum, dass sie nicht darüber aufgeklärt wurden, was diese Substanzen waren. Entzogenes Wissen, heißt es, ist das brutalste Wissen. Denn die freiwillige und informierte Zustimmung zu dem ganzen Chemieprogramm im DDR-Sport fand schlichtweg nicht statt. Nach 1989 habe ich in Akten gelesen, dass sogar achtjährige Schwimmerinnen diese männlichen Sexualhormone einzunehmen hatten. Problematisch war auch die Legende dazu: Wer ins Sportprogramm aufgenommen wurde, galt als auserkoren, war würdig für das Eliteunternehmen DDR-Sport und bekam eine medizinische Rundumbetreuung. Hierbei wurde kein Aufwand gescheut, mit Physiotherapeuten, Arzt, Yoga, Akupunktur, Sauna, Entspannungsbad. Alles war dabei. Und es gab von Beginn an diese ganze Palette von Tabletten in allen Farben, eben auch die sogenannten blauen.

Die Auswirkungen der kleinen blauen Pillen waren recht schnell spürbar. Mein Körper veränderte sich. Plötzlich bekam ich Muskeln und dachte: Großartig, das Training schlägt an, alles ist gut. Unglaublich, diese Naivität. Was Doping wirklich bedeutet, wie viel Gewalt in den winzigen Tabletten steckt und wie gefährlich sie tatsächlich sind, habe ich erst durch den Klärungsprozess nach 1989 begriffen. Und dass nicht nur das Zwangsdoping das DDR-Sportsystem war, sondern Missbrauchs- und Machtstrukturen auf sehr verschiedenen Ebenen. Dass diese Klärung nach dem Mauerfall überhaupt möglich war, darüber bin ich froh und auch dankbar. Doch leider sind diese Strukturen im Sport nicht Vergangenheit. Es gibt keinen Bruch mit dieser Geschichte, keinen seriösen Umgang damit. Was in der DDR Zwangsdoping war, heißt heute Systemzwang, mit erneut großen Schäden und schlichtweg zu vielen Opfern.«

INES GEIPEL

»Irgendwann steckst du den Finger raus aus diesem Käfig.
Finger kann man verbiegen, vielleicht sogar brechen.
Aber dann nimmt man halt, was noch übrig ist, und steckt
es durch die Stäbe. Du willst atmen.«

INES GEIPEL

Kontakt zu Oppositionellen

Über ihre berufliche Zukunft machte sich die ins Abseits gedrängte Sportlerin keine Illusionen mehr. Die Stasi würde alles unternehmen, ihr das Leben so schwer wie möglich zu machen – das war absehbar. An der Friedrich Schiller Universität in Jena begann sie ein Studium der Germanistik und hielt engen Kontakt zu Oppositionellen. Freunde rieten ihr, alles, was mit Sport zu tun hatte, schnell zu vergessen. Das war leichter gesagt als getan. Denn vor ihrem Haus stand nun regelmäßig ein Pkw, Marke *Lada*. Professoren, Dozenten, Kommilitonen und Freunde entpuppten sich im Nachhinein als Stasi-Zuträger.

Erst allmählich gewann Geipel Abstand zu ihrer Vergangenheit als Sportlerin. Sie las viel, suchte für sich einen Boden in der Literatur außerhalb der kleinen, zugemauerten DDR und begab sich zugleich auf den Weg zu den im Land totgeschwiegenen Schriftstellern und Dichtern. Mehrfach stand sie an der Universität in Jena im Zentrum politischer Auseinandersetzungen. Aus Protest gegen das Massaker auf dem Platz des Himmlischen Friedens in Peking im Juni 1989 hängte Geipel zusammen mit einer Freundin ein Solidaritätsplakat auf. Wieder gab es Tribunale. Die beiden Studentinnen sollten vom Studium ausgeschlossen werden. Doch eine Gruppe von Kommilitonen setzte sich energisch für sie ein, sodass sie bleiben durften.

Der Entschluss, dem Staat ganz den Rücken zu kehren, reifte in Ines Geipel langsam. Schritt für Schritt. Sie sei »ein absolut indoktriniertes Kind« gewesen, sagt sie rückblickend. »Ich musste mich selbst auf die Spur bringen, musste das Neinsagen regelrecht lernen.« Die Reisen in die Welt während ihrer Sportzeit veränderten sie. Die enge DDR mit ihrem hohlen Fortschrittspathos kam ihr mit jeder Reise noch kleinkarierter und spießiger vor. »Als ich dann aus politischen Gründen nicht mehr ins westliche Ausland reisen durfte, fing ich an, die DDR sehr kritisch zu sehen.«

Über die grüne Grenze

Gegen Ende ihres Studiums in Jena wurde Ines Geipel beruflich auf ein Abstellgleis gestellt. Das Institut erkannte ihr die Promotionsmöglichkeit ab, auch durfte sie nicht als Germanistin tätig werden. Sie entschloss sich kurzerhand zu einer Reise durch Nordosteuropa. In den baltischen Staaten

Ines Geipel als Studentin | 1989

sah sie, dass im Gegensatz zur DDR der Aufbruch bereits in vollem Gange war. Tausende standen singend, weinend, Kerzen und Hände haltend an den Grenzen, für die Freiheit.

»Ich kehrte in die DDR zurück, kam auf dem Ostbahnhof an und wusste: ›Hier bleibe ich keinen einzigen Tag mehr.‹« Da Geipel noch ein Visum für Ungarn besaß, bestieg sie am nächsten Tag den Zug nach Budapest. Das war Ende August 1989. Drei Nächte campierte sie an der Donau, dann ging es in Richtung Sopron weiter: *»Ich stieg in Kophaza aus, wartete dort auf die Nacht und ging dann über die grüne Grenze. Angst? Klar, ich hatte eine Scheißangst. Das Einzige, worauf ich setzen konnte: Wenigstens laufen kannst du.«*

Im rosafarbenen Dirndl

In Darmstadt, wo sie zunächst landete, kam sich Ines Geipel anfangs ziemlich verloren vor. Die Menschen waren ihr fremd, der hessische Dialekt, die Beamtenwelt, die Geschäftswelt. Die einst gefeierte Leichtathletin stand vor dem Nichts; nicht einmal die Unterlagen von der Universität Jena besaß sie. *»Ich wusste nicht, wohin mit mir, heuerte in einem Privathotel an. Dienstbeginn täglich um 17 Uhr in einem rosafarbenen Dirndl. Die Unterkunft war eine Art Gesindestube mit Bett, Waschbecken und Stuhl. Mehr war nicht. Aber das hatte auch etwas sehr Läuterndes. Wie wenig es im Grunde braucht, um zu leben. Das habe ich in dieser Zeit gelernt.«*

In Darmstadt studierte Ines Geipel noch einmal: Philosophie und Soziologie. *»Darmstadt war ein Neuanfang. Sich sortieren. Lesen, lesen. Und die reale Welt kennenlernen.«* 1996 erschien Geipels erstes Buch, die Herausgabe der Texte der Nachkriegsdichterin Inge Müller. Es war der Beginn ihrer Karriere als Schriftstellerin.

Anti-Doping-Papst Franke

Ein Anruf von Professor Werner Franke, Heidelberger Krebsforscher und gewiss der engagierteste Anti-Doping-Aufklärer der Bundesrepublik, holte die Weltrekordlerin 1997 in ihre Sport-Vergangenheit zurück. Die sogenannten Moabiter Prozesse standen bevor; es ging um die Aufarbeitung des kriminellen DDR-Sportsystems.

»Sie schreiben ja ganz schöne Bücher über vergessene Dichterinnen«, sagte er am Telefon, *»aber was ist eigentlich mit Ihrer Geschichte?«*

An Frankes unverblümte Art musste Geipel sich erst gewöhnen. *»Franke ist über die Maßen direkt«,* sagt Geipel, *»das mag manchem nicht schmecken. Aber irgendwann ist klar: Er will Klarheit, Fakten, Aufklärung. Und er steht bis über die eigenen Grenzen hinaus immer auf der Seite der Opfer. Die Sportgeschichte der Bundesrepublik ist ohne ihn gar nicht zu denken. Er hat unwahrscheinliche Verdienste. Und auch ich weiß, was und wie viel ich ihm zu verdanken habe.«*

Werner Franke: 1940 in Paderborn geboren. Prof. für Zell- und Molekularbiologie am Krebsforschungszentrum der Universität Heidelberg. Entschiedener Gegner des Dopings im Leistungssport. Veröffentlichte 1991 mit seiner Frau Brigitte Berendonk, einer ehemaligen Diskuswerferin, das Buch *Doping-Dokumente. Von der Forschung zum Betrug.*

Vorsätzliche Körperverletzung

Im Vorfeld der Moabiter Prozesse im Jahr 2000 wurde berichtet, dass etwa 15 000 Athleten dem DDR-Zwangsdoping ausgesetzt waren. Im Prozess gegen den ehemaligen Vorsitzenden des *Deutschen Turn- und Sportbundes* der DDR, Manfred Ewald, und den Hauptinitiator des DDR-Dopingsystems, den Mediziner Manfred Höppner, trat Ines Geipel als Nebenklägerin auf.

»Als ein medizinischer Gutachter zwei Tage hintereinander die Nebenwirkungen dieser Substanzen, die wir alle eingenommen hatten, vortrug, hat es eini-

Manfred Ewald: 1926 in Pommern geboren. Sportfunktionär. Während der NS-Zeit im Widerstand. In der DDR Aufstieg in der FDJ. Staatssekretär und Vorsitzender des Komitees für Körperkultur. 1961–1988 Präsident des Deutschen Turn- und Sportbundes. Mitglied im ZK der SED und Abgeordneter der Volkskammer.

gen regelrecht den Boden unter den Füßen weggezogen. Plötzlich war allen klar: Wovon er sprach, das waren die Schäden, mit denen wir alltäglich lebten. Doping gleicht einer Zeitbombe.«

Der Hauptangeklagte Ewald wurde zu einer Bewährungsstrafe von 22 Monaten verurteilt. Trotz Revisionsversuchen hatte der Richterspruch Bestand bis hin zum Bundesgerichtshof, der das DDR-Zwangsdoping als mittelschwere Kriminalität einstufte. Ein Erfolg für alle, die sich für die Aufklärung des DDR-Sportsystems eingesetzt hatten.

Zusammen mit knapp 200 ehemaligen Athleten wurde Ines Geipel ein staatlich anerkanntes Doping-Opfer. 2005 bat Geipel den Deutschen Leichtathletik-Verband, sie aus der Liste der Rekorde zu streichen, zunächst ohne Echo. Schließlich bequemten sich die Funktionäre, ihren Namen durch ein Sternchen zu ersetzen. Der Rekord als solcher blieb bestehen.

Ein Bild zerstört

Das Jahr 2004 wurde für Ines Geipel zum Schicksalsjahr. Einmal unterzog sie sich der schweren Bauchoperation, um endlich wieder schmerzfrei leben zu können. Fast gleichzeitig traf die Stasi-Akte ihres Vaters ein, die lange im Innenministerium gelegen hatte. Nach der Lektüre der umfangreichen Papiere war nichts mehr so wie früher.

»Das ist kein angenehmes Wissen. Der Vater mehr als zwölf Jahre lang in der Hauptverwaltung IV des DDR-Staatssicherheitsdienstes. Das heißt zwölf Jahre lang ein Leben als Lüge. Und nicht nur das: Das waren nicht einfach Reisen in den Westen unter verschiedenen Namen. Mein Vater war Teil eines spezifisch deutschen Terrors, der eben nicht nur amerikanische

Erster Schultag | 1966

Objekte ausspionierte, sondern auch die Schul- und Arbeitswege von geflüchteten Ostdeutschen. Unerträglich, dieser Gedanke. Das macht mich unendlich traurig. Er ist mein Vater.«

Ines Geipel wusste, dass ihr Vater ein glühender Anhänger des SED-Systems war. In Dresden, wo die Eltern mit ihren vier Kindern wohnten, hatte der Vater sie zu den Mai-Paraden mitgenommen. Jahr für Jahr schmetterte er die Kampflosungen von der Tribüne aus in die Menge. Dieses *»Hoch lebe die DDR!«* Immer wieder, stundenlang! *»Ich saß auf seinen Schultern und bekam diese Losungen, diese skandierte tote Sprache direkt eingetrichtert. Natürlich war das für ein Kind eine Geschichte: auf*

Hauptverwaltung Aufklärung!
Die HVA galt innerhalb des Ministeriums für Staatssicherheit als Eliteformation und wird bis heute als einer der erfolgreichsten Geheimdienste angesehen. Es gelang der HVA sogar, in westliche Geheimdienste einzudringen und politische Vorgänge zu beeinflussen.

> »Wenn ich mein DDR-Leben im Nachhinein betrachte, muss ich feststellen: Die Stasi war immer dabei – mein Vater, der Trainer, der Sportchef, der Arzt, Lehrer, Dozenten, der Institutsdirektor ...«

INES GEIPEL

den Schultern des Vaters, die vorbeiziehenden Hundertschaften, der Jubel, die Massen. Das war meine Welt als Kind.«

Geipel besaß viele Pässe und wechselte häufig seine Identität. Für Reisen in die Bundesrepublik benutzte er den gefälschten Personalausweis eines Westberliner Musiklehrers. In der DDR war er zu der Zeit Direktor des Pionierpalastes in Dresden. Als Auslandsspion verfasste IM *Gerhard* Unmengen handschriftlicher Berichte über seine Aufenthalte in der Bundesrepublik. 2008 von einem TV-Reporterteam zu seiner Stasi-Vergangenheit befragt, leugnete er seine Agententätigkeit kategorisch. Natürlich habe er nach den Auslandsreisen Berichte schreiben müssen, meinte er. Erst seine Tochter Ines habe ihn zum Top-Spion gemacht.

Eliteinternat

Beim Studium der Stasi-Akte ihres Vaters begriff Ines Geipel, warum sie mit 14 Jahren von Dresden nach Wickersdorf im Thüringer Wald auf ein Eliteinternat geschickt wurde. Die Schule mit ihrem ausgewählten Lehrpersonal besuchten nur handverlesene Schülerinnen und Schüler, darunter Kinder von Funktionären und Diplomaten sowie Waisenkinder, die ebenfalls im Sinne der SED-Ideologie geformt werden sollten. An solchen Internaten rekrutierten der Staatsapparat und vor allem die Staatssicherheit ihren Nachwuchs.

Ines Geipel brachte einige Voraussetzungen für eine spätere Karriere mit. Die aufgeweckte Tochter eines aktiven und offenbar erfolgreichen Auslands-

agenten war eine sehr gute Schülerin und vor allem sportlich talentiert. Im Unterricht flog ihr einfach alles zu. Mathematik und Physik, aber auch Sprachen zählten zu ihren Lieblingsfächern. *»Unser Deutschlehrer hat mir, was Sprache angeht, alles ins Herz gelegt, was ich brauchte. Und gleichzeitig hat er seine Schüler verraten. Sein Bruder war 1961 in den Westen gegangen. Die Staatssicherheit schickte ihn hinterher, um den Bruder zurückzuholen. Das misslang. Weil er glaubte, eine Bringschuld zu haben, arbeitete er für die Stasi und spitzelte seine Schüler aus. 1990 nahm er sich das Leben.«*

»Ich stamme aus einer Täterfamilie«

Die Liebe zur russischen Sprache hatte ihr die Mutter mitgegeben. *»Das Russische ist mir leichtgefallen. Es ist im Grunde meine Muttersprache, jedenfalls, wenn es darum geht, Gefühle auszudrücken.«* Brigitte Geipel, ihre Mutter, war in Riga aufgewachsen. Der Name der lettischen Hauptstadt hat für die Tochter keinen guten Klang. *»Mein Großvater war in die Liquidierung der jüdischen Bevölkerung von Riga involviert. Ich stamme also aus einer klassischen Täterfamilie mit vielen Facetten. Mutter war im Rigaer Getto als Sechs- oder Siebenjährige wie eine Prinzessin eingekleidet worden mit maßgeschneiderten Kleidern und eigens für sie angefertigten Schuhen. Dann 1944 die überhastete Flucht per Schiff nach Hamburg. Der Dampfer wurde aus der Luft angegriffen. In Dresden erlebte Mutter die verheerenden Flächenbombardements der Alliierten. Das sind Biografien, wie sie dieses eine Jahrhundert schrieb.«*

Sportliche Erfolge

Wickersdorf liegt inmitten von Wäldern. Um an den Wochenenden der Langeweile im Internat zu entkommen, lief die Schülerin über die Felder. Das war ein gutes Training, um in der nächstgelegenen Stadt Saalfeld bei Leichtathletik-Wettkämpfen regelmäßig an den Start zu gehen: Weitsprung, Sprints, Staffelläufe – von den Kreis- und Bezirks-Spartakiaden kam sie immer als Siegerin.

In der elften Klasse wechselte Ines Geipel auf ein Internat in Jena. Sie war jetzt 17 Jahre alt. Der Schulbetrieb dort stand ganz im Zeichen der Sporterziehung. Ihr wurde in Aussicht gestellt, man werde sie als Leichtathletin an die Weltspitze führen. Ein starkes Motiv für alle DDR-Sporttalente. Nur Wochen später wurde sie DDR-Junioren-Meisterin im Weitsprung. Ihre Betreuer waren überzeugt, in ihr ein großes, unverbrauchtes Talent entdeckt zu haben.

Wie Geipel später aus ihrer medizinischen Akte erfuhr, wurde sie in Jena von Beginn an gedopt – im Rahmen des staatlich organisierten Medikamentenmissbrauchs an Tausenden von Kindern und Jugendlichen. Als Ines Geipel eines Tages ihren betreuenden Arzt fragte, ob mit dem, was sie da einnehme, alles in Ordnung sei, lautete seine Antwort: »*Du weißt doch, für dich tun wir hier das Beste!*«

Auf Spurensuche

Das vermeintlich Beste erwies sich schließlich als eine schwere Hypothek mit bleibenden Folgen. Der mit dieser bitteren Erkenntnis verbundene Leidensdruck trieb Ines Geipel schließlich zur Aufklärung über das Staatsdoping in der DDR an. Gleichzeitig begab sie sich auf Spurensuche in ihrer Familie, wollte alles wissen – über ihre Herkunft und die Gründe für das Schweigen des Staates DDR. Dabei setzte sie – neben ihrer im Jahre 2000 aufgenommenen Professur an der Hochschule für Schauspielkunst *Ernst Busch* in Berlin – eine umfangreiche literarische Produktion in Gang.

Über das Gerichtsverfahren gegen die Spitzen des DDR-Sports veröffentlichte die Schriftstellerin 2001 das Buch *Verlorene Spiele. Journal eines Doping-Prozesses,* das den Anstoß gab für einen Entschädigungsfonds zugunsten der Doping-Opfer. *Zensiert, verschwiegen, vergessen* heißt der 2009 erschienene Band über *Autorinnen in Ostdeutschland 1945–1989.* 2009 erschien *Black Box DDR – Unerzählte Leben unterm SED-Regime.*

Aktivistin für Menschenrechte

Ines Geipel setzt sich außerdem für die Einhaltung der Menschenrechte ein, insbesondere in der Volksrepublik China. Die Olympischen Spiele im August 2008 nahm sie zum Anlass, einige Monate vorher nach Peking reisen, um einen chinesischen Dissidenten zu treffen. Die Begegnung wurde von der Geheimpolizei vereitelt.

2009 war sie deutsche Botschafterin des Internationalen Fackellaufs für Menschenrechte, der ebenfalls auf das namenlose Schicksal Tausender politischer Häftlinge in China aufmerksam machte. Die ehemalige Sprinterin lief in Berlin Hand in Hand mit der Tochter eines chinesischen Regimegegners, der im Gefängnis so schwer gefoltert worden war, dass er an den Misshandlungen starb.

Aus Niederlagen neue Kraft und eine eigene Souveränität gewinnen – Ines Geipel zieht eine Art Bilanz, insbesondere was ihren Kampf gegen das Doping angeht. Ihr Resümee wirkt ernüchternd. Der erhoffte Neubeginn nach der Wiedervereinigung blieb aus. Von einem sauberen Sport kann nach Ansicht der früheren Spitzensportlerin keine Rede sein. Geipel spricht deutlich von einem »*kriminellen System*«.

Trauma-Landschaft

Die Bundesrepublik sieht die Schriftstellerin eher nüchtern: »*Für die Jüngeren ist der Westen das Terrain, auf dem Geld verdient wird. Sie sollen erfolgreich sein, gut ausgebildet und tough. Sie wachsen in eine vollständig ›verzweckte‹ Welt hinein.*«

»Man hätte annehmen können, dass es nach 1989 im vereinten Sport zuallererst darum gehen würde, die vorhandenen Talente zu schützen. Kinder und Jugendliche haben schließlich ein Recht, naiv zu sein. Der Medaillen- und Rekordwahn sollte ein Ende haben. Realität und Trend erzählen von etwas anderem: Die Chemie ist fester Bestandteil unserer Kultur, in der gesamten Gesellschaft wie auch im Sport.

Im Sport hat sich ein kriminelles System aufgebaut, das juristisch völlig abgesichert hantieren kann. Athleten wissen, dass sie praktisch alles machen können. Das Testsystem ist ein Placebo, lediglich ein Beruhigungsmittel für die Fans. Weder die Politik und damit das für den Sport zuständige Bundesinnenministerium noch die Nationale Anti-Doping-Agentur oder der Deutsche Olympische Sportbund gehen gegen diese Kriminalität ernsthaft vor. Was in den 1970er-Jahren noch Steroide hieß, heißt heute Blut-Doping, Gen-Doping, technisches Enhancement – alles Mittel zur Leistungssteigerung. Also, der ganze Cocktail steht dem Hochleistungssport zur Verfügung und keiner tut etwas dagegen. Diejenigen, die für Kontrolle und Gegenmaßnahmen verantwortlich wären, sind oft noch die Nutznießer dieses Systems. Die wenigen, die kritisch ihre Stimme erheben, gelten als Spielverderber und Nestbeschmutzer. Ich bleibe aber dabei: Ein sauberer Sport wäre keine Hexerei. Wenn klar ist, dass der Radsport verseucht ist, warum werden dafür noch Steuergelder ausgegeben? Wenn die Nationale Anti-Doping-Agentur sich mehr und mehr als handlungsunfähig erweist, warum geschieht dann so wenig, warum bleibt es dabei?«

INES GEIPEL

Im Zusammenhang mit Ostdeutschland spricht sie von einer »*Trauma-Landschaft*«. Dort hätten sich mehrere historische Ebenen übereinandergeschoben. »*Was ich wahrnehme, das ist eine atemberaubende Verlorenheit des Ostens. Viele Brüche, wenig Sprache, zwangsläufig wenig Identität, zu wenig Zivilgesellschaft, zu viel Korruption. Die alten Eliten haben sich umgedreht und sind wieder da, während diejenigen, die mit Rückgrat durch die Zeit gegangen sind, oft ohne Stimme bleiben.*«

Als eine spezielle Form der »*Elternlosigkeit*« bezeichnet Ines Geipel den Zustand Ostdeutschlands. »*Irgendwann habe ich begriffen, dass ich eigentlich immer nach der Liebe der Eltern gesucht habe. Dort, wo ich suchte, gab es diese Liebe nicht. Also blieb mir nichts anderes übrig, als mir andere Väter und Mütter zu suchen und ein eigenes Leben aufzubauen, um mich von dieser Art Elternlosigkeit zu lösen.*«

Ines Geipel | 2010

1952	Geburt in Chemnitz
1976	Sieger bei Vorauswahl für Olympische Spiele in Kanada
1977	Zehn Monate Gefängnis
1987–1989	Testfahrer
1990	Radrennfahrer beim RC Hannover
Seit 1995	Mechaniker bei den Teams Nürnberger, Gerolsteiner, Milram
2012	Aufnahme in die »Hall of Fame des deutschen Sports«

Wolfgang Lötzsch   Der einsame Held

So einer wie er hätte der auf sportliche Höchstleistungen, Prestige und internationale Anerkennung erpichten DDR gut angestanden: fleißig, willensstark, geradlinig und in radsportlicher Hinsicht wohl ein Jahrhunderttalent. Manche Fachleute sehen ihn sogar noch vor Radrenngrößen wie Täve Schur, Rudi Altig und Jan Ullrich. Wolfgang Lötzsch, deutscher Radrennfahrer und gebürtiger Chemnitzer, hat zwar Hunderte von Radrennen gewonnen, aber Olympiasieger oder Weltmeister wurde er nie, obwohl er das Zeug dazu gehabt hätte.

Die DDR hat ihn zurückgewiesen und zeitweise sogar ins Gefängnis gesteckt. Ideologisch verblendete Sportfunktionäre vernichteten im Verbund mit der Staatssicherheit seine Karriere und konnten dennoch nicht verhindern, dass Lötzsch immer weiterfuhr. Er ist *Der Mann, der nie aufgab,* wie es in einer Schlagzeile hieß – ein Spitzensportler, ein Held, einsam und ohne große Lorbeeren.

»*Ich kann nie aufhören*«, sagt Lötzsch. »*Heute ist es so, dass ich weiterfahren muss, damit ich fit und gesund bleibe. Die Ärzte haben gesagt, mein Herz sei dreimal so groß wie bei einem normalen Menschen. Also muss es kräftig beansprucht werden.*«

Für einen Radrennfahrer ist Wolfgang Lötzsch ziemlich groß. »*Der Lange*« wurde er genannt. Bei Rennen erkannten ihn die Menschen am Straßenrand sofort. »*Mittlerweile bin ich schon 44 Jahre im Radsport tätig, 30 Jahre als Aktiver und 14 Jahre als Mechaniker.*«

Lötzsch kommt gerade aus seiner Werkstatt, die mit unzähligen verstaubten Trophäen und vergilbten Fotos wie ein Radrennmuseum wirkt. Außerdem stehen oder liegen Rennräder, Rahmen, Reifen, Ersatzteile und Werkzeug herum.

Drei Fahrräder stehen für ihn stets einsatzbereit: eins mit Licht und allem, was die Polizei so verlangt, »*und ein Winterrad und ein Sommerrad. Das reicht mir.*«

Lötzsch in Aktion

Der Sport hat seinen Körper verformt. »Ich bin auf dem Rad gewachsen und habe jetzt einen chronischen Rundrücken. Ich fahre heute noch, aber nicht mehr am Limit.« Etwa 500 Kilometer kommen im Laufe einer Woche schon noch zusammen, vor allem an Wochenenden, wenn er sich mit anderen ehemaligen Rennfahrern trifft und sie im Verbund durch das Chemnitzer Tal oder Gebiete rund um die Stadt fahren. Anschließend treffen sie sich in einer Kneipe auf ein Bier und erzählen sich ihre Geschichten, die zwar nicht mehr ganz neu sind, aber den Vorteil haben, dass sie der Rennfahrerseele guttun. »Vor einem Jahr habe ich die Strecken mal überschlagen: Es sind über eine Million Kilometer, die ich in meinem Leben auf dem Rad gefahren bin.«

Friedensfahrt

Etwas anderes, als Radrennfahrer zu werden, ist Wolfgang Lötzsch nie in den Sinn gekommen. Schon als Junge träumte er davon, eines Tages an der *Internationalen Friedensfahrt* teilnehmen zu können, die alljährlich zu den populärsten Sportereignissen in der DDR gehörte. Schon als zwölfjähriger Schüler stieg er in den Sattel, um seine Runden zu drehen und möglichst schnell in den Olymp der Pedalmeister aufzusteigen. »Manche trainieren Tag und Nacht – egal für welche Sportart – und kommen doch nicht weiter. Bei mir ist es so, dass ich etwas zustande bringe, wenn ich es mir ernsthaft vornehme. Zunächst hing ich mit meinen Leistungen hinterher, was mit den Kinder- und Jugendjahren zu tun hatte. Aber mit 17 konnte ich mein Tempo steigern und fuhr von Sieg zu Sieg.«

Friedensfahrt: Die Internationale Friedensfahrt galt als die *Tour de France* Mittelosteuropas und war das weltweit bedeutendste Amateur-Radrennen. Als Symbol diente Picassos Friedenstaube.

Pistenfresser

Ob Spartakiaden oder Jugendmeisterschaften – der Chemnitzer stürmte von Erfolg zu Erfolg. Wolfgang Lötzsch war kein richtiger Sprinter, eher das, was Kundige einen »*Pistenfresser*« nennen. »*Berserkerritte*« waren seine Spezialität. Er nahm die schlimmsten Steigungen souverän noch in einem hohen Gang und genoss es, wenn andere mit gro-

Meister im Verfolgungsfahren in Leipzig | 1973

»Ich wäre nie abgehauen. Das ist Blödsinn. Mein
  Vater war schon alt. Die hätten doch den Eltern
  das Leben zur Hölle gemacht.«

WOLFGANG LÖTZSCH

ßem Abstand hinterherhechelten. »*Es ist schön, den Berg hinaufzufliegen, während die anderen wegfliegen*«, sagt er und lacht.

Als Amateurfahrer verdiente Lötzsch kein Geld. Da er noch bei seinen Eltern wohnte, kam er zurecht. Wenn er auf dem Siegerpodest stand, gab es Sachwerte als Belohnung, nichts Besonderes, einen Koffer zum Beispiel, eine Aktentasche oder einen Besteckkasten. Was ihn reizte, war nicht das Geld, sondern die Anerkennung der Radsportfans. Wenn

Von einem Fan gebastelte Autogrammkarte

die Leute an der Straße standen und begeistert klatschten und winkten, dann war das für ihn ein schönes Gefühl. Außerdem konnte ein Hochleistungssportler auf Privilegien hoffen. Er brauchte nicht zur Armee, ging keiner regulären Arbeit nach. Die Anschaffung eines Autos dauerte auch keine zehn Jahre. Auch sonst gab es manche Vergünstigungen.

Die radsportliche Karriere von Wolfgang Lötzsch wäre vermutlich steil nach oben gegangen, wenn ihm nicht ausgerechnet 1972 einiges in die Quere gekommen wäre, mit dem er nicht rechnen konnte. Zu Jahresbeginn, als er sich intensiv auf die Olympischen Spiele in München vorbereitete, kehrte sein Clubkamerad, der aus Chemnitz stammende Einerläufer Günter Zöller, von einem Aufenthalt in der Bundesrepublik nicht zurück.

Bürgen gesucht

Jede Flucht in den Westen löste unter den Funktionären in der DDR Aufregung und Nervosität aus, insbesondere wenn es sich um bekannte Sportler handelte. So auch im Fall von Günter Zöller. Um an Wettkämpfen im westlichen Ausland teilnehmen zu können, brauchte ein Sportler zwei Bürgen, die seine Rückkehr in die DDR garantierten. Für Lötzsch sollten zwei Funktionäre aus dem Radsport bürgen. »*Beide lehnten ab. Sie wollten nicht für mich den Kopf hinhalten. München war aus DDR-Sicht Feindesland hoch zehn. Paris wäre vielleicht noch gegangen, aber nach München durften nur die ideologisch astreinen Sportler. In meinem Fall kamen die Fluchtgeschichten noch dazu.*«

> »... man musste mit den Wölfen heulen. Das konnte Wolfgang nicht, daran ist er gescheitert.«

WERNER MARSCHNER, EHEMALIGER TRAINER VON WOLFGANG LÖTZSCH, 2005 IN EINEM INTERVIEW

Im Jahre 1964 hatte ein Vetter von Lötzsch, der Radrennfahrer Dieter Wiedemann, sich in den Westen abgesetzt. Auch das stand in seinen Papieren. Lötzsch selbst war zudem, wie er sagt, dadurch unliebsam aufgefallen, dass er sich weigerte, in die SED einzutreten. Die Mitgliedschaft in der Partei gehörte zu einer sportlichen Karriere wie selbstverständlich dazu. Doch der Chemnitzer zeigte sich stur. »Nee, ich bin mit einigen Sachen bei uns nicht einverstanden«, hatte er den Parteioberen erklärt, als diese seinen Namen auf die Kandidatenliste setzen wollten.

»Sportsfreund Lötzsch«

Für die SED und erst recht für die Staatssicherheit war damit das Sündenregister des aufstrebenden Radrennfahrers schon komplett. Lötzsch wurde als möglicher Republikflüchtling unter Stasi-Beobachtung gestellt. »Seit Anfang 72 wurden über den Sportsfreund Lötzsch einige negative Faktoren bekannt«, heißt es in seiner Akte. »Der L. ist politisch unklar und tritt gegen die ideologische Erziehungsarbeit der Trainer auf.« In den Unterlagen fehlt auch nicht der Hinweis, »dass der L. Verwandte im kapitalistischen Ausland besitzt«. Gemeint war der flüchtige Vetter.

Ohne Bürgen konnte Lötzsch in München nicht an den Start gehen. Das wäre noch zu verkraften gewesen. Aber die Order des Deutschen Turn- und Sportbundes in Berlin, ihn aus dem Sportclub Karl-Marx-Stadt auszuschließen, bedeutete das Ende. Die Clubleitung handelte sofort. Er werde »ausdelegiert«, weil er nicht vertrauenswürdig sei.

»Da brach für mich die Welt zusammen. Trotzdem hoffte ich immer noch, eine Chance zu bekommen, wenn ich weitersiege, und sei es gegen die gesamte DDR-Spitze.« Sein Trainer dachte ähnlich. Werner Marschner richtete an die Chemnitzer Clubleitung einen Brief, in dem er alles in die Waagschale warf. Er garantiere für Lötzsch, werde ihn in seine Familie aufnehmen und so erziehen, »dass er in seiner politisch-ideologischen Reife den Ansprüchen eines Leistungssportlers in der DDR entspricht«. Werner Marschner biss nicht nur auf Granit; seine Vorgesetzten zweifelten schließlich sogar seine Qualifikation als Trainer an. Am Ende landete Marschner in einer Nervenklinik.

Günter Zöller: 1948 in Chemnitz geboren. Eiskunstläufer. Fünfmal DDR-Meister. 1970 Dritter bei den Europa-Meisterschaften im Eiskunstlauf. 1972 Flucht in die Bundesrepublik. Trainer in Mannheim.

Wie ein Bombenentschärfer

Nach seinem Rauswurf hätte Lötzsch den Radsport an den Nagel hängen können. Der Zugang zur Nationalmannschaft war versperrt. Förderprogramme standen ihm nicht mehr zur Verfügung, ein Trainer schon gar nicht. Er war solo, Einzelfahrer und Einzelkämpfer. Der letzte Ausweg, der ihm noch blieb, war der Betriebssport. Also schloss er sich der Betriebssportgruppe Wismut Karl-Marx-Stadt an und fuhr weiter Rennen, obwohl ihm alle davon abrieten. »Der Referent von DTSB-Präsident Ewald sagte mir: ›Du kannst alles werden, Professor, Gärtner, was auch immer. Aber mit dem Leistungssport ist es vorbei. Denn ein Leistungssportler ist wie ein Bomben-

Lötzsch als Bergpreissieger | 1973

entschärfer. Beide irren sich nur einmal. Geht die Bombe hoch, ist es vorbei.‹«

Der einsame Held

Mit dem Entschluss, doch weiterzumachen, begann für Lötzsch gewissermaßen die wohl schwerste Bergetappe seines Lebens. Dabei wurde er zum einsamen Helden, dem die Menschen zumindest in Sachsen, nicht zuletzt auch die Frauen, zu Füßen lagen. Seine Gegner waren jetzt nicht nur andere Rennfahrer, sondern auch die »Kundschafter an der unsichtbaren Front«. Etwa 50 Stasi-Spitzel blieben ihm auf der Spur, notierten alle seine Aktivitäten. Hilflos mussten sie allerdings mit ansehen, wie der Chemnitzer buchstäblich über sich hinauswuchs. »In mir entwickelte sich ein immer größerer Hass auf das System. Eigentlich hatte ich ja nichts gegen die DDR, habe mich für Politik überhaupt nicht interessiert. Ich wollte Sport treiben, Radrennen fahren. Dann habe ich weitergemacht wie ein Ochse. Während andere DDR-Radrennfahrer im Winter in Äthiopien und Mexiko trainieren durften, bin ich hier bei Wind und Wetter über die kaputten Straßen gebrettert und habe mir die Kante gegeben.«

Der einzige Lohn, den er verbuchen konnte, war die Begeisterung seiner Anhänger, die ihm die Treue hielten. Er galt als Rebell, obwohl das gar nicht seinem Naturell entsprach, und zugleich als ein Sportler, den niemand kleinkriegen konnte, nicht einmal die allmächtige SED. »Der Zuspruch der Leute war enorm. Sie haben gejubelt, rissen die Arme hoch. Das hat mich angetrieben. Das war wie ein innerer Motor. In dieser Sympathie drückte sich ja auch Opposition aus. Denn Jubeln war ja nicht verboten.« Dass er einen alten Diamant-Rahmen fuhr, während andere auf technisch hochversierten westlichen Rädern daherkamen, machte ihm nichts aus.

Exkurs: Mensch, der hatte doch lange Haare …

»Am 7. Oktober 1974, als die DDR ihren Gründungstag feierte, wollte ich in Berlin an der Radrennveranstaltung ›Rund um den Alex‹ teilnehmen. In meiner Akte habe ich kürzlich gelesen, was die Stasi alles unternommen hat, um mich davon abzuhalten. Die haben eigens auf einer Sitzung darüber beraten und da ist einer auf den Trichter gekommen: ›Mensch, der hatte doch mal lange Haare. Jetzt trägt er sie kurz. Also braucht er einen neuen Ausweis. Das dauert zwei Wochen.‹ Daraufhin erhielt ich die Anweisung, mich bis zum Erhalt eines neuen Ausweises nur noch im Kreis Karl-Marx-Stadt aufzuhalten. An einen Start in Berlin war nicht mehr zu denken. Stattdessen wurde ich verschärft überwacht. Zwei Fahrzeuge blieben mir ständig auf der Spur. Mit meinem Auto habe ich sie ein paarmal abgehängt. Dann wurde Großalarm gegeben. Straßen und Züge nach Berlin wurden kontrolliert, Postämter und Telefonzellen überwacht. Laut Akte gab es den Befehl, mich sofort festzunehmen, falls ich in der Nähe der Ständigen Vertretung der Bundesrepublik in Berlin auftauchen würde.«

WOLFGANG LÖTZSCH

»Lötzsch nach Kanada!«

Im Juli 1974 notierte die Stasi: »*Die derzeitige Form des L. ist so, dass er eventuell Deutscher Meister werden könnte. Der dadurch entstehende politische Schaden ist nicht tragbar.*« Zwei Jahre später stellte Lötzsch seine exzellente Form erneut unter Beweis. Beim Ausscheidungsrennen für die Olympischen Spiele in Montreal 1976 ließ er die gesamte Rennrad-Elite der DDR hinter sich. Die Zuschauer forderten lautstark: »*Lötzsch nach Kanada! Lötzsch nach Montreal!*«

Um den Rennfahrer von der Siegerstraße zu verdrängen, wurden die Wettkampfbestimmungen geändert. Mitgliedern von Betriebssport- und Clubsport-Gruppen durften nicht mehr gegeneinander antreten. Montreal war gestrichen. In seiner Verzweiflung stellte der Chemnitzer einen Ausreiseantrag. In Berlin suchte er außerdem Kontakt zu Westjournalisten, um auf seine Situation aufmerksam zu machen. Unter der Überschrift *Wenn nichts mehr zu gewinnen ist* machte die *Süddeutsche Zeitung* seinen Fall publik. Die Stasi spielte unterdessen Katz und Maus mit ihm, schickte angebliche Freunde, die ihm bei der Ausreise behilflich sein wollten und ihn dann ins Leere laufen ließen.

Bei einem schweren Sturz zog er sich 1975 einen Schädelbruch und eine Hirnquetschung zu. Niemand kümmerte sich um ihn. Er lag am Boden, während die anderen an ihm vorbeizogen. Der Beifahrer eines Begleitfahrzeuges zwang schließlich seinen Fahrer anzuhalten. Von dem beherzten Mann ist der Satz überliefert: »*Hier liegt der Wolfgang. Wenn du jetzt nicht anhältst, kriegst du von mir ein paar auf die Schnauze.*«

Polterabend mit Folgen

Anfang Dezember 1976 besuchte Lötzsch zusammen mit Freunden einen Polterabend. Als sie sich gerade auf den Heimweg machen wollten, versperrte ihnen ein Volkspolizist den Weg. Sie hätten Krach gemacht und randaliert, behauptete der Vopo. Lötzsch, bei dem sich in den Wochen zuvor eine Menge Wut aufgestaut hatte, verlor die Kontrolle und donnerte los: »*Alles Scheiße hier! Scheiß-Polente, und Wolf Biermann hat Recht!*« Die Standpauke brachte ihm zehn Monate Gefängnis wegen »*mehrfach begangener Staatsverleumdung*« ein.

Die Haft verbüßte er im Stasi-Gefängnis auf dem Kaßberg, einem Stadtteil von Chemnitz. Hinter Gittern sorgte sich der Rennfahrer vor allem um seine Kondition. Mit eisernem Willen absolvierte er täglich sein Pensum: 3000 bis 5000 Kniebeugen, 300 bis 500 Liegestütze – das alles in einer neun Quadratmeter großen Zelle. »*Nach meiner Verurteilung hatten sie mich gleich dabehalten und einem Männerkommando zugeteilt. Die einen schnitzten und drechselten. Andere Häftlinge reparierten die Autos der Stasi-Leute. Meine Aufgabe war es, Schweine und Kaninchen zu füttern und Schinken zu räuchern.*«

Von der Haft wurde ihm kein Tag erlassen, mit der Begründung, er sei »*uneinsichtig*«. Nach seiner Entlassung nahm Lötzsch das Radrenntraining sofort wieder auf. Gleichzeitig versuchte er, beruflich Fuß zu fassen. Sein Studienplatz war ihm schon vorher gestrichen worden. Zunächst arbeitete er als Hilfsgärtner im Landschaftsbau und dann schloss er eine Lehre als Mechaniker für Datenverarbeitungs- und Büromaschinen ab. Daneben boten sich ihm sehr gute Trainingsmöglichkeiten.

Erstmals durfte er wieder bei Rennen an den Start gehen und Siege einsammeln, zum Beispiel beim Rennen *Rund um Berlin*. Lötsch gewann das 50-Kilometer-Zeitfahren – eine bei den Rennsportlern

Sieger bei »Rund um Berlin« | 1983

wie auch beim Publikum beliebte Disziplin – so oft in Folge, dass die Funktionäre sie schließlich ersatzlos strichen.

Mitglied der SED

Mitte der 1980er-Jahre trat Lötzsch in die SED ein. *»Ich war einfach müde und wollte meine Ruhe haben«*, sagt er dazu. Bei der Stasi fand er plötzlich Fürsprecher, die sich sogar beim mächtigen Präsidenten des Turn- und Sportbundes, Manfred Ewald, für ihn einsetzten. *»Niemals!«*, beschied Ewald die Bittsteller.

In den Jahren bis zum Ende der DDR erhielt Lötzsch die Chance, seine große Leidenschaft, das Radrennen, mit einem passenden Beruf zu kombinieren.

»Ich arbeitete etwa drei Kilometer von hier entfernt in dem VEB Textima-Forschung, der Rennräder entwickelte. Die hatten mich gefragt, ob ich als Testfahrer, zum Beispiel für Felgen und Narben, tätig werden wolle. Um Einkäufe im Westen zu vermeiden, sollten diese Teile in der DDR hergestellt werden. Das war natürlich ideal für mich. Dort habe ich als Mechaniker richtig Fuß gefasst. Der Betrieb lief hervorragend. Selbst sonnabends wurde gearbeitet. Mit 1000 Rennrädern Planvorsprung ins neue Jahr, das hieß: 2000 Laufräder – Vorder- und Hinterrad – mussten eingespeicht werden. Das habe ich von der Pike auf gelernt.«

Rudi Altig: 1937 in Mannheim geboren. Radrennfahrer. 1959 Amateurweltmeister. Bei der Tour de France 1962 Träger des grünen Trikots. 1966 Sportler des Jahres. Im Hochgebirge eher nicht so leistungsstark. Profifahrer bis 1971. Spitzname »Radelnde Apotheke«. Bekannte sich zur Einnahme von Dopingmitteln.

Rudi Altig holt Lötzsch nach Hannover

Der Radrennfahrer Rudi Altig, den Lötzsch 1974 kennengelernt hatte, als Karl-Marx-Stadt bei der Friedensfahrt Etappenziel war, holte ihn 1990 nach Hannover.

Altig sagte: *»Jetzt kriegst du von mir noch mal all das, was sie dir vorenthalten haben.«* Der westdeutsche Altmeister bot ihm ausgezeichnete Trainingsmöglichkeiten und auf Reisen allen erdenklichen Komfort. Lötzsch revanchierte sich, indem er mit fast 40 Jahren Deutscher Meister im 100-Kilometer-Vierer-Mannschaftsfahren wurde.

Lötzsch legte als Amateur noch eine Zwischenstation in seiner Heimatstadt Chemnitz ein, dann verabschiedete er sich im Alter von 42 Jahren endgültig vom aktiven Rennsport. Damit endete die Karriere dieses großen Sportlers. Anschließend verpflichtete ihn der Chemnitzer Polizeisportverein als Trainer.

Seit 1995 arbeitet er als Mechaniker bei verschiedenen Radrennteams, darunter *Nürnberger*, *Gerolsteiner* und *Milram*.

»Ich war ständig auf Achse, drei, vier Wochen am Stück. Dann bekam ich große Probleme mit dem Herzen. Ein Spezialist aus Chemnitz hat mich operiert. Ich muss zwar Tabletten nehmen, damit das Herz nicht durchdreht und nicht noch größer wird. Aber seitdem habe ich keine Probleme mehr.« Lötzsch klopft auf den Holztisch. Er kennt seinen Körper, fährt ohne Pulsmesser und ist letztlich doch froh, dass er nicht mehr per Rad gegen steile Berge ankämpfen muss.

Meister über 100 km: Lötzsch, Hernig, Lahmer und Dittert (v. l.) | 1990

»Eddy Merckx, den wohl größten Radrennfahrer, habe ich 1995 in Leimen erlebt. Er war da mit 20 ›Wasserholern‹ (versorgen den Spitzenfahrer mit Wasser, Kleidung usw.), alle zwischen 50 und 60 Jahre alt. Merckx habe ich den Berg hochgeschoben. Wenn man bedenkt – er war der ›Kannibale‹, der alle fertigmachte und alles beherrschte: Bergfahren, Zeitfahren, Sprints. Und ich musste ihn den Berg hochschieben. Dafür hat er mir einen Rahmen geschenkt.«

WOLFGANG LÖTZSCH

Wiedergutmachung

Ist er verbittert über das, was der SED-Staat ihm vorenthielt? Der Chemnitzer hat es sich abgewöhnt, darüber zu grübeln, was hätte sein können. Er wollte immer allen zeigen, was er draufhat. Und das sei ihm gelungen. Gewiss, heute lebt er allein. Seine erste Ehe ging in die Brüche. Auch eine zweite langjährige Beziehung hielt nicht, vielleicht auch, weil stets immer nur das Rennrad im Zentrum seines Lebens stand. Er musste kämpfen, wollte gewinnen, unbedingt.

Die öffentliche Anerkennung, die Lötzsch seit einigen Jahren erfährt, tut ihm gut, vor allem die Bücher und Reportagen, die über ihn geschrieben werden; aber auch die Tatsache, dass der Bundespräsident ihm 1995 das Bundesverdienstkreuz verlieh. Das sieht er als ein Stück Wiedergutmachung. Als der Fernsehkanal *Arte* im Oktober 2008 das Feature *Sportsfreund Lötzsch* ausstrahlte, schlug die *Süddeutsche Zeitung* Lötzsch für die *Hall of Fame des deutschen Sports* vor. Im Mai 2012 wurde Wolfgang Lötzsch als neues Mitglied aufgenommen, der Held, der dem SED-Regime widerstand und dem deswegen die großen Lorbeeren versagt blieben.

Roman Herzog überreicht Lötzsch das Bundesverdienstkreuz. | 1995

Vergewaltigung von Landschaften

Graugelbe Staubwolke | Natur- und Umweltschützer hatten es schwer in der DDR. Offiziell gab es überhaupt keine Umweltprobleme. Wichtige Daten über die Belastung von Wasser, Luft und Boden wurden zurückgehalten. Dabei war die Umweltzerstörung etwa in den Braunkohlegebieten in Brandenburg und Sachsen sowie in den Chemie-Regionen um Bitterfeld und Schkopau für jeden zu erkennen: Eine graugelbe Staubwolke verdeckte das Sonnenlicht und verursachte Atemnot. Die Industrieabgase waren weithin sichtbar, auch die vergifteten Schlammbecken und strahlenden Abraumhalden, die beim Uranabbau in Sachsen und Ostthüringen entstanden. Umweltschützer wehrten sich: Sie veranstalteten Fahrradkorsos und Baumpflanzaktionen und legten eigene Umweltstudien vor. Die Verseuchung der Böden und die Zerstörung der Wälder durch sauren Regen konnten sie jedoch nicht verhindern.

Bodden und Buche | Weniger offenkundig waren die Umweltbelastungen in den ländlichen Gebieten der DDR, wo die Agrarindustrie Raubbau an der Landschaft verübte. Der Biologe Hans Dieter Knapp aus Putbus auf Rügen dokumentierte zusammen mit anderen Wissenschaftlern das Zerstörungswerk, was ihn letztlich seine Karriere in der DDR kostete. Knapp beschäftigte sich vor allem mit dem Schutz bedrohter Pflanzen und mit der Boddenlandschaft an der Ostseeküste, einem einzigartigen Ökosystem mit einem Gemisch aus Süß- und Salzwasser. Durch die intensive landwirtschaftliche Nutzung verschlechterte sich der Zustand des Bodden dramatisch. Knapps Einsatz für die bedrohte Boddenlandschaft war erfolgreich: Für die Region gelten seit 1990 die strengen Schutzbestimmungen eines Nationalparks. Einen weiteren Erfolg erzielte er mehr als 20 Jahre später, als die UNESCO-Kommission fünf alte Buchenwälder zum Weltnaturerbe erklärte, darunter Jasmund auf Rügen, den Nationalpark Müritz und den Nationalpark Hainich in Thüringen. Im Laufe der Jahre wurden außerdem neue Biosphären-Reservate ausgewiesen, um großflächige Gebiete vor Zerstörung und Raubbau zu schützen.

1950	Geburt in Putbus auf Rügen
1968–1973	Studium der Biologie
1977–1982	Kustos am Müritz-Museum
1982–1983	Gärtner
1983–1989	Freiberufliche Tätigkeit als Biologe in Waren
1990	Wissenschaftlicher Mitarbeiter am Umweltministerium der DDR, anschließend am Bundesumweltministerium
1992	Leiter der Außenstelle Insel Vilm des Bundesamtes für Naturschutz
2006	Honorarprofessor an der Universität Greifswald

Hans Dieter Knapp   Naturschutz ist eine Überlebensfrage

In der Wahl ihrer Feriendomizile bewiesen Walter Ulbricht und Erich Honecker durchaus Geschmack und Eigensinn. Die Insel Vilm im Greifswalder Bodden südöstlich von Rügen war eine ihrer Sommerresidenzen.

Vilm gehört zu den landschaftlichen Kleinoden, wie es sie in Europa nur noch ganz selten gibt. Auf dem 2,7 Kilometer langen und etwa 94 Hektar großen Eiland ist seit Menschengedenken kaum ein Baum mehr gefällt worden. Der letzte Holzeinschlag hat im 16. Jahrhundert stattgefunden. Deswegen gilt Vilm als Urwaldinsel, obwohl Botaniker dieser Bezeichnung gelegentlich milde widersprechen, denn es gab in den vergangenen Jahrhunderten dort auch Viehwirtschaft. So entstand neben uralten Buchen und Eichen ein geschütztes Naturparadies mit einem großartigen Reichtum an Pflanzen und Tieren. Da die Insel für die Bevölkerung gesperrt blieb, entwickelte sich dieser Flecken Erde auch während der DDR-Zeit ungestört.

Den Spiegel vorgehalten

Ulbricht und Honecker konnten nicht ahnen, dass die nach 1960 für sie und andere SED-Größen errichteten, mit Schilf gedeckten Gästehäuser auf Vilm eines Tages eine internationale Naturschutzakademie beherbergen würden – dazu noch mit einem Mann an der Spitze, der keineswegs zu ihren Anhängern zählte.

Dr. Hans Dieter Knapp, einer der Väter des Nationalparkprogramms der DDR, hat den staatlichen Umweltzerstörern mehrfach den Spiegel vorgehalten, was ihn letztlich seine wissenschaftliche Karriere kostete.

Er verlor seinen Arbeitsplatz, weil er sich weigerte, an militärischen Übungen für den Kriegsfall teilzunehmen, und machte sich deshalb als Biologe selbstständig.

Mit Projekten und Aufträgen der evangelischen Kirche und anderer Institutionen hielt er sich bis zum Ende der DDR über Wasser.

Blick auf die Insel Vilm, im Hintergrund die Insel Rügen.

Jahrhundertealte Eiche im Naturschutzgebiet Insel Vilm

Impulse für den ganzen Globus

Hans Dieter Knapp ist Naturliebhaber mit Leib und Seele. Vielleicht hat diese Haltung ihn so jung bleiben lassen. Er wirkt sportlich und strahlt Zuversicht aus. Eine offenkundig schwer zu bändigende graue Mähne umrahmt Knapps freundliches Gesicht. An der Internationalen Naturschutzakademie Insel Vilm versammeln sich regelmäßig Forscher, Naturwissenschaftler und Umweltfachleute aus aller Welt, um über den ökologischen Zustand der Erde zu diskutieren und nach Lösungen zu suchen. So gehen von Vilm Impulse für den ganzen Globus aus.

Eigentlich überrascht es nicht, dass Teilnehmer der Seminare und Kolloquien von der Insel immer wieder tief beeindruckt sind, zeigt Vilm doch in fast

Exkurs: Der Vilm

Der Vilm – die Bezeichnung ist slawischen Ursprungs und bedeutet Ulmenhain – bietet ein bizarres und zugleich atemberaubendes Bild eines »Urwaldes«, den es in dieser Form wohl kaum noch gibt. Mächtige, kraftstrotzende Eichen und Buchen breiten ihre Äste und Zweige über Baumruinen aus, die sich wie abgestürzte Weltraumfahrzeuge über das Gelände verteilen und gleich wieder Nahrung spenden für neue Pflanzen und Bäume. Es ist, als spielte die Natur ihr eigenes Abenteuer. Einige der gefallenen Riesenbäume lassen selbst im Zerfall noch Stolz erkennen, indem sie dem Ansturm der Käfer und Nager schon seit vielen Jahren standhalten. Schon die drei Einsiedler, die im 14. Jahrhundert auf Vilm eine Kapelle bauten und ein Gehöft errichteten, dürften gestaunt haben über das üppige Regiment, das die Natur über den Vilm ausbreitete.

Auch der Dresdner Arzt, Naturforscher und Maler Carl Gustav Carus (1789–1869), der 1819 auf Anregung von Caspar David Friedrich (1774–1840) die Insel besuchte, erlag ihrer Faszination. Sein Gemälde *Eichen am Meer* und seine Reiseaufzeichnungen zeugen davon: »*... ich habe kaum jemals wieder das Gefühl so reinen, schönen und einsamen Naturerlebens gehabt wie damals auf dem kleinen Eilande, das sonst niemand zu sehen pflegt, der Rügen besucht.*«

einzigartiger Weise, was die Natur aus eigener Kraft zustande bringt, wenn der Mensch sie einfach in Ruhe lässt. Professor Knapp: *»Ich habe erlebt, dass Tagungsteilnehmer, die nach neun Stunden Bahnfahrt quer durch Deutschland mit mürrischen Gesichtern auf der Insel ankamen, am nächsten Tag wie verwandelt waren und nach drei Tagen mit feuchten Augen aufs Schiff stiegen und unbedingt wiederkommen wollten.«*

Und was ist außer der einzigartigen Natur das Besondere an dieser Insel? *»Vilm ist ein guter Ort zum Nachdenken, ein Ort, der inspiriert und öffnet. Das war auch der Grundgedanke bei der Gründung der Akademie 1990. Die Lage der Insel im Ostseeraum, ihre Besonderheit als ein von Menschen kaum beeinflusster Ort mit altem Wald und großartiger Natur – das sollte sich auf die Qualität unserer Veranstaltungen auswirken. Inzwischen hat sich das tausendfach bestätigt.«*

Auf Rügen geboren

Wenn Knapp die landschaftlichen Schönheiten preist, dann weiß er genau, wovon er spricht. Der Biologe wurde 1950 in Putbus auf Rügen geboren, also wenige Kilometer von Vilm entfernt. Der Vater, Lehrer von Beruf, war kriegsversehrt. Da er zuletzt an einer *Nationalpolitischen Erziehungsanstalt* in Putbus unterrichtet hatte, durfte er erst 1952 wieder in den Schuldienst eintreten. Die Sowjetische Militäradministration, die ihn eigentlich in ein Lager stecken wollte, verschonte den Lehrer, da der Krieg den Mann schon genug bestraft hatte. Das Verhältnis zu seiner Mutter beschreibt Hans Dieter Knapp als herzlich. Da sie ganz in der Nähe wohnt, besucht er sie, wann immer er kann. *»Sie ist die geborene Gärtnerin und hat mich zur Pflanzenwelt gebracht. Der Garten um das Elternhaus ist Teil ihres Lebens. Meine Mutter hatte Bücher zur Pflanzenbestimmung. Mit denen bin ich losgezogen und habe mir die Pflanzenwelt erarbeitet.«*

Knapps Berufsweg war durch die häusliche Umgebung schon früh vorgezeichnet. Als Kind erlebte

Auf Studienfahrt durch Polen | 1970

er die Kulturlandschaft und Pflanzenwelt auf Rügen in ihrer Vielfalt und Pracht, bis die staatliche Industrie- und Agrarpolitik der DDR in den 1960er-Jahren einen Wandel einleitete, dessen zerstörerische Folgen bis heute zu spüren sind. Der Junge besuchte die Oberschule in Bergen und gehörte in dieser Zeit bereits einer Arbeitsgruppe der Universität Greifswald zur »Pflanzenkartierung« an. Er wurde als Naturschutzhelfer eingetragen und bekam einen Ausweis. Seine erste Aufgabe bestand darin, alte Bäume aufzunehmen, in Karten einzutragen, zu vermessen und als Naturdenkmale vorzuschlagen. Ein solcher Titel bedeutete Schutz für Bäume und Flächen bis zu zwei Hektar. Größere Gebiete unter Naturschutz zu stellen, war schon damals schwierig.

Das Studium der Biologie führte Knapp mitten in das Spannungsfeld von Ökologie und Ökonomie: Interessen des Naturschutzes und der Agrarindustrie standen sich frontal gegenüber.

Die ersten »Roten Listen«

Nach Abschluss seines Studiums 1973 war Knapp bis 1977 Assistent am Institut für Geobotanik der Universität Halle, damals die »Zentrale für die floristische Kartierung im Süden der DDR«. Dem jungen Wissenschaftler öffnete sich ein großes Forschungsfeld, das er mit seinen vorausgegangenen Studien verknüpfen konnte. Schon die ersten Ergebnisse bestätigten lang gehegte Befürchtungen: Die Pflanzenarten gingen dramatisch zurück, darunter die Trollblume, Arnika, die Tanne sowie eine Reihe von Orchideenarten und Ackerwildkräutern.

Zusammen mit den Biologen Lebrecht Jeschke, Michael Succow, beide Moorexperten, und weiteren Botanikern machte sich Knapp daran, den beunruhigenden Rückgang in der Artenvielfalt zu dokumentieren. So entstanden die ersten »Roten Listen ausgestorbener und gefährdeter Gefäßpflanzen in fünf Regionen der DDR«. Die wissenschaftliche Beschäftigung mit gefährdeten Pflanzenarten habe ihm und seinen Mitstreitern die Augen für das Ausmaß an Zerstörung von Natur und Landschaft in der DDR und die damit verbundene politische Dimension geöffnet, sagt Knapp.

Der Bodden war am Ende

»Anfang der 1970er-Jahre haben wir noch nicht zwischen Umwelt- und Naturschutz unterschieden. Unser Gegenstand waren Landschaft und Pflanzenwelt, weniger Boden, Wasser und Luft. Damals lag die Kollektivierung der Landwirtschaft bereits über ein Jahrzehnt zurück. Dies war eine Voraussetzung zur industriemäßigen Agrarproduktion, die einen dramatischen Wandel der Kulturlandschaft verursachte. Die Vergewaltigung und Zerstörung von Landschaften haben wir klar benannt und damit den Finger in eine offene Wunde gelegt.

Die Folgen dieses Wandels zeigten sich auf vielfältige Weise. Typisch für die Boddenlandschaften hier in Mecklenburg und Vorpommern sind zum Beispiel Salzwiesen-Niederungen an den flachen Ufern. Es handelte sich um ein Öko-System, das aus der Wechselwirkung von Überflutung und Beweidung entstanden ist. Durch die Überschwemmung wurde Biomasse aus dem Boden an Land geworfen. Floss das Wasser wieder ab, traten die Tiere diese Biomasse – Seegras, Algen, Wasserpflanzen – in den Untergrund. Die Salzwiesen übernahmen auf diese Weise eine Klärfunktion für den Bodden. Das hat über die Jahrhunderte funktioniert. Dieser Wandel der Landnutzung durchbrach den Kreislauf der Natur: Die Planer hielten die Salzweiden für unproduktiv. Man errichtete hohe Deiche. Dadurch blieb die Biomasse in den Gewässern.

Die Selbstentsorgung funktionierte nicht mehr. Der Zustand der Gewässer verschlechterte sich erheblich. Die der Überflutung entzogenen Flächen wurden durch Gräben entwässert, umgepflügt, neu angesät, extrem stark gedüngt und das aufwachsende Futter bis zu siebenmal im Jahr geschnitten. Der Bodden wurde dadurch noch zusätzlich mit Nährstoffen überfrachtet.

Lebrecht Jeschke: 1933 in Eichdorf (Polen) geboren. Botaniker, einer der bekanntesten Naturschützer der DDR. Bis 1990 am Institut für Landschaftsforschung und Naturschutz in Greifswald tätig. Von 1991 bis 1998 war er Direktor des Landesnationalparkamtes in Mecklenburg-Vorpommern.

Michael Succow: 1941 in Lüdersdorf geboren. Biologe, Umweltpolitiker. Mitarbeiter am Institut für Bodenkunde in Eberswalde. 1990 stellvertretender Umweltminister der DDR. 1992 Direktor des Botanischen Instituts und Botanischen Gartens der Universität Greifswald. 1977 *Alternativer Nobelpreis*, mit dem er die *Michael Succow Stiftung* zum Schutz der Natur gründete.

»Was vor unseren Augen ablief, war ein tief greifender Wandel der gesamten Landschaft, wie es ihn in der Geschichte in dieser Form noch gar nicht gegeben hatte und in seiner Tragweite mit nur wenigen Beispielen vergleichbar ist: etwa mit dem Wandel von der Urlandschaft zur Kulturlandschaft vor 5000 bis 6000 Jahren, als der Mensch zu Ackerbau und Viehzucht und zu einer sesshaften Lebensweise überging ...«

HANS DIETER KNAPP

Die ursprüngliche Klärfunktion war jetzt nicht nur ausgeschaltet, sondern ins Gegenteil verkehrt. Aus einem entsorgenden Öko-System wurde ein belastendes. Der Bodden war am Ende. Er hat sich bis heute davon nicht wirklich erholt.«

Das Drama niedergeschrieben

Die drei Biologen wollten Partei und Regierung wachrütteln und damit der Zerstörung von Natur und Landschaft Einhalt gebieten. Die Veröffentlichung ihrer Untersuchungsergebnisse unter dem

Blick über den Bodden

Titel *Gefährdete Pflanzengesellschaften auf dem Territorium der DDR* löste große Aufregung aus. Knapp wurde zum Direktor des Instituts für Landschaftsforschung und Naturschutz zitiert, der ihm lautstark vorwarf, die *»sozialistische Produktion«* beenden zu wollen. Spätestens jetzt wussten die Verfasser: Sie waren mitten in der Politik gelandet. Was sie nicht daran hinderte, ihre Erkenntnisse weiterzuverbreiten.

Müritz-Museum

Die Assistententätigkeit an der Universität Halle ging 1977 zu Ende. Der Biologe wechselte als Kustos an das Müritz-Museum in Waren, das heutige *Müritzeum*. Gleichzeitig widmete er sich der Landschaftsgeschichte der Insel Rügen. Daraus entstand eine umfangreiche Fachpublikation, die am Ende wiederum die Frage nach der Verantwortung für Natur und Umwelt als Lebensgrundlage des Menschen aufwarf.

Das Müritz-Museum bot zunächst gute Voraussetzungen für wissenschaftliches Arbeiten. Knapp konnte seine Doktorarbeit verteidigen und bekam die Chance, eine erste Expedition in die Mongolei zu unternehmen. Das asiatische Land entwickelte sich bis in die 1990er-Jahre zu einem neuen Forschungsschwerpunkt.

Ein Umstand, der mit seinem Beruf unmittelbar nichts zu tun hatte, drängte ihn jedoch ins Abseits. Jahrelang hatte Knapp für sich und seine junge Familie in Waren eine Wohnung gesucht. Als er endlich eine Bleibe zugewiesen bekam, erhielt auch das Wehrkreiskommando davon Kenntnis und wollte ihn zum Reservedienst in der Nationalen Volksarmee (NVA) einziehen. Vom regulären Dienst bei der NVA war er wegen eines Rückenleidens befreit worden. *»Ich war inzwischen Anfang 30 und sagte mir: ›Ich lass mir jetzt keine Uniform mehr überstülpen.‹ Das war keine leichte Entscheidung. Aber als ich mich dazu durchgerungen hatte, empfand ich meinen Entschluss wie eine Befreiung. Große Betroffenheit auf der Gegenseite.«*

Knapp in der Mongolei | 1992

Der Wissenschaftler musste seine Einstellung schriftlich begründen. Das Wehrkreiskommando versuchte, ihn umzustimmen. Um den Konflikt zu entschärfen, bot Knapp an, als *Bausoldat* zu dienen. Daraufhin lenkte die Behörde ein und behelligte ihn nicht weiter. Allerdings war für das Müritz-Museum damit die Angelegenheit noch keineswegs erledigt. Beim Rat des Bezirkes, dem das Museum unterstand, war man der Meinung, Knapp sei mit einer solchen Haltung im Museum eigentlich fehl am Platze.

»Mit mir nicht!«

Anfang der 1980er-Jahre verschärfte die SED-Führung vor dem Hintergrund des atomaren Wettrüstens der Supermächte die Maßnahmen zur Zivilverteidigung und ordnete großflächige Übungen an. Auch das Müritz-Museum war davon betroffen. Die Leitung ließ Pappkoffer anschaffen. Für ein Riesenhirschgeweih wurde ein Holzgestell maßgefertigt – alles dies, um den gesetzlichen Bestimmungen für den Ernstfall gerecht zu werden.

Knapp hatte noch während seiner Assistentenzeit an der Uni einen Lehrgang in Zivilverteidigung absolviert und war dabei zu der Erkenntnis gekommen, dass dies sinnlos sei. Am Museum verweigerte er dann jede weitere Beteiligung an Schulungen und Übungen und erklärte: »*Mit mir nicht!*« Damit hatte der Rat des Bezirks eine Handhabe, die Museumsleitung anzuweisen, ihn von seiner Funktion zu entbinden. Als Ersatz bot die ihm eine Stelle als Gärtner an, die Knapp annahm. Aber schon bald merkte er, wie vergiftet die Atmosphäre war. »*Kollegen schüttelten den Kopf über mich. Sie hielten mich für vernagelt und verbohrt. Ich war also isoliert, fand meine Situation unerträglich und habe nach drei Monaten dem Direktor vorgeschlagen, das Arbeitsverhältnis zu beenden.*«

Im Jahre 1983 begann Hans Dieter Knapp eine freiberufliche Tätigkeit als Biologe. Die Staatsbürokratie vermochte zwar Künstler und Artisten als Freischaffende einzustufen, für Naturwissenschaftler war dies jedoch ungewöhnlich. Auf der Kreisverwaltung gab man sich redlich Mühe, für den Biologen, der unbedingt selbstständig arbeiten wollte, ein passendes Schubfach zu finden. Immerhin erteilte man ihm eine Steuernummer.

In einer Nische überwintern

Knapps erster Auftrag führte ihn in den größten Kirchenforst der DDR: Für eine etwa 5000 Hektar große Waldfläche aus Kiefernforsten in der Seelensdorfer Heide bei Brandenburg sollte er eine Vegetationskarte erstellen. Das eintönige Gelände gehörte seit Jahrhunderten zum Domstiftsbesitz. Daran änderte auch die SED nichts. Die Kirchen durften ihre Ländereien behalten. Bald empfand er Freude an der ungewohnten Aufgabe. »*In der eher spröden Landschaft die feinen Unterschiede herauszufinden und zu erklären, erwies sich als durchaus*

In der Mongolei | 1985

spannende Herausforderung. Ich konnte den Forstamtsleiter sogar dafür erwärmen, noch eine historische Studie anzuschließen. Ich wollte herausfinden, wie sich der ursprüngliche Laubwald in eintönige Kiefernforsten verwandelt hatte. Das Archiv des Domstiftes erwies sich als wahre Fundgrube für forstgeschichtliche Studien.«

Allmählich häuften sich die Aufträge. Knapp fertigte zum Beispiel ökologische Gutachten für die Stadt und den Kreis Neubrandenburg und für ein Torfwerk in Rostock an. Das Geografische Institut der Akademie der Wissenschaften in Leipzig schloss mit ihm regelmäßig Werkverträge, sodass er der Forschung verbunden blieb. Insgesamt konnte er in seiner Nische überwintern und seinen Lebensunterhalt sichern.

Dass die Staatssicherheit ihn im Blick hatte, ahnte der Wissenschaftler, aber es kümmerte ihn nicht sonderlich. Erst später entdeckte er das Ausmaß der Bespitzelung. Als er seine Akte einsah, sei es ihm »kalt den Rücken runtergegangen«: das Durchsuchen der Wohnung, das Abhören von Telefongesprächen, der gezielte Einsatz von Inoffiziellen Mitarbeitern der Stasi – insgesamt 30 IM entdeckte er in den Unterlagen, darunter auch den Museumsdirektor. »Man hatte ihm offenbar die Pistole auf die Brust gesetzt und ihn gezwungen, mich zu beobachten. Was er weitergab, war nichts Schlimmes, im Gegenteil, er meinte, mich schützen zu können. Aber er hatte sich mit dem Teufel verbündet, wurde selbst zum Opfer und ist letztlich daran kaputtgegangen.«

Im Friedenskreis mit Markus Meckel

Der Staatssicherheit missfiel besonders, dass Knapp sich mehr und mehr den Friedens- und Umweltgruppen zuwandte. Noch im Müritz-Museum trug er demonstrativ den Aufnäher *Schwerter zu Pflugscharen*. Knapp schloss sich dem Friedenskreis in Vipperow an, wo Markus Meckel, der spätere SPD-Politiker, Pfarrer war. Beide verstanden sich auf Anhieb. Für Knapp war Meckel »eine zentrale

Figur« der Friedensbewegung. In einem Kreis Gleichgesinnter organisierten sie Friedenssseminare, stellten Flugblätter und Broschüren zusammen und reisten zu Treffen, die unter dem Motto »Frieden konkret« Oppositionelle zusammenführten.

Zahlreiche kirchliche Gesprächszirkel luden Knapp als Referenten ein. Das dramatische Waldsterben, die hohe

Markus Meckel

Schadstoffbelastung der Luft und Gewässer, das Verheimlichen von Umweltdaten durch die Regierung – diese Themen brannten den Menschen auf den Nägeln.

Als Wissenschaftler konnte Knapp den Protest mit Daten und Fakten untermauern. Er sprach über den Braunkohleabbau, »der ausgedehnte Gebiete in Mondlandschaften verwandelte«, und über die Industrialisierung der Landwirtschaft und ihre Folgen.

»Die Funktionsfähigkeit des Naturhaushaltes wurde massiv geschädigt oder zum Teil ganz zerstört. Und das alles geschah unter dem Zeichen von ›Fortschritt, Frieden und Sozialismus‹.«

Markus Meckel: 1952 in Müncheberg geboren. 1982–1988 Pfarrer in Vipperow (Mecklenburg). Gründete mit Martin Gutzeit 1989 die SDP (später SPD). 1990 Außenminister der DDR. Er war Bundestagsabgeordneter und ist Mitglied des Stiftungsrates der *Stiftung Deutsch-polnische Zusammenarbeit*.

Die Zukunft der Insel Vilm

Weihnachten 1989 besuchte Hans Dieter Knapp seine Mutter in Putbus. Überall ging es hoch her, seitdem die Mauer gefallen war, auch auf Rügen. Dort wurde vor allem die Zukunft der Prominenteninsel Vilm diskutiert. Knapp mischte sich ein,

Klaus Töpfer

schrieb Artikel für regionale Zeitungen und vertrat den Standpunkt, auf der Insel müsse endlich die Natur bevorzugt werden. *»Preisgabe an hemmungslosen Kommerz und Massentourismus darf nicht zugelassen werden«*, erklärte er.

Eine begrenzte und kontrollierte Öffnung der Insel sei die einzige Lösung. Schon Anfang November 1989 hatte eine Bürgerversammlung in der Marienkirche in Bergen *»die Umwandlung der Insel Vilm in ein ökologisches Forschungszentrum der Akademie der Wissenschaften«* gefordert.

Im März 1990 bereisten Delegationen aus den Umweltministerien beider deutscher Staaten die Insel; sie waren von der Natur hellauf begeistert. In den Diskussionen um die Zukunft von Vilm fiel dann auch das Stichwort *Naturschutzakademie.* Die Idee fand Zustimmung. Allerdings hätte sie ohne das enge Zusammenspiel von Knapp, Jeschke und Succow, der zum stellvertretenden DDR-Umweltminister aufgerückt war, und – so berichtet es Knapp im Interview – *»ohne die Mitwirkung von Bundesumweltminister Klaus Töpfer und seinem Staatssekretär Clemens Stroetmann kaum verwirklicht werden können«.*

Klaus Töpfer: 1938 in Waldenburg (Schlesien) geboren; 1987–1994 Bundesumweltminister und 1994–1998 Bundesbauminister. Als Direktor des UNO-Umweltprogramms in Nairobi (1998–2006) kämpft er für internationale Zusammenarbeit beim Klimaschutz. Seit 2001 Mitglied im Rat für Nachhaltige Entwicklung, seit 2008 Vizepräsident der Welthungerhilfe. Seit März 2011 Vorsitz der Ethikkommission für eine sichere Energieversorgung.

Bei einem Seminar in der Lüneburger Heide, in dem Knapp und Jeschke mit anderen ostdeutschen Biologen die Grundzüge des bundesdeutschen Naturschutzes vermittelt bekamen, arbeiteten sie gleichzeitig an einem ersten Konzept für Vilm. *»Also saßen wir abends zusammen, haben auf der Schreibmaschine des Herbergsvaters den Text getippt und dann per Fax nach Bonn geschickt.«*

Am 6. Oktober 1990, drei Tage nach der Wiedervereinigung, kam Minister Klaus Töpfer auf die Insel, um die Akademie zu eröffnen. Töpfer hatte die Bedenken seiner Beamten gegen das Vorhaben im Vorfeld beiseitegeschoben und Fakten geschaffen. Das handverlesene Personal, das die Gästehäuser zur DDR-Zeit betreut hatte, wurde zum Teil übernommen.

Im Rückblick beschreibt Knapp den Start mit einem selbstironischen Unterton. *»Da kam statt der früheren Regierungsgäste ein zottelhaariger Mensch und redete von Naturschutz. Das stieß auf Unverständnis und es entstand durchaus eine gewisse Abwehrhaltung. Da war es schon wichtig, dass ich hier aus der Gegend stamme und die Leute mich und die neue Aufgabe schließlich akzeptierten.«*

Das Nationalpark-Programm der DDR

Vilm, dieses landschaftliche Kleinod, vor touristischer Vermarktung zu bewahren und der Insel mit der Naturschutzakademie eine weit in die Zukunft ragende Aufgabe zu übertragen – das war nur eines der Projekte, an dem Professor Knapp mitwirkte. Ihm und seinen beiden Mitstreitern Jeschke und Succow gelang es außerdem, buchstäblich in letzter Minute vor der Wiedervereinigung ein Vorhaben zu realisieren, das ihnen besonders am Herzen lag. Am 12. September 1990 beschloss der Ministerrat der DDR in seiner letzten Sitzung vor der Auflösung der DDR das *Nationalpark-Programm,* mit dem über vier Prozent der Fläche der DDR als Nationalpark, Biosphärenreservat oder Naturpark unter Naturschutz gestellt wurden. Dieses Programm war im Spätherbst 1989 durch die Bürgerinitiative *Müritz Nationalpark* angeregt und 1990 im Schulterschluss von DDR-Umweltministerium und lokalen Gruppen mit Unterstützung bundesdeutscher Naturschutzverbände, Nationalparkverwaltungen und Ministerien entwickelt und dann verabschiedet worden.

Ökologische Bilanz

Die ökologische Bilanz, die Professor Knapp zwei Jahrzehnte nach der Gründung der Naturschutzakademie zieht, fällt durchwachsen aus. Die industrielle Belastung von Luft, Wasser und Boden sei durch die Abwicklung bestimmter Industrien und gesetzliche Auflagen des Immissionsschutzes deutlich zurückgegangen. Spürbare Fortschritte gebe es auch bei der Abwasserbehandlung durch den Bau von Kläranlagen. Die ökologische Landwirtschaft, die in der DDR keine Rolle gespielt habe, sondern als »*westliche Macke*« abgetan worden sei, habe sich zwar entwickelt, aber von einer ökologischen Wende könne noch keine Rede sein. »*Das System agroindustrieller Produktion in der Landwirtschaft besteht weiter. Mit der Ausweisung von Biosphärenreservaten und Naturparken war auch der Anspruch einer Wende zur ökologischen Landnutzung verbunden. Davon sind wir bis heute in der Fläche jedoch noch immer weit entfernt.*«

Der Deal mit den Pächtern

Tatsächlich vollzog sich in der Landwirtschaft Ostdeutschlands bis in die jüngste Zeit Erstaunliches. Im Januar 2010 vereinbarte die Bundesregierung mit den ostdeutschen Ländern den Verkauf von 420 000 Hektar landwirtschaftlicher Nutzfläche an die bisherigen Pächter, und zwar ohne Ausschreibung. Bei den neuen Eigentümern handelt es sich hauptsächlich um ehemalige LPG-Leitungskader, meist frühere Funktionäre der SED und der Bauernpartei, die nach Angaben des Agrarwissenschaftlers Jörg Gerke den Deal mithilfe des Deutschen Bauernverbandes eingefädelt haben. Der Kaufpreis habe vermutlich weniger als die Hälfte

des Marktwertes betragen, schätzt Gerke. »*Dieser hoch subventionierte Verkauf vollendet den größten Konzentrationsprozess von Landeigentum seit mehr als 100 Jahren*«, schreibt der Wissenschaftler in einem Aufsatz mit der Überschrift *Das Erbe der roten Junker*.

»*Rund 10 bis 15 Prozent der landwirtschaftlichen Betriebe bewirtschaften über 70 Prozent der landwirtschaftlichen Flächen. Selbst die feudalen Güter des späten 19. Jahrhunderts muten im Vergleich zur heutigen Situation eher klein an.*«

Großgrundbesitzer

Die Großagrarier kassieren den Löwenanteil der Agrarsubventionen aus Brüssel. Seit 1990 belaufen sie sich bereits auf mehr als 20 Milliarden Euro. Die sozialen und ökologischen Folgen sind beträchtlich: Niedergang ländlicher Strukturen, steigende Arbeitslosigkeit auf dem Lande, Abwanderung der ländlichen Bevölkerung, hoher Einsatz von Energie und Chemikalien in der Landwirtschaft, Freisetzung von Treibhausgasen, Belastung der Gewässer durch überschüssige Nährstoffe, Verarmung von Pflanzen- und Tierwelt.

Das Anliegen der Biologen Knapp, Jeschke und Succow, dieses industriemäßige Landnutzungssystem ökologisch und sozial nachhaltig zu verändern, wird in der Praxis bis heute noch weitgehend verhindert.

In den vergangenen zwei Jahrzehnten konnten nach Einschätzung von Professor Knapp im Naturschutz in Deutschland und weltweit zwar manche Fortschritte erzielt werden, doch die großen Herausforderungen des 21. Jahrhunderts – Klimawandel, Sicherung der Ökosysteme und der Erhalt der biologischen Vielfalt – würden weiterhin große Anstrengungen erfordern.

Der leidenschaftliche Naturschützer, Naturliebhaber und Wissenschaftler bringt seine Lebensaufgabe auf eine kurze Formel: »*Naturschutz ist mehr, als bedrohten Arten zu helfen. Naturschutz ist eine Überlebensfrage.*«

Opposition der Frauen

Mut und Entschlossenheit | Die Friedliche Revolution in der DDR wurde von vielen engagierten Frauen vorangetrieben. In Frankfurt/Oder etwa waren es zwei Frauen, die mit Erfolg die Vernichtung von Unterlagen der Staatssicherheit stoppten. Marianne Kowoll und Renate Bauer, Mitbegründer des Neuen Forums in Frankfurt, trommelten bis zu 2000 Menschen zusammen und erreichten, dass das Schreddern der Akten unterbunden wurde.

Die Regisseurin Freya Klier wehrte sich energisch gegen die Eingriffe der SED in ihre künstlerische Arbeit. 1985 wurde sie mit einem Berufsverbot belegt, was sie nicht daran hinderte, ihre oppositionellen Aktivitäten weiter fortzusetzen.

Die Liedermacherin Bettina Wegner verteilte Flugblätter gegen den Einmarsch der Truppen des Warschauer Pakts 1968 in die Tschechoslowakei. Die Stasi kontrollierte und behinderte ihre Auftritte, die besonders bei der Jugend Anklang fanden. Ihr Protest gegen die Ausbürgerung Biermanns 1976 nahm die SED zum Anlass, ihr weitere öffentliche Auftritte zu untersagen. Wegner wich auf Kirchen und Gemeindesäle aus, bis sie 1983 durch massiven Druck gezwungen wurde, nach Westberlin überzusiedeln. Die Wissenschaftlerin und Bürgerrechtlerin Vera Lengsfeld wehrte sich 1983 gegen die Stationierung sowjetischer Mittelstreckenraketen in der DDR und wurde daraufhin aus der SED ausgeschlossen. Lengsfeld wirkte aktiv in der Friedensbewegung mit und beteiligte sich 1987 an der Organisation des »Kirchentages von unten« in Ostberlin. Wegen versuchter »Zusammenrottung« wurde sie verhaftet und verurteilt.

Zwei der bekanntesten Aktivisten und Bürgerrechtlerinnen, die 2010 verstorbene Bärbel Bohley und Ulrike Poppe, boten der Stasi jahrelang Paroli, indem sie Unrecht und Unterdrückung anprangerten. Mit anderen Frauen gründeten sie die Initiative *Frauen für den Frieden*. Beide wurden mehrfach festgenommen, ständig überwacht, landeten in Untersuchungshaft und konnten zeitweise ihres Lebens nicht mehr sicher sein. 2010 übernahm Ulrike Poppe das Amt der Aufarbeitungsbeauftragten für die Folgen der Diktatur für das Land Brandenburg.

1953	Geburt in Rostock
1982	Mitbegründerin von Frauen für den Frieden
1983	Verhaftung
1985	Mitglied in Initiative für Frieden und Menschenrechte
1989	Bürgerbewegung Demokratie Jetzt
1989/90	Mitwirkung am Zentralen Runden Tisch
1991–2010	Studienleiterin an der Ev. Akademie Berlin-Brandenburg
2010	Beauftragte des Landes Brandenburg für die Aufarbeitung der Folgen der kommunistischen Diktatur

Ulrike Poppe   Vor der Geschichte gewonnen

Im Potsdamer Büro der Aufarbeitungsbeauftragten Ulrike Poppe ist noch nichts von der Routine einer eingearbeiteten Behörde zu spüren. Seit 2010 leitet Poppe dieses Amt, das ein Jahr zuvor neu geschaffen wurde. Das Land Brandenburg hatte sich viel Zeit gelassen, der Stasi-Vergangenheit nachzugehen und den Opfern der SED-Herrschaft eine Anlaufstelle zu bieten.

Bärbel Bohley: 1945–2010. Malerin. Zahlreiche Impulse für Friedens- und Demokratiebewegung. 1983 U-Haft. 1988 Abschiebung nach England. Einige Monate später Rückkehr nach Berlin. Dort wieder als Bürgerrechtlerin aktiv.

Zwanzig Jahre nach dem Ende der DDR soll Ulrike Poppe das Versäumte nachholen und sich um die »*Folgen der kommunistischen Diktatur*« kümmern, einer Diktatur, der sie selbst die meiste Zeit ihres Lebens ausgesetzt war, gegen die sie fast zwei Jahrzehnte lang in Opposition gestanden hat. Trotz der langen Verfolgung durch die Staatssicherheit ist die ehemalige Bürgerrechtlerin alles andere als verbittert. Ihr Lachen wirkt ansteckend, ihre Stimme klingt angenehm. Und das ebenmäßige Gesicht ist keineswegs vom langen politischen Kampf gezeichnet, den sie an der Seite von Gerd Poppe, ihres früheren Mannes,

Bärbel Bohley

und mit Frauen wie Bärbel Bohley geführt hat. Neben Bohley zählt Ulrike Poppe zu den mutigsten Frauen der Friedlichen Revolution, die 1989/90 das SED-Regime hinwegfegte. Nur manchmal verdunkelt sich ihre Miene, wird ihre Stimme leise und brüchig, etwa, wenn sie über ihre Haft oder den Verrat durch enge Freunde spricht.

Direkt an der Grenze

Ulrike Wick – so lautete ihr Mädchenname – wuchs in Hohen Neuendorf nördlich von Berlin auf. Die Eltern waren von ihrer Geburtsstadt Rostock dorthin gezogen, damit der Vater dem Ruf an das neu gegründete *Museum für Deutsche Geschichte* in Berlin folgen konnte. »*Hohen Neuendorf lag direkt an der Grenze zum französischen Sektor Berlins*«, berichtet sie. »*Aus Erzählungen von Erwachsenen weiß ich, dass anfangs Einwohner aus unserem Ort nach Frohnau im Westsektor Berlins ins Kino gingen.*«

Die Zwischenfälle an der Grenze, die im Laufe der Jahre immer unüberwindlicher wurde, blieben den Kindern nicht verborgen. »*Wir wohnten am Wald, an dessen Rand die Grenze verlief. Ich erinnere mich an Schüsse, an Leuchtkugeln, die nachts den Himmel erhellten, an Hundegebell und Fluchtgeschichten. Eines Tages nach dem Mauerbau 1961 wurde beim Fahnenappell in der Schule ein Schüler ausgezeichnet, der – wie es hieß – ›revolutionäre Wachsamkeit‹ bewiesen habe. Der Junge hatte der Polizei einen Mann gemeldet, der ihn nach dem Weg zur Grenze gefragt hatte. Der Mann wurde verhaftet. Zur Belohnung bekam der Schüler eine Urkunde und ein Federballspiel geschenkt. Um das Federballspiel beneideten wir ihn. Aber in unseren Augen war er kein Held, sondern eher ein Verräter.*«

Für alle Zeiten verloren

Die Grenze hatte stets etwas Bedrohliches, etwas, was vor allem Kindern Angst einflößte. Ulrike Poppe schildert den Fall einer engen Schulfreundin, deren Eltern sich im August 1961, als die Mauer errichtet wurde, gerade im Westen aufhielten. »*Es hat lange gedauert, bis meine Freundin ausreisen durfte. Und damit hatte ich sie für alle Zeiten verloren. Mir wurde bewusst, wie sehr die Grenze Menschen entzweit hat.*«

Abgesehen von den Schrecken, die von Mauer und Stacheldraht ausgingen, erlebten Ulrike und ihre zweieinhalb Jahre ältere Schwester Gisela eine behütete Kindheit. Der Vater war 1949 der SED, der *Sozialistischen Einheitspartei,* beigetreten – im Vertrauen auf eine demokratische Zukunft der DDR. Doch als die SED unter Walter Ulbricht mit brachialen Mitteln ihre Alleinherrschaft zementierte, kam die Ernüchterung. Der Vater blieb zwar in der Partei, versuchte aber jeden politischen Einfluss von seinen Kindern fernzuhalten.

»Redet nicht über Politik!«

Sobald die Töchter zur Schule gingen, ermahnte er sie eindringlich: »*Redet nicht über Politik! Haltet euch da raus!*« Der Mitgliedschaft bei den *Jungen Pionieren,* denen die meisten Kinder im Alter von sechs Jahren angehörten, standen die Eltern ablehnend gegenüber. Das galt auch für die FDJ, die *Freie Deutsche Jugend,* die Jugendliche ab 14 an das SED-Regime binden wollte. Ulrike Poppe: »*Da fast alle Kinder Pioniere waren – meine Schwester auch – wollte ich da ebenfalls mitmachen. Später waren wir auch in der FDJ.*«

In den eigenen vier Wänden sorgten die Eltern für eine offene Atmosphäre. Über alles wurde geredet, sodass die Kinder sich über vieles ihr eigenes Urteil bilden konnten. Der Empfang von Westfernsehen war selbstverständlich. Den *Weltspiegel* der ARD am Sonntagabend sah sie häufig mit ihrem Vater. »*Nach jeder Sendung wurde der Schalter sofort wieder umgelegt. Niemand sollte erkennen, dass wir Westfernsehen eingeschaltet hatten. Auch wenn jemand klingelte, wurde schnell umgeschaltet.*«

Das Bild vom Westen

Das Bild vom Westen, das sich im Laufe der Zeit in den Köpfen von Jugendlichen und jungen Erwachsenen bildete, war widersprüchlich. Im Gespräch kommen Ulrike Poppe Adenauer-Plakate in den Sinn, auf denen der erste Bundeskanzler der Bundesrepublik mit Militarismus und einem zügellosen Kapitalismus in Verbindung gebracht wurde. Andererseits verhießen die westlichen TV-Werbesendungen ein Konsum-Paradies, das im krassen Gegensatz zur eher ärmlichen Warenpalette der

DDR stand. Die Pakete von Verwandten aus dem Westen, die vor allem in der Vorweihnachtszeit verstärkt eintrafen, schienen dies noch eindrucksvoll zu bestätigen. Poppe schildert, wie sie es als Kind gar nicht abwarten konnte, bis der Inhalt zum Vorschein kam. »*Die Pakete lagen bis Heiligabend auf dem Kleiderschrank im Schlafzimmer der Eltern. Sie rochen verheißungsvoll nach Apfelsinen, Backpulver und Kölnisch-Wasser. Meistens enthielten sie noch ein Oberhemd für den Vater und Nylonstrümpfe für meine Mutter, ferner ein Päckchen Kaffee und Sarotti-Schokolade.*«

Brief an die Volkskammer

Als 15-jährige Schülerin schrieb sie zusammen mit einer Mitschülerin und einem Mitschüler einen Brief an die Volkskammer, der große Aufregung auslöste. »*Wir haben uns nichts dabei gedacht und nicht geahnt, dass wir damit ein schwieriges Feld berühren würden. In dem Brief ging es um die Frage der Wiedervereinigung und das Verhältnis der Sowjetunion zur Volksrepublik China – beide kommunistische Staaten und doch verfeindet. Das verstanden wir nicht und fragten nach dem Warum.*« Wegen des Briefs stellte der Schulrat die Lehrer zur Rede. Diese setzten sich mit den Eltern in Verbindung. Zum Glück ließ Ulrikes Vater sich von der allgemeinen Aufregung nicht anstecken, als der Klassenlehrer ihn aufsuchte. »*Nun beruhigen Sie sich doch!*«, hörte Ulrike, die an der Tür lauschte, ihn sagen. »*Das sind doch noch Kinder!*«

Gulag: Russische Kurzbezeichnung für die Hauptverwaltung der Strafgefangenenlager in der Sowjetunion, in denen Hunderttausende Unschuldiger starben.

Für den Mitschüler hatte das harmlose Schreiben allerdings böse Folgen. Da er in der evangelischen *Jungen Gemeinde* aktiv war und seine Eltern nicht der SED angehörten, flog er von der Schule. Ulrike und ihre Mitschülerin durften bleiben. »*Da unsere Väter in der SED waren, ging die Schulleitung davon aus, dass wir den richtigen Weg noch finden würden.*«

Kunst und Geschichte

Nach diesem Zwischenfall erreichte Ulrike an der Oberschule ohne Mühe das Abitur. Jetzt begann eine lange Zeit der Unsicherheit und des Suchens. Sie wusste nicht, was sie studieren sollte und welche Zukunft ihr überhaupt bevorstand. Da in der DDR Lehrermangel herrschte, ließ sie sich überreden, an der Berliner Humboldt Universität Kunsterziehung und Geschichte zu studieren. Sie hoffte, später eine Kunsthochschule besuchen zu können. »*Von Anfang an war klar: Lehrerin wollte ich nicht werden. Als ich merkte, dass meine Talente in Kunst nicht besonders ausgeprägt waren, begann ich, mich für Psychologie zu interessieren.*«

Ein Psychologie-Professor ebnete ihr den Weg in die andere Fakultät. Auch die zuständige Sektionsleitung stimmte zu, und eigentlich stand dem Wechsel nichts mehr im Wege. Doch dann legte die FDJ-Leitung der Humboldt Universität ihr Veto ein. »*Daraufhin habe ich mich auf eigenen Wunsch aus dem Studium entlassen – damals – 1973 – noch in der Hoffnung, ich könne mich neu bewerben und bekäme eine zweite Chance.*«

Auf eigenen Füßen

Von ihren Eltern hatte sie sich nach dem Abitur losgesagt. Sie fühlte sich eingeengt und abgeschottet vom wirklichen Leben. Eine 88-jährige Dame vermietete ihr ein Zimmer. »*Ratten liefen durch den Raum. Das Bett war voller Flöhe und meine Wirtin geistig ziemlich zerrüttet. Dort habe ich es natürlich nicht lange ausgehalten.*«

Die nächste Bleibe gehörte einem Bekannten, der zu seiner Freundin gezogen war: eineinhalb Zimmer, Parterre, Hinterhof. Die Wohnung war Zufluchtsort für junge Leute aus der ganzen DDR, die sich dort zumeist für ein oder zwei Tage einquartierten und dann anderen Platz machten. »*Ich war also nie allein. Einige von denen waren für mich interessant, etwa Studenten, die aus politischen Gründen die Universität verlassen mussten. Sie versuchten, mich über die blinden Flecken im offiziellen*

Ulrike Poppe über den Versuch der DDR-Staatssicherheit, sie als Spitzel zu gewinnen:

»Nach dem Abbruch meines Studiums an der Humboldt Universität musste ich mir eine Arbeit suchen. In dieser Zeit unternahm die Staatssicherheit den Versuch, mich anzuwerben. Von der Kriminalpolizei erhielt ich eine Vorladung ›zur Klärung eines Sachverhalts‹, wie es hieß. Mir wurde vorgehalten, es läge eine Anzeige gegen mich wegen ›Asozialität‹ vor. Als asozial galt, wer nicht arbeitete. Ich musste also nachweisen, dass ich mich um Arbeit bemühen würde. Bei der zweiten Vorladung sagte der Kriminalbeamte, meine Angaben seien überprüft worden und man habe die Anzeige zurückgezogen. Aber die anwesenden Herren würden gern noch mit mir reden. Die beiden zeigten ihre Stasi-Ausweise und konfrontierten mich mit folgender Legende: Sie sagten, sie hätten erfahren, dass ein westlicher Geheimdienst über mich Informationen sammele. Sie müssten jetzt den Hintergrund aufklären. Zu meinem eigenen Schutz, dem meiner Familie und meines Umfeldes solle ich der Staatssicherheit mitteilen, wer meine Freunde seien, mit wem ich mich wann und wo träfe und ob ich Verbindung in den Westen habe. Ich habe nicht gleich Nein gesagt und mich auf ein weiteres Treffen eingelassen. Von meinen Freunden wusste ich, dass man der Stasi nicht trauen und auf keinen Fall etwas unterschreiben durfte. Auf der anderen Seite klang die Geschichte irgendwie plausibel, denn sie hatten die Legende mit einem Dossier unterlegt, also mit Informationen über diesen Geheimdienst, die mich erstaunten. Allerdings fragte ich mich gleichzeitig, welches Interesse ein ausländischer Geheimdienst ausgerechnet an mir haben könnte. Ich war unsicher und ließ mich trotz aller Skepsis halbwegs darauf ein. Erst als ich meine Unterschrift zu einer Verschwiegenheitserklärung verweigerte, wurden sie laut und erklärten, ich sei gesetzlich zum Schweigen verpflichtet. Ich redete mich damit raus, ich bräuchte noch Bedenkzeit. Anschließend erzählte ich allen Bekannten und Freunden, dass die Stasi versuche, mich anzuwerben. Das war wahrscheinlich die beste Methode, sie abzuschütteln.«

Geschichtsbild der DDR aufzuklären und gaben mir Bücher, etwa über den ›Gulag‹, also die unter Stalin begangenen Verbrechen. Andere Besucher zählten zur kleinkriminellen Szene, in der zum Beispiel Rauschgift genommen wurde.«

Durchgangsheim für Jugendliche

Bei der Suche nach einer Beschäftigung landete Ulrike Wick als Hilfserzieherin in einem Durchgangsheim für Jugendliche, die aus schwierigen sozialen Verhältnissen kamen, auf die schiefe Bahn geraten waren oder sich nicht systemkonform verhalten hatten. Manche waren von zu Hause oder aus Heimen weggelaufen oder die Eltern saßen im Gefängnis. Ulrikes Aufgabe bestand darin, die Halbwüchsigen zu betreuen, bis entschieden war, was mit ihnen passieren sollte. Einige brachte sie zu ihren Eltern zurück. *»Zuführung«* wurde das in der DDR genannt. *»Manchmal musste ich mit ansehen, wie eine Mutter betrunken auf einem Haufen Lumpen lag.«*

Andere Jugendliche begleitete sie auf dem Weg in Heime und Werkhöfe. *»Auf den langen Fahrten erzählten die Kinder und Jugendlichen, wie sie misshandelt und auch sexuell missbraucht worden waren. Davon berichtete ich einer Journalistin, die darüber eine Reportage für die Frauenzeitschrift* Für Dich *schreiben wollte. Aber der Bericht durfte nicht erscheinen.«*

Für Dich: Illustrierte Wochenzeitschrift, 1962 im Zuge einer Kampagne zur Gleichberechtigung der Frau gegründet. Auflage: 900 000 Exemplare

Katja Lange-Müller

Kaum ein Jahr hielt es die junge Frau in dem Durchgangsheim aus. Die Schläge, der militärische Drill, das Einsperren von Minderjährigen – es kam vor, dass Jugendliche versuchten auszubrechen oder sich umzubringen. *»Nach dem Dienst ging ich in eine Kneipe und betrank mich. Ich hatte Schuldgefühle, weil ich Teil dessen war, wogegen ich innerlich rebellierte.«*

Hilfspflegerin in der Psychiatrie

Die nächste Tätigkeit war kaum weniger belastend: Ulrike Wick wurde Hilfspflegerin in der geschlossenen psychiatrischen Station der Berliner Charité. Ihre Vorgängerin Katja Lange hatte ihr den Tipp gegeben, dass ihre Stelle demnächst frei werde, da sie in Leipzig ein Literaturstudium aufnehmen wolle. Ulrike Poppe erinnert sich: *»Mit Katja war ich befreundet. Für ihre staatstreuen Eltern – die Mutter war Kandidatin für das Politbüro, der Vater ebenfalls ein hoher SED-Funktionär – war sie das Enfant terrible. Auch in Leipzig passte Katja sich nicht an.«*

In der Charité stieß Ulrike Wick auf Menschen mit politischen und religiösen Wahnvorstellungen. Manche standen in »konspirativer« Verbindung zu Leonid Breschnew, dem sowjetischen Generalsekretär, andere zu Jesus Christus. Während des Nachtdienstes

Katja Lange-Müller: Schriftstellerin, 1951 in Berlin geboren. Mit 16 Jahren wegen *»unsozialistischen Verhaltens«* von der Schule verwiesen, dann Ausbildung als Schriftsetzerin. Hilfsschwester in der Psychiatrie der Charité. Ab 1979 Literaturstudium in Leipzig. Studienaufenthalt in der Mongolei. 1984 Ausreise nach Westberlin. Zahlreiche Veröffentlichungen und Auszeichnungen.

las sie in den Akten der Patienten, um herauszufinden, ob Menschen auch aus politischen Gründen in die Psychiatrie gesteckt worden waren. Sie stieß auf wenige Fälle, die einen solchen Verdacht rechtfertigten.

In der Charité wie zuvor im Durchgangsheim sammelte Ulrike Wick Erfahrungen, die ihren Blick auf die Verhältnisse in der DDR veränderten. Vieles beurteilte sie jetzt nüchterner und schärfer als zuvor. Zwar sah sie im Sozialismus noch immer die Idee, die zu mehr sozialer Gerechtigkeit führen könnte. Doch was die SED daraus machte, weckte ihren Zorn. Nicht zuletzt das brutale Vorgehen der Staatssicherheit gegen jede oppositionelle Regung verschärfte ihre Gegnerschaft.

»Es war im August 1976, kurz nach der Selbstverbrennung von Pfarrer Oskar Brüsewitz. In Berlin sammelte ein Freund Unterschriften, um auf die politisch motivierte Verzweiflungstat aufmerksam zu machen. Abends hatte er uns noch besucht, am nächsten Tag wurde er abgeholt. Im Freundeskreis wurden mehrere Wohnungen durchsucht. Bald war auch ich dran. Deshalb habe ich vorher alles verbrannt, was der Stasi nicht in die Hände fallen sollte, Briefe und auch mein Kindertagebuch, worüber ich mich später sehr geärgert habe. Mit zehn Leuten rückten sie an, durchwühlten Regale und Schränke und beschlagnahmten alles, was ihnen verdächtig schien. Einer nahm das Buch ›Ein Traum, der nicht entführbar ist‹ von Heinz Brandt vom Nachttisch und blätterte darin. Ich dachte schon: ›Oh Gott, das schöne Buch!‹ Der Mann sah nur die Namen hoher SED-Funktionäre und legte es zurück. Offenbar hatte er den Inhalt gar nicht erfasst. Da war ich froh.«

»Wir schmorten im eigenen Saft«

In den Diskussionen der 1970er-Jahre über neue Gesellschaftsmodelle führten zumeist Männer das Wort, während bei den Frauen eher Frustration aufkam. *»Diese konspirativen Treffen bewirkten nichts. Wir schmorten sozusagen im eigenen Saft«*, erinnert sich Ulrike Poppe. *»Deswegen formierten*

Gerd Poppe

Seit Mitte der 1970er-Jahre gehörte der Physiker Gerd Poppe zum Freundeskreis von Ulrike Wick. Mit ihm verband sie nicht nur eine enge Beziehung – die beiden heirateten 1978 –, sondern auch die Überzeugung, dass ein grundlegender Wandel der gesellschaftlichen Verhältnisse unabdingbar sei. Poppe, 1941 in Rostock geboren, zählte zu den mutigsten Oppositionellen in der DDR. Weil er den Dienst mit der Waffe verweigerte, musste er 1975 sechs Monate als Bausoldat ableisten. Der Protest gegen die Biermann-Ausbürgerung 1976 kostete ihn einen in Aussicht gestellten Arbeitsplatz in der Akademie der Wissenschaften.

Bis 1984 arbeitete er als Maschinist in einer Schwimmhalle. Danach beschäftigte ihn das Diakonische Werk in einem Planungsbüro. Über zwei Jahrzehnte lang verfolgte ihn die Stasi. Wie seine Frau Ulrike veröffentlichte auch er im Untergrund zahlreiche regimekritische Texte. Der Mitbegründer der *Initiative für Frieden und Menschenrechte* saß 1989/90 mit am *Zentralen Runden Tisch* in Berlin. Er zählte zu den Autoren des Entwurfs einer neuen Verfassung, deren Grundsätze bei der deutschen Einheit jedoch keine Berücksichtigung fanden. Poppe war 1990 Mitglied der ersten frei gewählten Volkskammer und anschließend Abgeordneter im Deutschen Bundestag für *Bündnis 90/Die Grünen*.

Bündnis 90/Die Grünen | 1990

wir uns in neuen Gruppierungen, die kleine konkrete Schritte bevorzugten, statt gleich das ganze System infrage zu stellen. Wesentlich war daran, dass dies in aller Offenheit geschah, und zwar mit dem Angebot an alle Unzufriedenen, sich uns anzuschließen.«

1976 entschloss sich Ulrike Wick, einen Brief an Erich Honecker zu schreiben, aus Anlass der Ausbürgerung des Liedermachers Wolf Biermann. Das Protestschreiben fand sie später in ihrer Stasi-Akte wieder: *»Als ich den Brief erneut las, habe ich mich geschämt; ich hatte nicht mehr in Erinnerung, in welch unterwürfigem Ton ich mich damals an den Genossen Honecker gewandt habe* (lacht).«

Im Gegensatz zu Gerd Poppe, der wegen des Briefes mit Berufsverbot belegt wurde, kam sie ohne Bestrafung davon. Sie war damals im Berliner Museum für Deutsche Geschichte beschäftigt, und zwar *»an unterster Stelle«*, wie sie sagt. Als Assistentin im Magazin verwaltete sie elf Jahre lang bis kurz vor dem Ende der DDR Plakate und

Heinz Brandt: Gewerkschafts- und SED-Funktionär. 1909–1986. Von 1934 bis 1945 inhaftiert in den KZs Sachsenhausen, Auschwitz und Buchenwald. Nach dem Krieg aktiv in der SED. 1958 Flucht in die Bundesrepublik. Drei Jahre später in die DDR entführt und zu 13 Jahren Zuchthaus verurteilt. 1964 entlassen.

Kunstgegenstände. Diese Stellung nutzte sie für SED-kritische Aktivitäten. Nach der Ausbürgerung Biermanns kam es zu einer engeren Verbindung zwischen Literaten und der oppositionellen Szene. In Wohnungen und Kirchen traf man sich zu Lesungen oder Ausstellungen. Viele Texte gingen von Hand zu Hand und erschienen zunehmend als verbotene Literatur.

Der Kinosaal des Museums für Deutsche Geschichte erlebte für kurze Zeit eine Art kultureller Blüte: Vorträge, Musik, Lesungen – organisiert von Ulrike Wick und einem Kollegen. Das Publikum kam in Scharen, erst recht beim Auftritt von Frank-Wolf Matthies, Dichter vom Prenzlauer Berg. *»Der Kinosaal war voll. Alle klatschten, selbst die Genossen aus dem Museum. Erst als gesagt wurde, Matthies habe ›staatsfeindliche‹ Gedichte vorgetragen, schlichen sie sich auf die andere Seite. Am nächsten Morgen mussten wir vor der Direktion antreten und uns rechtfertigen.«*

Frauen für den Frieden

Ende der 1970er-Jahre verspürte die Opposition wieder Auftrieb. Dieses Mal kam der Impuls vor allem aus dem Westen, wo sich die Friedensbewegung gegen das atomare Wettrüsten der Supermächte zur Wehr setzte.

Vor diesem Hintergrund steigerte die SED ihr Friedenspathos und trieb gleichzeitig die Militarisierung der Gesellschaft massiv voran. Ulrike Poppe: *»Die zunehmende Militarisierung war für uns Teil der jährlichen Rüstungseskalation. Gegen das 1982 von der Volkskammer verabschiedete Wehrgesetz, das im Fall einer Mobilmachung den Einsatz von Frauen in der Nationalen Volksarmee vorsah, haben Bärbel Bohley, Katja Havemann, ich und andere eine Eingabe verfasst und dafür Unterschriften gesammelt. Dabei trafen wir viele Frauen, die nur auf ein Signal warteten, um ebenfalls zu protestieren. Daraus entstand die Basis für unsere Gruppe ›Frauen für den Frieden‹.«* Das Echo in der DDR war erstaunlich groß. In einer Reihe von Städten und Orten bildeten sich ähnliche Gruppierungen. Sie hielten Kontakt untereinander, sodass schon bald ein Netzwerk von Frauen entstand.

Der SED-Apparat griff zu harten Maßnahmen. Ende 1983 wurden Bärbel Bohley und Ulrike Poppe zusammen mit zwei anderen Frauen verhaftet. *»Ich kam gerade mit meinen beiden kleinen Kindern von der Poliklinik, als es passierte. Ein Treffen mit einer Neuseeländerin, die die Situation der Frauen in der DDR recherchierte, nahm die Stasi zum Anlass loszuschlagen. Wir hatten der Wissenschaftlerin und Friedensaktivistin einiges von unseren Aktivitäten berichtet. Mit ihren Aufzeichnungen war sie an der Grenze festgenommen worden. Bald darauf wurden vier Frauen aus unserer Gruppe in Haft genommen. Zwei kamen bald wieder frei. Bärbel Bohley und ich wurden ins Stasi-Gefängnis Berlin-Hohenschönhausen überführt. Die Anklage lautete: Verdacht auf Weitergabe von Nachrichten, die geeignet seien, dem Ansehen der DDR zu schaden.«*

Ulrike Poppe mit Sohn Jonas im Ostberliner Kinderladen | 1983

Zunächst glaubte Ulrike Poppe, sie würde nach wenigen Tagen wieder freigelassen. »*Doch spätestens in der fünften Woche begriff ich, dass ich bald vor Gericht stehen würde. Ich nahm mir vor, auf jeden Fall erst die Verurteilung und die Überführung in den Strafvollzug abzuwarten, bevor ich einer Abschiebung in den Westen zustimmen würde. Aber eigentlich wollte ich in der DDR bleiben, bei meinen Freunden, und an der Systemveränderung mitwirken. Aber wir hatten kleine Kinder und daher hätte ich einer Übersiedlung sofort zugestimmt. Zum Glück kam es anders.*« Eine Woge des Protestes im In- und Ausland veranlasste das SED-Regime, Ulrike Poppe und Bärbel Bohley nach sechs Wochen aus der Untersuchungshaft zu entlassen.

Ein normales Leben?

Eines Tages entdeckten Ulrike Poppe und ihr Mann in ihrer Wohnung an der Spitze eines Keramikstabes ein Mikrofon über ihrem runden Tisch, an dem sie oft mit Freunden diskutierten. Der Stab war vom Trockenboden aus in die Wohnzimmerdecke eingelassen worden. Eine Nachbarin hatte berichtet, auf dem Boden hätten Männer mit Messgeräten hantiert. »*Das war kurz vor einem Besuch von Robert Havemann bei uns. Uns war klar, dass wir abgehört wurden. Aber jetzt hatten wir den Beweis in der Hand. Wir mussten mit der Tatsache leben, dass jedes private Wort aufgezeichnet und unter Umständen ausgewertet wurde. Wir nahmen uns vor, trotzdem ein normales Leben zu führen. Im Nachhinein glaube ich allerdings, dass das nie vollständig gelingen konnte.*«

Der Aufwand, den die Staatssicherheit trieb, um Ulrike Poppe und ihren Mann einzukreisen und zu zermürben, stieg ins Absurde. Mal beobachteten Stasi-Mitarbeiter sie verdeckt, dann liefen sie demonstrativ in zwei Meter Entfernung hinter ihnen her. Mehrfach stand Ulrike Poppe unter Hausarrest. Dann kamen die Bewacher sogar in ihre Wohnung. »*Unsere Tochter Johanna versuchte, mit dem einen zu spielen und fasste ihn an der Hand. Doch der blieb mit hängenden Armen irgendwo in einer Ecke stehen und rührte sich nicht. Für die Kinder war das normal. Sie kannten es ja nicht anders.*«

Vorbilder in Polen und der ČSSR

Bei ihren Aktivitäten orientierten sich die Bürgerrechtler zunehmend auch an Nachbarländern wie Polen und der Tschechoslowakei. Nach dem Beispiel der *Charta 77,* einer Bürgerrechtsgruppe in der ČSSR, wurde Anfang 1986 in Berlin die *Initiative für Frieden und Menschenrechte* gegründet, die gleichzeitig Verbindung zu westlichen Politikern und Journalisten aufnahm. Gerd Poppe und seine Frau gehörten zu den Gründern.

Reisen in östliche Nachbarländer waren, wenn überhaupt, für die Bürgerrechtler nur unter Schwierigkeiten möglich. Ulrike Poppe wurde bei ihrem letzten Versuch, nach Prag zu gelangen, an der tschechischen Grenze gestoppt. »*Mir wurde gesagt, ich dürfe überhaupt nicht mehr ins Ausland reisen. Selbst der Versuch sei strafbar. Später habe ich dann in meinen Akten einen Vermerk gefunden, der mir geradezu Genugtuung bereitete: ›Gesperrt für sämtlichen Reiseverkehr bis zum 31.12.1999‹ (lacht).*«

Robert Havemann: 1910–1982. Naturwissenschaftler. Während der NS-Zeit im Widerstand. 1950 Professor und Abgeordneter in der Volkskammer. Kontakte zur Stasi und zur Geheimpolizei der UdSSR. 1956 Abkehr vom Stalinismus. Berufsverbot, Hausarrest. Verheiratet mit Katja Havemann, Mitstreiterin von Ulrike Poppe in der Bürgerrechtsbewegung.

Ungeahnte Hoffnungen

Für Ulrike Poppe und andere Bürgerrechtler begann Mitte der 1980er-Jahre eine aufregende Zeit. Seit dem Amtsantritt von Michail Gorbatschow in der UdSSR, Generalsekretär der KPdSU, standen die Zeichen auf Veränderung. Seine Politik der Öffnung und des Umbaus *(Glasnost* und *Perestroika)* weckte überall ungeahnte Hoffnungen.

In Berlin stemmte sich die Führungsriege um Erich Honecker zwar vehement gegen jedes Zugeständnis, aber die Zeit arbeitete gegen sie. Ulrike Poppe wirkte an einer Vielzahl von Initiativen und Aktionen mit. Im September 1989 gehörte sie zu den Erstunterzeichnern eines Aufrufs zur Gründung von *Demokratie Jetzt,* einer Gruppe, die neben dem *Neuen Forum* wesentlich zum Gelingen der Friedlichen Revolution beigetragen hat.

Sturm auf das Stasi-Hauptquartier

Der Umsturz selbst vollzog sich in einem solchen Tempo, dass kaum Zeit zum Nachdenken blieb. Ulrike Poppe erinnert sich an den 15. Januar 1990, als am *Zentralen Runden Tisch* in Berlin SED-Politiker und Bürgerrechtler über die Zukunft der DDR verhandelten. Zu diesem Zeitpunkt standen die Stasi-Zentralen in den Bezirken bereits unter der Kontrolle von Bürgerkomitees. Nur das Berliner Hauptquartier an der Normannenstraße in Lichtenberg war noch intakt.

Am Nachmittag des 15. Januar erschreckten dann Meldungen, wonach Demonstranten das Stasi-Hauptquartier zu stürmen versuchten, die Beteiligten am *Runden Tisch.* Von drohender Gewalt war die Rede; auch sei das Leben von Stasi-Mitarbeitern in Gefahr. Ulrike Poppe: »*Daraufhin*

Teilnehmer am Runden Tisch. Ganz links: Ulrike Poppe | 1989

haben wir den Runden Tisch verlassen und wurden mit Blaulicht nach Lichtenberg gefahren, um unsere Peiniger von einst vor der wütenden Bevölkerung zu schützen.«

Akteneinsicht

Nach der Erstürmung des Stasi-Hauptquartiers in Berlin-Lichtenberg dauerte es noch fast zwei Jahre, bis Ulrike und Gerd Poppe am 2. Januar 1992 ihre eigenen Akten einsehen konnten. Einiges war bis dahin bereits durchgesickert und weckte schlimme Befürchtungen. Einzelne Politiker und Bürgerrechtler wurden in dieser Zeit als Stasi-Zuträger enttarnt. Von einem Tag auf den anderen zerbrachen Ehen und langjährige Freundschaften, als der Verrat aktenkundig wurde. Das »*Gift*«, das aus den Stasi-Unterlagen strömte, schien den gerade erst begonnenen Einigungsprozess zu ersticken.

Ein enger Freund

»*Die Entdeckung von Spitzeln war keine große Überraschung mehr für uns*«, berichtet Ulrike Poppe. »*Durch die Bürgerkomitees und aus anderen Quellen hatten wir schon von den meisten Inoffiziellen Mitarbeitern erfahren. Ein Fall von Bespitzelung hat mich dann doch erschüttert: Ein enger Freund, den ich noch aus der Behörde angerufen habe, meldete sich nicht. Am nächsten Tag bat ich eine Freundin, bei ihm vorbeizuschauen, da ich zu einem Lehrgang musste. Sie berichtete, sein Auto stünde vor der Tür, aber keiner mache auf. Wir haben dann entschieden, die Wohnung aufbrechen zu lassen. Der Mann konnte in letzter Minute gerettet werden. Er hatte versucht, sich das Leben zu nehmen, hatte Abschiedsbriefe geschrieben, auch an mich. Er ist dann wieder ins Leben zurückgeholt worden, verlor seinen Job an der Humboldt Universität. Und als er das Krankenhaus verlassen hatte, trafen wir uns. Er versicherte, nur Gutes über uns berichtet zu haben. Es war deprimierend, denn er war sich keiner Schuld bewusst. Als er darauf hinwies, Verwandte von ihm seien im KZ gewesen, wurde ich wütend. Ob er uns für Faschisten halte,*

> »Beim Lesen meiner Akte habe ich mich gefragt: Was wusste die Stasi, was nicht? Wie hat sie mein Leben beeinflusst? Und wo habe ich die Linie gezogen?«

ULRIKE POPPE

Ulrike Poppe bei der Durchsicht ihrer Stasi-Akten | 1999

wollte ich wissen. Nein, nein, erwiderte er, er sei wirklich unser Freund gewesen. Das fand ich sehr merkwürdig. Seitdem gibt es keinen Kontakt mehr.«

Zwanzig Jahre danach

Im Rückblick zieht Ulrike Poppe, was den Einigungsprozess angeht, eine überwiegend positive Bilanz. »Ich denke, die deutsche Einheit ist im Großen und Ganzen gelungen«, sagt sie. Das gelte auch für die Aufarbeitung der DDR-Geschichte. Wichtige Voraussetzung dafür war nach ihren Worten die »historisch und weltweit erstmalige Öffnung der Unterlagen eines Geheimdienstes für die Betroffenen und die Forschung, also der Zugang zu den Stasi-Akten.«

Kritisch sieht die ehemalige Bürgerrechtlerin dagegen die Klärung der Verbrechen, die das SED-Regime zu verantworten hat: zum Beispiel viele Unrechtsurteile, Schüsse an der Mauer und Verfolgung und Unterdrückung der Opposition. »Die rechtsstaatlichen Möglichkeiten dafür sind begrenzt. Wahrscheinlich gab es am Anfang zu hohe Erwartungen. Manche sind sehr unzufrieden. Aber der Dimension des Unrechts ist mit strafrechtlichen Mitteln allein nicht beizukommen.«

Viele fühlen sich benachteiligt

Auch denjenigen, die unter dem SED-Regime gelitten haben, hätte man nach ihrer Auffassung bessere Startchancen ermöglichen sollen. »Viele kamen beruflich nicht wieder auf die Beine, leiden heute noch unter Depressionen. Sie fühlen sich benachteiligt gegenüber jenen, die schon im alten System bevorzugt waren und heute in der Leistungsgesellschaft die besseren Chancen haben.« In ihrem Amt als Aufarbeitungsbeauftragte kann Poppe gerade für die Opfer des SED-Systems etwas tun.

Fast zwei Jahrzehnte hat Ulrike Poppe das Regime bekämpft. Am Ende hatten sie und ihre Mitstreiter zwar nicht alles durchgesetzt, aber vor der Geschichte haben sie doch gewonnen. Auf die Frage, wer für sie unter den Akteuren in der Bürgerrechtsbewegung am wichtigsten gewesen sei, zögert sie nicht lange: »Das war mein damaliger Mann. Gerd Poppe war immer klar in seinen Zielen und seine Haltung zu den Menschenrechten war stets konsequent.«

Die Friedliche Revolution

Bündnis auf Zeit | Die Messestadt Leipzig, in der die SED seit Gründung der DDR mit Opposition und Widerstand zu tun hatte, entwickelte sich in der zweiten Hälfte der 1980er-Jahre zum eigentlichen Zentrum der Regimegegner und übertraf am Ende noch Berlin. Auch wenn die Staatssicherheit die Zersetzung und Unterwanderung oppositioneller Gruppen vorantrieb und immer mehr »Staatsfeinde« verhaftete, gelang es ihr nicht, die Bürgerrechtler zum Schweigen zu bringen. Mit jeder Unterdrückungsmaßnahme wuchs der Protest sogar. In Leipzig wurde schließlich das Ende der SED-Herrschaft besiegelt. Kirchliche, soziale und Umweltgruppen schlossen ein Bündnis auf Zeit mit dem einen Ziel, Freiheit und Rechtsstaatlichkeit Geltung zu verschaffen. Am 9. Oktober 1989 kapitulierte das Regime, als über 70 000 Menschen auf die Straße gingen.

Dramatische Zuspitzung | Anfang Oktober 1989 hatte sich die Lage in der DDR dramatisch zugespitzt. Von mehreren Seiten geriet die SED-Führung mit dem schwer erkrankten Erich Honecker an der Spitze unter enormen Druck. Hilflos sah das Regime zu, wie sich Zehntausende in benachbarte Länder absetzten und in den westdeutschen Botschaften in Prag, Budapest und Warschau Zuflucht suchten. Zugleich kam es zu Demonstrationen, denen die Sicherheitskräfte keinen Einhalt gebieten konnten, es sei denn mit massiver Gewalt. Davor schreckte die SED jedoch weitgehend zurück – jedenfalls bis zum 7. Oktober 1989, an dem sie den 40. Jahrestag der DDR feiern wollte.

In Leipzig verzeichneten die Protestmärsche von Woche zu Woche größeren Zulauf. Die Montagsdemonstrationen mit der Nikolaikirche als Ausgangspunkt zeigten der Welt, dass die Menschen nicht mehr zurückweichen würden. Der Leipziger Pfarrer Christoph Wonneberger gehörte zu denen, die zähen Widerstand leisteten und für Gewaltlosigkeit eintraten. Er war einer der Initiatoren der Friedensgebete und inspirierte mit seinen Predigten die Demonstranten. Seine Initiativen gaben der Friedensbewegung in der DDR Auftrieb.

1944	Geburt in Wiesa/Erzgebirge
1960	Lehre als Maschinenschlosser
1963–1970	Theologiestudium
1970–1985	Pfarrer in Leipzig, Taucha und Dresden
1985	Pfarrer in Leipzig
1986–1989	Mitorganisator der Friedensgebete in Leipzig

Christoph Wonneberger   Der Langstreckenläufer

»*Manchmal sind Feinde oder Gegner wichtiger als Freunde*«, sagt Christoph Wonneberger lachend; »*Gegner fordern einen heraus. Sie zwingen einen, genau zu denken und sich exakt zu äußern. Sonst wäre es ja auch einfältig und langweilig.*«

An Widersachern hat es im Leben von Pfarrer Wonneberger nicht gefehlt. Manchmal suchte er den Konflikt geradezu, etwa, wenn ihm die Evangelisch-Lutherische Kirche der DDR allzu staatstreu erschien, zu mutlos und feige. Oft nahm er die Rolle des Außenseiters ein, um Mitmenschen wach zu rütteln, damit sie die Bevormundung und Unfreiheit nicht einfach akzeptierten.

Als Oppositioneller glich Wonneberger einem Langstreckenläufer. Während andere einknickten und ihren Frieden mit Amtskirche und SED-Staat schlossen, machte Wonneberger unbeirrt weiter. Er ging an Grenzen, auch an die eigenen; er riskierte seine Entlassung aus dem Kirchendienst und nahm mehrfach Festnahmen durch die Stasi in Kauf.

Im Oktober 1989 – nach zwei Jahrzehnten eines listenreichen und oft zermürbenden Kampfes gegen die Stasi – hatte er als Motor der Bürgerrechtsbewegung mehr erreicht als er je erträumte: Die Friedliche Revolution mit den Montagsdemonstrationen in Leipzig, die es ohne ihn kaum gegeben hätte, rückte in greifbare Nähe. Die Tage der Alleinherrschaft der SED waren gezählt.

Geteiltes Leben

Aber am 30. Oktober 1989 traf ihn ein schwerer Schlaganfall, der ihm Sprache und Gedächtnis raubte. Die Krankheit setzte einen der mutigsten und wichtigsten Oppositionellen der DDR für lange Zeit außer Gefecht. Nur mühsam und unter Aufbietung aller Energie fand er langsam ins Leben zurück. Doch seine Verdienste um die Friedliche Revolution gerieten in Vergessenheit.

In seiner gemütlichen Altbauwohnung im Leipziger Süden blickt Christoph Wonneberger auf ein geteiltes Leben zurück: auf der einen Seite die hektische, rastlose Aktivität und auf der anderen der erzwungene Rückzug ins Private, der inzwischen schon länger als zwei Jahrzehnte andauert.

Die Folgen seiner Krankheit hat er weitgehend überwunden. Nur manchmal sucht er nach dem richtigen Wort oder vertauscht die Silben. »*Wenn störende Geräusche dazwischenkommen, dann habe ich Schwierigkeiten*«, sagt er. Aber solche Aussetzer irritieren ihn nicht. Er hadert mit seinem Schicksal in keiner Weise, sondern ruht gelassen in sich.

Seinem Körper konnte der Schlaganfall nichts anhaben. Wonneberger ist eher klein und schmal. Das offene, freundliche Gesicht mit den lustigen Augen verrät kaum Altersspuren. Er wirkt körperlich fit und durchtrainiert.

2008 unternahm er mit Freunden eine gewaltige Fahrradtour: Paris-Moskau. »*Das hat uns Spaß gemacht*«, meint er lakonisch. »*Sieben Wochen waren wir unterwegs.*« Das neue Europa ohne Grenzen und ohne Eisernen Vorhang – aus dem Traum war Wirklichkeit geworden, und die wollte er hautnah spüren.

Im Frühsommer 2010 hat er zum ersten Mal seit langer Zeit wieder seine Heimat im Erzgebirge erkundet – natürlich mit dem Fahrrad. Er besuchte seinen Geburtsort Wiesa, wo er noch eingeschult worden war, bevor die Eltern mit ihren Söhnen nach Chemnitz, damals Karl-Marx-Stadt, zogen.

Der Vater war nie zufrieden

Sein Verhältnis zum Vater beschreibt Wonneberger als zwiespältig. »*Mein Vater war mit seinem Beruf verheiratet, also mit der Kirche. Für die Familie blieb nur wenig Zeit. Er war sehr ehrgeizig und übertrug das auf mich. In den wenigen Stunden, in denen er sich mit mir beschäftigte, wollte er vermutlich aus schlechtem Gewissen heraus das nachholen, was er versäumt hatte, bis er merkte, dass das nicht ging. Er war nie zufrieden mit dem, was ich machte. Ich habe*

Immer auf Achse mit dem Rad: Christoph Wonneberger

es abbekommen, meine beiden Brüder nicht. Aber ich wollte mich auch nicht unterbuttern lassen.«

Im Dritten Reich hatte sich der Vater der Bekennenden Kirche angeschlossen. Er gehörte also zu jenen mutigen Protestanten, die in Opposition zur NS-Diktatur standen und den Kurs der regimetreuen *Deutschen Christen* ablehnten. Nach den Worten seines Sohnes hatte der Vater etwas »*Kämpferisches*«, was dann in der DDR nur noch selten zum Vorschein gekommen sei. Zwar zog der Pastor für seine Kinder einen klaren Trennungsstrich gegenüber der SED. Nur bei Gemeinschaftsaufgaben wie Schrottsammeln für einen guten Zweck durften die Söhne mitmachen.

In der Schule folgte Christoph dieser Linie und bekam deshalb für seine Aufsätze meistens eine schlechte Note. »*Mein Vater hat dann protestiert, den Lehrer zur Rede gestellt und ihn gefragt: ›Was wollt ihr eigentlich von den Kindern? Eine vorgefasste Meinung oder eigene Gedanken?‹ Manchmal wurde die Note zurückgenommen und der Aufsatz dann gar nicht bewertet.*«

Maschinenschlosserlehre

Kindern von Geistlichen war in der DDR der Zugang zum Abitur an einer staatlichen Schule versperrt. Nach der Mittelschule entschloss sich der junge Mann deshalb, einen praktischen Beruf zu ergreifen. In Karl-Marx-Stadt, wo der Vater als Jugendpfarrer tätig war, bot sich für einen angehenden Maschinenschlosser der volkseigene Betrieb *Diamant* an, der Textilmaschinen und Fahrräder herstellte. *Diamant*-Fahrräder galten als solide und stabil und wurden in die Sowjetunion und nach Vietnam exportiert.

Im letzten Lehrjahr stand für Christoph Wonneberger fest, dass er künftig nicht als Maschinenschlosser arbeiten würde. Die Frage seiner beruflichen Zukunft beschäftigte ihn ohnehin weniger als der Wunsch, in den Gesprächen mit seinem Vater mithalten und ihm endlich auch Paroli bieten zu können.

Theologiestudium

Das Studium am theologischen Seminar der Evangelischen Hochschule in Leipzig hatte er sich allerdings anders vorgestellt. »*Das empfand ich als eng. Dieses Korsett im Denken, diese Vorstellungen vom Leben – bald wurde mir klar: Das bringt dich nicht weiter.*« Als angehender Theologe bot sich ihm die Möglichkeit, über eine Sonderprüfung an eine andere Hochschule zu wechseln. »*Weil ich unter Heuschnupfen litt, entschied ich mich für Rostock. Die Prüfung war kein Problem. Von 1965 bis 1970 habe ich dann in Rostock studiert. Die Seeluft tat mir gut. Ich hatte viel Zeit und viele Interessen, vor allem Philosophie.*«

Theater und Live-Musik

Der Drang, mehr zu wissen und neue Erfahrungen zu sammeln, trieb ihn immer wieder an. Live-Auftritte von Liedermachern und Musikgruppen zogen ihn mehr an als die Kanzel, von der er als Pfarrer das Wort Gottes verkünden sollte.

Um Westsender empfangen zu können, kaufte er ein besonderes Radiogerät, »*das beste, das ich finden konnte*«. Die Beschaffung einer Antenne bereitete allerdings Probleme. »*Es gab in Rostock einfach keine Antenne zu kaufen. Da habe ich mir eine von einem staatlichen Clubhaus geklaut. Ich sagte mir: Das muss jetzt sein … (lacht).*«

Mit Vorliebe NDR 3

In Rostock hörte Wonneberger gern NDR 3, für ihn damals »*das beste Radioprogramm überhaupt: Hörspiele, Beiträge über Philosophie und Bildung, Neuerscheinungen auf dem Buchmarkt.*« So verfolgte der Theologiestudent am Radio die Debatte über eine »*qualifizierte Mitbestimmung*« in westdeutschen Betrieben. Das ließe sich auch auf die DDR übertragen, dachte er. Mit einigen Kommilitonen entwickelte er eine unabhängige studentische Vertretung an den Universitäten. Die Gruppe richtete ein Sekretariat ein und nahm Verbindung zu Studenten in anderen Städten auf. »*Wir wollten *uns vernetzen und zunächst eine studentische Vertretung für Theologen aufbauen, die später auf andere Fakultäten ausgeweitet werden sollte.«*

Bevor es dazu kam, griff die Staatssicherheit ein. Das Netzwerk wurde zerschlagen, zwei der Initiatoren verhaftet und als angebliche US-Agenten verurteilt. Wonneberger entging dem Stasi-Zugriff. *»Ich habe einfach Glück gehabt.«*

Der »Prager Frühling«

Wie andere Oppositionelle verband auch Christoph Wonneberger in der zweiten Hälfte der 1960er-Jahre mit der Reformbewegung in der Tschechoslowakei große Hoffnungen. Unter den Augen der Weltöffentlichkeit entwickelte sich dort ein *»Sozialismus mit menschlichem Antlitz«*. In Prag erlebte Wonneberger den vielversprechenden Beginn wie auch das brutale Ende des *Prager Frühlings*. *»Ab Frühjahr 1968 habe ich die ČSSR mehrfach besucht. Ich hatte viel gelesen und dachte: Da tut sich was. Da musst du hin. Den ganzen Sommer habe ich in Prag verbracht. Ich spürte, welche geballte Energie sich dort entlud. Studenten aus aller Welt waren da. Niemand blieb von den Ereignissen unberührt. Die Kehrseite habe ich dann auch miterlebt: den Einmarsch der Warschauer-Pakt-Truppen. Es war eine Katastrophe. Von einem Tag zum anderen geriet eine Idee unter Panzerketten.«*

Bald nach seiner Rückkehr in die DDR nahm ihn die Stasi fest, weil er eine Anstecknadel mit dem Schriftzug *»Dubček-Svoboda«* trug. Alexander Dubček und Ludvik Svoboda hatten die Reformbewegung in der ČSSR angeführt. Wonneberger wurde aufgefordert, derartige Sympathiebekundungen zu unterlassen. Weil er annahm, Polen könne der nächste Schauplatz einer freiheitlichen Bewegung werden, lernte Wonneberger Polnisch und intensivierte ab 1969 seine Verbindungen nach Danzig, Warschau und Krakau. Zugleich erkundete er anhand der Biografien von Mahatma Gandhi und Martin Luther King die Chancen eines gewaltfreien Widerstandes.

Demonstration in Prag | 1968

Freiheiten eines Pfarrers

Die Frage, ob er nach dem Studium überhaupt das Amt eines Pfarrers antreten sollte, hat Wonneberger sich gründlich überlegt und dann klar beantwortet. Dabei waren für ihn theologische Erwägungen nicht ausschlaggebend: *»Die Freiheit, die ein Pfarrer genießt, ist relativ groß, auch wenn man nicht viel verdient. Aber darauf kommt es gar nicht an. Hauptsache, ich bin mit mir im Reinen. Ob die Kirche mich überhaupt einstellen würde, wusste ich nicht. Bis dahin hatte ich mir ja schon einiges geleistet. Aber sie hat mich genommen. Mein Verständnis als Christ blieb davon unberührt. Ich brauchte nicht jedes Mal in der Bibel nachzuschlagen, um zu wissen, was richtig oder falsch ist.«*

In den Gemeinden, in denen Christoph Wonneberger in den 1970er- und 1980er-Jahren als Pfarrer tätig war, kümmerte er sich vor allem um die Jugendlichen. In Taucha bei Leipzig baute er mit

Bettina Wegner | 1980

jungen Leuten einen Jugend-Club auf. »*Der Club sollte nicht kirchlich aufgezogen, sondern von den Jugendlichen in eigener Regie geführt werden. In dem Ort blieben die jungen Leute sich weitgehend selbst überlassen. Das wollte ich ändern. Dass der Club überhaupt funktionierte, war eine schöne Erfahrung für mich.*«

Offene Arbeit

Innerhalb der Kirche wurden Projekte, wie Pfarrer Wonneberger sie in Angriff nahm, als gelungene Beispiele *Offener Arbeit* angesehen. Unter diesem Vorzeichen wollten die Geistlichen zeigen, dass sie nicht im Verborgenen gegen den Staat opponierten, sondern sich in aller Öffentlichkeit um soziale Brennpunkte kümmerten.

Christoph Wonneberger wurde 1977 von Leipzig-Taucha regelrecht abgeworben, und zwar durch die *Weinbergsgemeinde* in Dresden. In der Elbmetropole bekämpfte Wonneberger den Wehrunterricht an den Schulen und organisierte die Beratung von Kriegsdienstverweigerern. Längst war er kein Einzelkämpfer mehr. Über ein Dutzend junger Pfarrer fühlten sich der offenen Jugendarbeit verpflichtet, tauschten Ideen aus und stützten sich gegenseitig. »*Dresden war schon eine andere Größenordnung als Taucha*«, berichtet er. »*Es gab mehr Jugendliche – Jugendliche ohne einen richtigen Ort, unangepasst und aufmüpfig, auf der Suche nach etwas, ohne zu wissen, was das sein könnte.*«

Bettina Wegner: 1947 in Berlin geboren. Liedermacherin. 1968 Flugblattaktionen gegen Niederschlagung des *Prager Frühlings*. Haftstrafe. 1976 Protest gegen die Ausbürgerung von Biermann, Auftrittsverbote. 1983 Übersiedlung nach Westberlin.

Impulsgeber

Der Pfarrer gewann »*Impulsgeber*«, die selbst etwas auf die Beine stellten. Außerdem lud er Schriftsteller, Musiker und Theaterleute ein – Künstler, »*die sonst keine Bühne fanden*«. Die Liedermacherin Bettina Wegner, die von der Stasi auf Schritt und Tritt verfolgt wurde, gehörte dazu. Die *Weinbergsgemeinde* entwickelte sich zu einem Mittelpunkt der Gegenkultur. Auch wenn die staatlich gelenkten Zeitungen darüber nicht berichteten – in der DDR wurde jedes Biotop der Erneuerung intensiv wahrgenommen.

Ähnlich wie Pfarrer Rainer Eppelmann mit seinen *Blues-Messen* holte auch Wonneberger Musikergruppen in den Gottesdienst – was beim Kirchenvorstand nicht immer auf Zustimmung stieß. In den traditionell ausgerichteten Gemeinden herrschte ohnehin oft wenig Verständnis für die jungen Pastoren, die mit ihrer unkonventionellen Jugendarbeit für Unruhe sorgten.

»*Die Kontrolle durch die Stasi lief immer verdeckt. Eingeschleuste Stasi-Mitarbeiter berichteten ihren Führungsoffizieren über meine Arbeit oder streuten Gerüchte über mich. Diese wandten sich an die Kirchenleitung und behaupteten, ich würde gegen Gesetze verstoßen. Da ich Angestellter der Kirche war, wurde ich vorgeladen und musste mich vor meinen Vorgesetzten rechtfertigen. Das passierte oft, und jedes Mal reagierte ich anders. Manchmal zeigte ich mich überrascht, sagte ›Aha, hm …‹ Oder ich war einsichtig: ›Tut mir leid. Passiert nicht wieder. Dafür machen wir das nächste Mal einen anderen Fehler.‹ Oder ich verteidigte meine Arbeit. So lief das. Anfangs gab die Kirchenleitung den Druck nicht gleich weiter, sondern wiegelte ab. Denn wir wurden ja ständig gegeneinander ausgespielt. Aber es entstand schon so eine Stimmung gegen mich: Ständig gibt es Probleme mit dem! Muss das denn sein? Dabei wollte ich die Kirche gar nicht von unten revolutionieren, sondern das ausgleichen, was andere versäumten, damit das Angebot der Kirche insgesamt wieder ins Lot kam.*«

Sozialer Friedensdienst

Eine Idee, die Wonneberger Anfang 1980 entwickelte, trieb den Konflikt mit der sächsischen Landeskirche auf die Spitze. Da er mit einer stetig wachsenden Zahl von Wehrdienstverweigerern zu tun hatte, dachte er intensiv über einen Ersatzdienst nach, der die Verweigerer vom halbmilitärischen Einsatz als *Bausoldaten* befreien und gleichzeitig dem Gemeinwesen zugutekommen sollte. *Sozialer Friedensdienst* lautete sein Vorschlag, den er als Eingabe an die Volkskammer konzipierte und in enger Abstimmung mit anderen Geistlichen als Kettenbrief in Umlauf brachte. Verweigerer sollten einen 24-monatigen Ersatzdienst leisten und in öffentlichen Einrichtungen tätig werden, wo Hilfs- und Pflegekräfte dringend benötigt wurden.

Es dauerte nicht lange, bis sein Aufruf über 5000 Unterschriften trug und Wirkung zeigte. Die Initiative wurde von mehreren Landeskirchen aufgegriffen. Wonnebergers Vorstoß verschaffte der gesamten Friedensbewegung in der DDR Auftrieb. Schriftsteller und Künstler unterstützten den *Sozialen Friedensdienst.*

... dann fliegen Sie raus!

Das Projekt erreichte eine politische Dimension, die die SED in den Bezirken und in Berlin alarmierte. Während Wonneberger mit Hochdruck eine für Ostern 1982 geplante Sternfahrt nach Dresden vorbereitete, ging die Stasi massiv bei der Sächsischen Landeskirche gegen ihn vor. Die Kirchenbehörde verweigerte jegliche Unterstützung des Ostertreffens, untersagte Wonneberger die Mitwirkung daran und drohte ihm erstmals mit arbeitsrechtlichen Konsequenzen. »Da hieß es dann: ›Wenn Sie so weitermachen, dann fliegen Sie raus!‹«, erinnert sich der Pfarrer.

Am 17. Februar 1982 nahmen Stasi-Beamte Wonneberger fest und verhörten ihn mehrere Stunden lang. In dieser Situation lehnte die Amtskirche jeden Beistand ab. Auf die Frage, ob er damals Angst gehabt habe, antwortet er mit einem Seufzer: »*Wenn man plötzlich abgeholt wird und nicht weiß, wie es weitergeht, dann verspürt man schon Ängste. Es kam ja auch vor, dass Stasi-Leute jemanden abends in der Dunkelheit verprügelten.*« Um andere Aktivisten und Unterzeichner von Aufrufen zu schützen, vernichtete der Pfarrer Papiere. Der Plan einer DDR-weiten Initiative für den *Sozialen Friedensdienst* musste deshalb aufgeben werden.

»Staatsfeindliche Elemente«

Der gemaßregelte Pfarrer stand weiterhin in engem Kontakt zu Rainer Eppelmann und Hans-Jochen Tschiche, die wie er als »*staatsfeindliche Elemente*« und »*unbelehrbare Feinde des Sozialismus*« galten. Für sie spielte das Friedensthema eine wichtige Rolle. Gleichzeitig suchten sie nach Möglichkeiten, außerhalb der Kirche politisch aktiv zu werden. An Ideen mangelte es nicht: das Ausrufen atomwaffenfreier Zonen, die Einrichtung von Stellen zur Rechtsberatung, Patenschaften für inhaftierte Oppositionelle usw.

Bevor Wonneberger 1985 an die *Lukasgemeinde* in Leipzig wechselte, nahm er sich in Dresden eine halbjährige Auszeit. Er wollte Abstand gewinnen und Kräfte für einen Neuanfang sammeln. Tatsächlich begann in Leipzig ein neues Kapitel, das für die Bürgerrechtsbewegung in einem historischen Akt der Selbstbefreiung endete.

Gewaltfrei

Wie zuvor in Dresden war Pfarrer Wonneberger auch in Leipzig darauf bedacht, nicht isoliert, sondern in enger Abstimmung mit anderen Gruppen vorzugehen. Außerdem sollten Aktionen gewaltfrei bleiben. »*Der Friede muss unbewaffnet sein ...*« – so lautete sein Credo. Nutzlosen Debatten über ideologische Ausrichtungen, die anderswo Initiativen lähmten, ging er aus dem Weg. Losungen wie »*Kir-

Bausoldaten: Kriegsdienstverweigerer waren gezwungen, u.a. militärische Anlagen zu errichten. Der *Spatentrupp* bestand aus Baukompanien, die auch im Tagebau und in chemischen Großanlagen eingesetzt wurden.

che im Sozialismus«, mit der die Amtskirche sich dem SED-Staat anbiederte, kamen ihm nicht über die Lippen. Er hielt sie für »Leerformeln«.

Akteure und Ereignisse

Unter dem massiven Druck der Stasi blieb die Landeskirche bei ihrer Linie, der Protestbewegung wenig Raum zu geben und Distanz zu oppositionellen Basisgruppen zu wahren. Erst als sich die Montagsdemonstrationen zu Massenkundgebungen ausweiteten, lenkte die Kirchenbehörde ein und befreite sich aus der Vormundschaft des MfS.

Plakat: Friedensgebet | Dresden 1982

Zur Opposition zählten auch Umweltaktivisten, doch die eigentliche Antriebskraft ging von den Friedensgebeten aus, die Pfarrer Wonneberger initiiert hatte. Daraus entstanden die Montagsgebete und schließlich die Montagsdemonstrationen.

Für eine Reihe von Amtsbrüdern und die Landeskirche blieb Wonneberger in den entscheidenden Monaten ein rotes Tuch, der »Spinner«, wie einer sich ausdrückte. Demonstrativ stellte der Pfarrer sich auf die Seite der Basisgruppen, die sich für Menschenrechte und Umwelt starkmachten. Er war es auch, der auf die vielen Ausreisewilligen zuging, um den drohenden Konflikt zwischen ihnen und jenen Bürgern, die in der DDR bleiben wollten, zu entschärfen.

Statt-Kirchentag

Wie weit er sich von der eigenen Kirche entfernt hatte, wurde im Juli 1989 deutlich, als die Landeskirche anlässlich des 450. Reformationsjubiläums in Leipzig einen Kirchentag abhielt. Im Vorfeld hatte Wonneberger noch versucht, kritischen Stimmen bei diesem Treffen Gehör zu verschaffen. Seine Vorgesetzten blockten jedoch alles ab. Daraufhin entschloss er sich, in seiner Gemeinde einen Statt-Kirchentag abzuhalten. Über tausend Aktivisten aus allen Gebieten der DDR folgten seiner Einladung und diskutierten in aller Offenheit die Stimmung im Staate, die angesichts eskalierender Proteste und einer steigenden Zahl von Ausreisewilligen zu explodieren drohte. Der Statt-Kirchentag mit seinen Debatten und Ausstellungen entwickelte sich zu einem Ereignis, das vor allem in den Westmedien als Sensation wahrgenommen wurde. Im September 1989 verzeichneten die Friedensgebete in Leipzig immer mehr Zulauf, sodass die Nikolaikirche die Besucher nicht mehr fassen konnte und weitere Gemeinden ihre Kirchen öffnen mussten. Den Gebeten schlossen sich jeweils Protestmärsche an. Je härter die Stasi gegen Demonstranten vorging, desto entschlossener reagierte die Bevölkerung mit neuen Kundgebungen.

Leipziger Arbeitsgruppen für FRIEDEN - UMWELT - GERECHTIGKEIT gestalten ab Februar 1987 ein

wöchentliches Friedensgebet

montags 17 Uhr in der Nikolaikirche

Im Anschluß daran sind Gespräche möglich (in der Jugendkapelle)

Ein Angebot auch für die Gemeinden Leipzigs, diese drei wichtigen Problemfelder nicht aus dem Auge zu lassen und mit denen ins Gespräch zu kommen, die sich schon länger oder intensiver damit beschäftigen.

Plakat: Friedensgebete in der Nikolaikirche Leipzig | 1987

Wer die Kalaschnikow nimmt …

Am Montag, dem 25. September 1989, übernahm Pfarrer Wonneberger zusammen mit der *Arbeitsgruppe Menschenrechte* die Ausrichtung des Friedensgebetes. Über 2000 Menschen drängten sich in die Nikolaikirche, die schließlich wegen Überfüllung geschlossen wurde. In seiner Predigt sagte Wonneberger in Anlehnung an ein Bibelzitat: *»Wer das Schwert nimmt, wird durch das Schwert umkommen. Wer die Kalaschnikow nimmt, hat mit einem Kopfschuss zu rechnen.«* Er schloss mit dem Satz: *»Wer andere willkürlich der Freiheit beraubt, hat selbst bald keine Fluchtwege mehr.«*

Vor den Augen der Weltöffentlichkeit geschah schließlich, worauf Millionen gehofft, aber womit nur wenige wirklich gerechnet hatten. Am 9. Oktober 1989 kapitulierten die in Leipzig zusammengezogenen Sicherheitskräfte vor einem Aufmarsch von über 70 000 Demonstranten. Pfarrer Wonneberger und mit ihm einige Dutzend Bürgerrechtler waren am Ziel.

Am 30. Oktober geschah dann das Unfassbare: Wonneberger lag nach einem Schlaganfall danieder, ohne Sprache, ohne funktionierendes Gedächtnis. 1999 trat Wonneberger erstmals wieder in der Öffentlichkeit auf. In einer Mischung aus Bitterkeit und Genugtuung stellte er fest: *»Ich habe keine Kirche mehr. Der Statt-Kirchentag damals ist eben ein Stück weitergegangen, nämlich in die Gesellschaft hinein, in den Herbst hinein.«*

Plakat für den Statt-Kirchentag | 1989

Christoph Wonneberger

Christoph Wonneberger, Motor der
Montagsdemonstrationen in Leipzig,
erlitt auf dem Höhepunkt der Friedlichen Revolution einen Schlaganfall.

Christoph Wonneberger

Wenn Sie auf das Jahr 1989 zurückblicken: Wie sehen Sie Ihre Rolle bei den Montagsdemonstrationen in Leipzig?

CW – Ich habe mich nie als Macher oder Antreiber empfunden. Aber ich hatte, glaube ich, den Instinkt für den richtigen Moment, in dem etwas geschehen muss. Und ich lag selten daneben. Nehmen Sie den September 1989. Die Gewalt war mit den Händen zu spüren. Man musste schnell reagieren, die Gewalt direkt benennen, ohne Verbotsschilder aufzustellen.

Sie meinen die Gefahr, dass die Demonstranten der Stasi einen Vorwand für den Einsatz von Gewalt liefern könnten?

CW – Richtig. In solchen Situationen darf man sich nicht von der eigenen Angst leiten lassen, sondern muss ganz bewusst handeln.

Pfarrer Christian Führer gilt als der eigentliche Held der Friedlichen Revolution in Leipzig. Wie war die Zusammenarbeit?

CW – Zwischen Herrn Führer und mir gab es kaum Überschneidungen, weder im Denken noch im Tun. Zwei Jahre habe ich das allein gemacht, ohne ihn. Von September 1988 bis Herbst 1989 war er dann für mich oft nur Bremser. Meinen Mitstreitern und mir blieb meistens nichts anderes übrig, als einen Bogen um ihn herum zu machen.

Aber er hat die Nikolaikirche für die Demonstranten geöffnet und ihnen damit einen besonderen Raum gegeben.

CW – Das stimmt. Die Nikolaikirche war ein besonderer Ort. Nirgendwo sonst gab es etwas Beständiges. Man wusste: Nächste Woche treffen wir uns dort wieder. Alle diejenigen, die die Verhältnisse verändern wollten, wussten seit 1987, dass sie im Friedensgebet in Leipzig etwas einbringen konnten. Neue Ideen. Neue Menschen. Auch neue Konflikte. Viele, zumeist jüngere Menschen, haben mitgemacht. Ansonsten kann ich nur sagen: Was meine Amtskollegen angeht, war ich oft allein.

Haben die westlichen Medien den falschen Helden gekürt?

CW – Nein, Herr Führer hat nach meinem Schlaganfall das Ganze fortgeführt und dafür gebührt ihm Anerkennung. Nur, bestimmte Dinge kann man nicht einfach rückdatieren. Wir hatten früher kaum gemeinsame Themen. So ist es heute noch.

Der Schlaganfall hat Sie aus einem historischen Moment herausgerissen. Gab es Vorwarnungen?

CW – Mein Schlaganfall geschah am 30. Oktober 1989. Sieben Tage zuvor hatten die letzten großen Demonstrationen stattgefunden. Der Scheitelpunkt war überschritten. Und ich wusste: Das kriegt jetzt eine Form, kommt in die richtigen Bahnen. Ich kann mich wieder zurücknehmen und etwas anderes machen.

Was hat Sie letztlich getragen oder auch stark gemacht? War das Gottvertrauen?

CW – Das kann man so ausdrücken, obwohl ich dafür gar keinen Begriff verwenden möchte. Ich fühlte mich in meinem Leben schon getragen, das stimmt. Das geht mir auch jetzt noch so. Obwohl es eben Phasen gab – wie also vor 20 Jahren nach dem Schlaganfall – wo das nicht der Fall war, als die Kirche mich plötzlich auch noch kaltgestellt hat. Da musste dieses Urvertrauen erst wieder wachsen.

Bringen Sie Ihre damalige Erkrankung in Verbindung mit den extremen Anspannungen während der Friedlichen Revolution?

CW – Es gab viele Faktoren. Mit meinem Arbeitsstil konnte es einfach nicht so weitergehen.

Da waren Sie so ähnlich wie Ihr Vater.

CW – Jein. Mein Körper hat einfach gesagt: Jetzt ist genug. Er war klüger als ich. Denn am Anfang habe ich das nicht so gesehen. Lange Zeit nicht. Erst jetzt, nach über 20 Jahren, kann ich sagen: Das hat schon seinen tieferen Sinn gehabt. Ich musste etwas Neues lernen.

Noch ein kurzer Blick zurück auf Ihre Zeit als Student der Theologie. Sie sind häufig angeeckt, zum Beispiel bei den *Sommerakademien* zwischen den Semestern, die als Einübung in Frömmigkeit und Gottesdienst gedacht waren. Fühlten Sie sich als Rebell?

CW – Frömmigkeit erschöpfte sich oft in äußeren Formen, die schnell wieder in Vergessenheit gerieten. Das hat mich im Studium und auch später gestört. Und ich sagte mir: Da mache ich nicht mit. Also habe ich provoziert.

Sie schrieben damals eine Liturgie für eine »Bier-Messe«. In den kabarettreifen Texten spielte der römische Weingott Bacchus, der Inbegriff wüster Trinkgelage, eine tragende Rolle.

CW – Das Stück wurde tatsächlich aufgeführt – vor über 400 Leuten – und zwar so lange, bis ein Professor es nicht mehr aushielt und den Stecker zog. Damit war die *Bier-Messe* geplatzt.

Eine weitere Provokation geschah bei einem der traditionellen Bälle an der Universität Rostock. Sie ließen beim Theologen-Ball Gruppen mit lautstarker Beat- und Rockmusik auftreten, sorgten für eine freche Moderation, die manche Gäste verschreckte, und mussten dann beim Rektor antreten. Ihnen drohte der Rausschmiss.

CW – Man einigte sich dann doch auf eine weniger harte Strafe. Und zwar mussten wir unser Examen ein halbes Jahr vorziehen. Man wollte uns in Rostock einfach nicht mehr sehen. Deshalb bekamen wir bis zur Prüfung ›Stadtverbot‹, das hieß: Wir durften die Innenstadt von Rostock nicht mehr betreten. Das war alles halb so schlimm – Hauptsache, ich bin den Weg gegangen, den ich für richtig hielt.

1955	Geburt in Steinsdorf bei Weida
1974	Abitur in Greiz
1976–1980	Studium der Theologie und der Mathematik
1982	Sechs Monate Haft
1989	Sprecher des Neuen Forums
1990	Kabinettschef der Landesregierung Sachsen
1992–1998	Sächsischer Umweltminister
Seit **1998**	Mitglied des Bundestages. Stellvertretender Vorsitzender der CDU/CSU-Fraktion

Arnold Vaatz   Gegen die Handlanger der SED

Manchen ist Arnold Vaatz noch als der zornige junge Mann aus Sachsen in Erinnerung. In den Jahren des demokratischen Neubeginns nach dem Ende der DDR ging kein anderer Politiker so entschlossen gegen die sogenannten *Blockflöten* vor wie er. Unter dem Namen CDU hatten diese im Block mit anderen Parteien dem SED-Regime bis zuletzt treu gedient. Anfang der 1990er-Jahre begannen sie Spitzenpositionen im sächsischen CDU-Landesverband einzunehmen. Da rebellierte das Gerechtigkeitsgefühl des Bürgerrechtlers Vaatz, den die Staatssicherheit jahrelang verfolgt hatte.

Wie ein Nagel im Kuhmagen

Seine Rolle als politischer »junger Wilder« beschrieb Vaatz später mit den Worten: »*Als ich im Frühjahr 1990 in die CDU eingetreten bin, habe ich mich gefühlt wie ein Nagel im Kuhmagen.*« Vaatz nahm nie ein Blatt vor den Mund und verwies auch westliche Parteifreunde in die Schranken, wenn sie nach seiner Meinung Unsinn redeten. Damit erregte er schon bald bundesweit Aufsehen. Der junge Mann wurde für seinen Mut bewundert und als »*politisches Talent*« gefeiert.

Vergiftet das Gehirn

Inzwischen ist es eher still geworden um Vaatz. Jedenfalls dringt von seinem Zorn nur noch wenig nach draußen. In seinem Büro im sechsten Stock des Jakob-Kaiser-Hauses in Berlin kämpft der stellvertretende Vorsitzende der CDU/CSU-Bundestagsfraktion meist nur noch mit Aktenbergen, die abgearbeitet werden sollen. »*Meine Aufgabe besteht darin, halbe Meter dicke Aktenstapel durchzuwälzen. Diese sind teilweise in einer Sprache abgefasst, die absurd und lebensfremd anmutet. So etwas vergiftet das Gehirn.*« Der Abgeordnete, der früher Gedichte schrieb und Kontakt zu Schriftstellern und Künstlern pflegte, leidet offenkundig unter der Bürokratie: »*Ich muss mich dieser Tortur unterziehen.*«

Sonst hätten sie mich erschossen

Im Gespräch blickt Vaatz auf eine lange Phase der Gegnerschaft zum SED-Regime zurück. Dabei wird ihm erneut bewusst, dass das System bereits seine Kindheit belastete. Er war erst sechs Jahre alt, als 1960 der Bauernhof, auf dem seine Eltern mit den Kindern lebten, in die *Landwirtschaftliche Produktionsgenossenschaft (LPG)* überführt wurde. Ein Onkel sowie eine Tante bewirtschafteten damals den Betrieb, zu dem eine Gastwirtschaft gehörte. Eines Tages kamen Leute im blauen Overall und erklärten, sie wollten helfen. *»Ich bemerkte, dass mein Onkel, der damals 65 Jahre alt war, verängstigt wirkte. Beim Mittagessen warteten wir auf ihn. Als er endlich kam, fragte meine Tante: ›Hast du unterschrieben?‹ Er sagte nur: ›Ja.‹ Als die Tante wissen wollte: ›Musste das sein?‹, antwortete er: ›Sonst hätten sie mich erschossen!‹«*

Panzer im Wald

Im Sommer 1968 entdeckte der 13-jährige Arnold zusammen mit anderen Jungen in einem nahe gelegenen Wald Panzer der Nationalen Volksarmee. Keiner wusste, was der Aufmarsch bedeutete, bis sich drei Tage später die Nachricht wie ein Lauffeuer im Dorf verbreitete: *»Die Russen sind in Prag!«* Jung und Alt stürzte ans Radio. Truppen des *Warschauer Pakts* waren in das Nachbarland ČSSR einmarschiert. Arnold Vaatz erinnert sich: *»Meine Eltern waren entsetzt. Es war wie nach dem Mauerbau 1961. Und mir war klar, dass meine Eltern, unsere Nachbarn und Verwandten wieder in diese Phase tiefer Niedergeschlagenheit gerieten.«*

Punkte oder Striche

In der Schule versuchten einzelne Lehrer, den Überfall auf die ČSSR zu rechtfertigen. Arnold, von seinem Vater angehalten, sich niemals auf eine politische Diskussion einzulassen, schwieg. Vor allem über das Westfernsehen, das zu Hause empfangen wurde, durfte er kein Wort verlieren. *»Mein Vater sagte: Die Lehrer fragen manchmal, ob die Fernseh-*

uhr Punkte oder Striche (West=Striche, Ost=Punkte) hat. Am besten sagst du, du wüsstest gar nicht, wie die Uhr aussieht.«*

Die schulischen Leistungen des Jungen waren überwiegend sehr gut. Er interessierte sich mehr für Religion als für die Verheißungen des Sozialismus. *»Der Lehrer sagte das eine und der Pfarrer das genaue Gegenteil. Ich entschied mich für den Pfarrer. Durch ihn wurde ich zu einem gläubigen Menschen.«*

> **LPG:** Seit Anfang der 1950er-Jahre wurden Bauernhöfe in Gemeineigentum überführt, das heißt zwangskollektiviert. Mit den LPGs begann die landwirtschaftliche Massenproduktion.

Demokratie gespielt

Mit dieser Haltung waren Konflikte vorprogrammiert, erst recht als Arnold sich entschloss, in der *Jungen Gemeinde* aktiv zu werden. Von der Jugendarbeit schwärmt er heute noch. *»Die Pfarrer organisierten Rüstzeiten* (Anm.: Jugendfreizeiten). *An den gemeinsamen Wochenenden wurde Demokratie gespielt. Jeder konnte Anträge stellen. Es wurde abgestimmt. Die Mehrheit entschied.«*

In der Stadt Weida besuchte Arnold Vaatz die Schule bis zur 10. Klasse. Dann wechselte er in ein Internat in Greiz. Dort lernte er zwei Jahre vor seinem Abitur im Jahre 1974 die Lyriker Reiner Kunze und Günter Ullmann kennen, die abseits vom offiziellen Literaturbetrieb der DDR eigene Wege gingen. Er kam dort auch in Kontakt mit Manfred Böhme, der sich später Ibrahim Böhme nannte und 1990 als Stasi-Spitzel enttarnt wurde.

Aufrechte Oppositionelle

Unter dem Einfluss von Literaten wie Reiner Kunze wurde sich Vaatz sicher. Er sah nun, dass er kein Spinner war, sondern dass es Menschen gab, die genauso dachten wie er. Und für ihn stand fest: Mit der Verweigerung von Meinungs- und Reisefreiheit würde er sich niemals abfinden. Während einer Rüstzeit der *Jungen Gemeinde* am Karfreitag 1974 las Kunze aus seinem Gedichtband *Brief mit blauem*

Siegel, das ein Jahr zuvor im Reclam Verlag in Leipzig erschienen war. Die jungen Menschen lauschten gebannt. Sie spürten den krassen Gegensatz zur offiziellen Propaganda, deren Phrasen die Misere des *»real existierenden Sozialismus«* schon lange nicht mehr vertuschen konnten. Und sie hörten von einem Projekt, das der Lyriker auflegen wollte: Jugendliche sollten Begebenheiten schildern, in denen sie in der Schule oder im Betrieb in einen Konflikt geraten seien. Kunze garantierte völlige Anonymität. Niemand sollte erfahren, wer die Texte geschrieben hatte.

Die wunderbaren Jahre

Kunzes Idee entwickelte sich bald zu einem Ventil für aufgestaute Hoffnungen und führte zu dem wohl schönsten und bekanntesten Buch, das er geschrieben hat: *Die wunderbaren Jahre,* 1976 im S. Fischer Verlag in Frankfurt am Main erschienen. Auch Arnold Vaatz wirkte daran mit: *»Ich habe alle meine Freunde gebeten, ihre Erfahrungen aufzuschreiben. Aus meinem Umfeld bekam Kunze also ebenfalls Zuschriften.«*

Nach dem Abitur 1974 leistete Arnold Vaatz seinen 18-monatigen Grundwehrdienst beim motorisierten Schützenregiment in Erfurt. Jeden Urlaub nutzte er für eine Fahrt nach Greiz, um sich bei Kunze nach dem Fortgang seines Buchprojektes zu erkundigen.

Ibrahim Böhme: 1944–1999. Als Manfred Böhme in Dürrenberg geboren. Nach Fernstudium Bibliothekar. In Greiz Kulturfunktionär. 1989 Mitbegründer und Vorsitzender der SDP (später SPD). 1990 als Stasi-Spitzel enttarnt.

In Greiz hatte Manfred Böhme einen Lyrikzirkel gegründet. Er verfolgte das Vorhaben und schrieb Berichte für die Stasi. *»Die Aussagen von Böhme waren in meinem Fall so belastend, dass die Stasi mir daraus sofort einen Strick hätte drehen können. Zum Glück hat man ihn damals noch nicht ganz ernst genommen.«* Als das Buch *Die wunderbaren Jahre* im Westen erschien, veranlasste der Sicherheitsapparat, dass

Reiner Kunze: Geboren 1933 in Oelsnitz im Erzgebirge. Studium der Philosophie und Journalistik in Leipzig. Kurz vor der Promotion vom Studium ausgeschlossen. Hilfsschlosser, dann Redakteur. 1959 erster Lyrikband. 1968 Austritt aus der SED. Verfolgung durch die Stasi. 1977 Ausreise in die Bundesrepublik.

Kunze aus dem Schriftstellerverband ausgeschlossen wurde. Kollegen distanzierten sich von ihm und richteten öffentliche Tiraden gegen den Lyriker. Seine Frau, eine tschechische Ärztin, und seine Töchter waren ebenfalls Repressalien ausgesetzt. *»Es gab nur wenige Schriftsteller, die damals zu Kunze gehalten haben«,* berichtet Vaatz. *»Jurek Becker gehörte dazu und auch Günther de Bruyn.«*

Im Visier der Stasi

Mithilfe von Freunden organisierte Vaatz eine Lesung mit Kunze, die im Turm der zerstörten Drei-Königs-Kirche in Dresden stattfinden sollte. Während der Vorbereitungen ließ ihn die Staatssicherheit nicht mehr aus den Augen. Nach der Entlassung aus dem Militärdienst hatte Vaatz sich ein Zimmer gemietet. *»Vor dem Haus parkte ständig ein Wartburg, einmal ein roter und bis zur nächsten Ablösung ein beigefarbener.«* Sobald er wegfuhr, folgte ihm der Wagen. Unterwegs unternahmen die Stasi-Verfolger waghalsige Überholmanöver und nötigten ihn zu Vollbremsungen.

Immer wieder quälte Vaatz die Frage, wie er sich verhalten sollte, wenn Stasi-Leute an der Tür klingeln, seine Wohnung durchsuchen und ihn mitnehmen würden. Einmal verlor er vor Angst fast die Nerven. Um andere nicht zu gefährden, verbrannte er Stapel von Briefen.

Lesung im Kirchturm

Trotz aller Schikanen – die Lesung von Reiner Kunze kam am 30. November 1976 zustande. Die Menschen standen dicht gedrängt und schon nach wenigen Minuten war die Luft stickig. Aber niemand beklagte sich. Die meisten spürten wohl, dass sie einem besonderen Ereignis beiwohnten. Arnold Vaatz erinnert sich: *»Es war ein unglaubliches Erlebnis. Jeder von uns kennt Hunderte von Veranstaltungen. Aber keiner, der in Dresden dabei war, hat das je vergessen.«*

Kunze kehrte mit seiner Familie im Jahr darauf der DDR den Rücken und ließ sich in der Bundesrepublik nieder. Gegen Vaatz wurde unter dem Decknamen *Primus* ein *Operativer Vorgang* eröffnet, der bis Mitte 1981 dauerte. Der Spitzelapparat wollte Belastungsmaterial gewinnen, um Vaatz endlich den Prozess machen zu können.

»Was haben wir denn da?«

Bei der Frage, welches Fach er studieren würde, stand Vaatz vor einem Dilemma. Er konnte kaum damit rechnen, an einer staatlichen Universität zugelassen zu werden. Vaatz war sich sicher, dass ein Vorkommnis aus der Militärzeit in seiner Akte verzeichnet war: In der Kaserne in Erfurt war Munition verschwunden. Jeder Soldat musste seinen Spind öffnen. Vaatz hatte dort einen Rowohlt-Band mit Tagebucheintragungen von Albert Camus versteckt. Die Reaktion des Offiziers, der die Durchsuchung leitete, schildert er so: *»Ja, was haben wir denn da? Ein westlicher Verlag. Wird selbstverständ-*

lich einbehalten. Was wollen wir denn studieren? Mathematik! Aha! Leute, die heimlich Bücher ins Objekt schmuggeln, brauchen wir an unseren Universitäten nicht. Nur dass das mal klar ist.«

Zweigleisiges Studium

Mit der Zulassung zum Studium rechnete der junge Soldat deshalb nicht mehr. Er schrieb sich für ein theologisches Fernstudium ein und bewarb sich gleichzeitig um einen Studienplatz für Mathematik an der Universität Dresden. Und siehe da: Er wurde zugelassen. Bis 1980 studierte er gleichzeitig Theologie und Mathematik und erreichte in beiden Fächern einen Abschluss: Er erwarb den *»Befähigungsnachweis zur freien Wortverkündung«*. Die an der Universität Dresden verfasste Diplomarbeit eröffnete ihm sofort den Einstieg ins Berufsleben. Der *VEB Komplette Chemieanlagen Dresden* stellte ihn als Ingenieur ein.

Angespannte Lage in Polen

Während des Studiums hatte Vaatz zwar seine Kontakte zu Bürgerrechtlern aufrechterhalten, sich aber ansonsten unauffällig gegeben. Das änderte sich 1980, als in Polen die Gewerkschaft *Solidarność* die Führung in Warschau herausforderte und die Gefahr eines Eingreifens der Warschauer-Pakt-Truppen wuchs.

Arnold Vaatz, der inzwischen als wissenschaftlicher Mitarbeiter in Dresden tätig war, rechnete mit einem Einberufungsbefehl. Der Gedanke, nach Polen einrücken und auf Oppositionelle schießen zu müssen, deren politische Haltung er teilte, ließ ihm keine Ruhe. Er holte sich Rat bei Kirchenleuten und rang sich zu einer klaren Entscheidung durch: *»Wenn der Befehl kommt, sagst du Nein!«* Doch am 13. Dezember 1981 wurde das Kriegsrecht verhängt. Die Gefahr eines militärischen Eingreifens unter Beteiligung der NVA war damit gebannt. Kaum ein Jahr später erhielt Vaatz dann den Befehl, an einer Reserveübung im November 1982 teilzunehmen. Er lehnte ab.

»Da habe ich gesagt: Ich werde diesem Befehl
nicht Folge leisten. Wenn ihr mich als Bausoldaten
oder Koch braucht, in Ordnung. Aber ich unter-
schreibe keinen Waffenschein und nehme auf keinem
bewaffneten Fahrzeug mehr Platz.«

ARNOLD VAATZ

NVA-Bedienstete versuchten zunächst, ihn zu beschwichtigen. Er solle erst einmal zur Einberufungsstelle nach Bad Salzungen kommen. Dort wiederholte Vaatz sein Nein, und dann ging alles ganz schnell: Er kam nach Erfurt in Untersuchungshaft und war bis Mai 1983 in der Strafanstalt Unterwellenborn bei Saalfeld in Haft. Seine berufliche Karriere ging zu Ende, noch bevor sie richtig begonnen hatte.

Mit Kriminellen eingesperrt

Vaatz war erleichtert, den Trennungsstrich zur NVA »ohne kriegsähnliche Umstände« und ohne den »Vorwurf der Fahnenflucht« vollzogen zu haben. Allerdings ahnte er noch nicht, was ihn während der Haft erwartete. »Wir wurden mit Kriminellen zusammen eingesperrt. Die Aufseher achteten genau darauf, die wenigen politischen Gefangenen auf die vielen Kriminellen zu verteilen. Von maximal 13 Häftlingen in einer Zelle waren ein bis zwei Politische.«

In den Zellen herrschten uneingeschränkt die echten Kriminellen, die wegen Raub, Körperverletzung und anderer Straftaten Haftstrafen verbüßten. Sie hatten es vor allem auf Neuankömmlinge abgesehen, die in den ersten Wochen immer wieder verprügelt wurden. »Solche Dinge passierten und noch viel schlimmere. Aber über die will ich nicht reden.«

Schwerstarbeit

Nach drei Monaten hatte Vaatz das Schlimmste überstanden. Der Gefangene arbeitete im Stahl- und Walzwerk Maxhütte in Unterwellenborn. Im Vierschichtbetrieb mussten die Häftlinge mit Maschinen Stahlträger gerade biegen. Vaatz war als Gütekontrolleur eingesetzt und wurde mehrfach Zeuge schwerer Unfälle, die von der Gefängnisleitung vertuscht wurden. Mit niemandem durfte Vaatz, der seit 1979 verheiratet war, darüber sprechen, auch nicht mit seiner schwangeren Frau, wenn sie ihn im Gefängnis besuchte.

Nach der Entlassung aus der Haft kehrte Vaatz in seinen Betrieb nach Dresden zurück. Sein Direktor hatte es ihm ermöglicht. Ein schwieriger Lebensabschnitt lag hinter ihm. Die Schläge, Schikanen und Demütigungen hatten ihn – so stellt er rückblickend fest – nicht zermürbt, sondern abgehärtet. »Mich konnte kaum noch etwas aus dem Gleichgewicht bringen. Vieles nahm ich einfach hin.«

Dreck und Gestank

1985 ging Arnold Vaatz in ein Chemieunternehmen in Leuna. »Ich hätte meine Arbeit in Leuna nicht gebraucht, um mir über das Ausmaß der Umweltverschmutzung bewusst zu werden. Im Herbst oder Frühjahr, wenn Nebel aufkam, herrschte in der Luft eine Partikeldichte, dass man kaum von einer Straßenecke zur nächsten sehen konnte. Das Wasser *unserer Flüsse wurde von Jahr zu Jahr schmutziger. Der Dreck war immer da. In den Büros rannten Kakerlaken umher. Der Gestank wechselte, je nach Windrichtung.«*

In der Fabrik war der Schichtbetrieb so organisiert, dass Vaatz sieben Tage hintereinander 13 Stunden arbeitete und dann sechs Tage freihatte. Die Zeit nutzte er für seine Familie und für intensive Kontakte mit Oppositionellen. Bei öffentlichen Veranstaltungen nahm er kein Blatt vor dem Mund: *»Zur staatlichen Jugend- und Schulpolitik habe ich erklärt: Die Pioniere, die FDJ und die Massenorganisationen seien in meinen Augen Instrumente der Zerstörung der Persönlichkeiten von Kindern, Jugendlichen und Erwachsenen.«*

Die Stasi leitete erneut eine *Operative Personen-Kontrolle* ein. Die *Firma*, wie das Ministerium für Staatssicherheit auch genannt wurde, hatte ihn wieder eingeholt und blieb ihm bis zum Ende der DDR auf den Fersen.

Jetzt geht es los …

Im deutschen Herbst 1989, der mit der Friedlichen Revolution endete, rückte Arnold Vaatz in Dresden schnell an die Spitze der Oppositionsbewegung. Durch die Haft und sein unerschrockenes Auftreten kannten ihn viele. Als Anfang Oktober die ersten Züge mit DDR-Flüchtlingen aus Prag den Dresdener Hauptbahnhof passierten, stürmten Tausende von Menschen auf das Gelände. Ähnlich wie in Leipzig drohte der Protest außer Kontrolle zu geraten. *»Bei der Demonstration vor dem Hauptbahnhof in Dresden war ich dabei, als Wasserwerfer auf die Menge zielten, als Steine flogen und Polizeiautos brannten. Da wusste ich: Jetzt geht es los! Jetzt kannst du dich der Sache nicht mehr entziehen. Man kann nicht die ganze Zeit an den Ketten rütteln und wenn sich der erste Riss im Gitter zeigt, davonlaufen, um nicht erschlagen zu werden.«*

Vaatz arbeitete in der *Gruppe der 20* mit, die im Rathaus die Bedingungen für einen friedlichen Ablauf der Demonstrationen aushandelte. Der Dresdner SED-Bezirkschef Hans Modrow – bald darauf für kurze Zeit Ministerpräsident der DDR – wagte es nicht, die Kundgebungen mit Gewalt aufzulösen und die Rädelsführer festzunehmen.

Noch im Oktober meldete Vaatz sich beim *Neuen Forum*, um auch dort seine Mitarbeit anzubieten. Es dauerte nicht lange, bis er in das Amt des Pressesprechers gewählt wurde – eine Aufgabe, die von Tag zu Tag schwieriger wurde. Das *Neue Forum* kämpfte um einen legalen Status, ein Ziel, das im allgemeinen Chaos unterzugehen drohte.

Für freie Wahlen

In dieser verzweifelten Lage traf Vaatz sich mit einigen Aktivisten des *Neuen Forums* im kleinen Kreis, um nach einem Ausweg zu suchen. Vaatz erklärte,

»Ich habe versucht mich zu wehren. Ich fühlte mich jenen verbunden, die so dachten wie ich, und entzog mich den Handlangern der SED. An ein baldiges Ende des Regimes habe ich nicht geglaubt. Das System würde untergehen – da war ich sicher, aber so schnell, nein, das ahnte ich nicht.«

ARNOLD VAATZ

»Es herrschte ein totales Durcheinander. Tausende von Demonstranten zogen durch die Straßen und riefen immer wieder: ›Neues Forum! Neues Forum! Das Neue Forum soll endlich legalisiert werden.‹ Doch die SED weigerte sich, bezeichnete uns als eine illegale Plattform.

Wir konnten dennoch offen unsere Meinung sagen. Die Zeitungen zitierten uns. Und dann wurden wir gefragt: ›Was sind eure Ziele? Habt ihr ein politisches Programm?‹ Politisches Programm – die Anhängerschaft des Neuen Forums bestand aus einer kunterbunten Mischung von Menschen mit den verschiedensten Auf-

fassungen, die mit der Realität oft wenig zu tun hatten, geschweige denn klar erkennen ließen, was politisch zu tun sei. Die Leute wurden immer unruhiger: Ihr habt also keine Konzepte, hieß es. Dann kam es in Leipzig zu einer Versammlung mit 300 Anhängern des Neuen Forums. Die Debatten nahmen einen abenteuerlichen Verlauf. Wortmeldungen kreuz und quer zu allen möglichen Themen. Gleichzeitig überschlugen sich die Ereignisse. Die Bevölkerung begann sich von uns abzuwenden. Fast wären wir Gegenstand des Volkszornes geworden, worauf die SED nur wartete.«

die Gruppierung müsse ein klares Ziel vorgeben, mit dem jeder sich identifizieren könne, und zwar freie Wahlen zu einem festen Termin.

Am 14. November 1989 verkündete Vaatz vor zahlreichen Demonstranten seine Forderung nach freien, geheimen und gleichen Wahlen, an denen jede demokratische Partei teilnehmen könne.

Von Kohl abgebürstet

Das Echo war gut. Die Aufmerksamkeit richtete sich plötzlich auf dieses eine Ziel. Das *Neue Forum* hatte die Initiative zurückgewonnen. Bei einem Zusammentreffen mit Bundeskanzler Helmut Kohl in Berlin unterbreitete Vaatz ihm nicht ohne Stolz die neuen Pläne.

Die Reaktion Kohls hätte ihn fast umgehauen: *»Ihr seid wohl nicht ganz klar im Kopf. Ihr bildet euch doch nicht ein, dass wir den Herbst abwarten, bis ihr in Berlin eine neue Regierung habt, die sich auf ein demokratisches Votum berufen kann. Ihr könnt euch doch nicht noch ein ganzes Jahr lang mit dieser SED-Regierung abfinden! Zuerst müsst ihr in Berlin jemanden haben, mit dem wir verhandeln können. Die*

Wahl auf den Dörfern könnt ihr dann immer noch machen. Berlin hat Vorrang.«

Der westdeutsche Bundeskanzler setzte sich durch – nicht nur in der Frage der Wahlen, sondern letztlich auf der ganzen Linie. Kohl hatte am 19. Dezember 1989 vor den Ruinen der Frauenkirche in Dresden gesprochen. Dieser Auftritt brachte bereits eine Vorentscheidung. Mit seinen Versprechungen stieß Kohl auf nahezu ungeteilten Jubel. Er wusste, was die Menschen hören wollten. Die erste und zugleich letzte freie Wahl zur Volkskammer der DDR gewann im März 1990 die von Kohl gegründete konservative *Allianz für Deutschland*.

Die Angst vor dem großen Schlag

An einen friedlichen Ausgang der Revolution im Herbst 1989 hatte Vaatz lange Zeit nicht geglaubt. Im Gespräch erinnert er an den Volksaufstand von 1953. Damals sei die DDR noch auf sowjetische Panzer angewiesen gewesen. 1989 dagegen hätten die Sicherheitskräfte für eine gewaltsame Niederschlagung der Proteste ausgereicht. *»Deshalb hatte ich Angst vor dem großen Schlag. Nach meiner Über-*

zeugung war die Gefahr erst dann gebannt, wenn der SED ihr wichtigstes und gefährlichstes Instrument, die Staatssicherheit, nicht mehr zur Verfügung stand.«

Anfang Dezember 1989 bereitete Vaatz mit anderen Bürgerrechtlern die Besetzung der Stasi-Zentrale in Dresden vor. An der Entmachtung des Kontrollapparates war er ebenfalls beteiligt. Nach seiner Ansicht hat SED-Bezirkschef Modrow die Stasi-Auflösung *»im Hintergrund gefördert«.*

Modrow habe, wie der ehemalige Oberbürgermeister von Dresden in einem Interview später erwähnte, den Zorn der Demonstranten auf die Stasi lenken wollen, um die Partei aus der Schusslinie zu nehmen. *»Insofern war die Besetzung nicht nur ein gelungenes Beispiel für das Zusammenwirken oppositioneller Kräfte; die SED-Führung hat dafür aus taktischen Gründen einen gewissen Rückhalt geboten, was ich heute noch dankbar quittiere. Sonst wäre es wohl anders gelaufen.«*

Friedliche Revolution und deutsche Einheit boten Arnold Vaatz die Plattform für seine politische Karriere. Im Februar 1990 trat er in die CDU ein. Im Oktober wurde er in der westlichen Vorstadt von Dresden mit 52 Prozent in den sächsischen Landtag gewählt. Er wirkte kräftig daran mit, den früheren CDU-Generalsekretär Kurt Biedenkopf für eine Kandidatur als Ministerpräsident zu gewinnen.

Der Professor aus dem Westen brauchte keine Bedenkzeit. Er träumte schon lange von einer Krönung seiner politischen Laufbahn. Plötzlich sah er *»die Chance seines Lebens«* und ergriff sie.

Kabinettschef, dann Umweltminister

Der neue Ministerpräsident Biedenkopf machte Arnold Vaatz zum Kabinettschef. Die Fäden der Macht liefen über seinen Schreibtisch. Dem Ministerpräsidenten gefiel aber schon bald das Tempo nicht mehr, mit dem seine rechte Hand gegen die früheren DDR-Altvorderen vorging. Bereits 1992 wurde Vaatz deshalb Minister im Umweltressort.

Landesregierung Sachsen. Zweiter von links: Arnold Vaatz, Mitte: Kurt Biedenkopf | 1990

Ein Jahr später richteten mehrere CDU-Politiker, darunter Thomas de Maizière und Wolfgang Schäuble, einen Appell zur Versöhnung mit den ehemaligen ostdeutschen Funktionsträgern an die Öffentlichkeit. In dem Aufruf hieß es: *»Wir aus dem Westen sollten uns hier zurückhalten. Wer sagt uns, wie wir uns verhalten hätten, wären wir solchen Pressionen ausgesetzt gewesen?«*

Vaatz erwiderte, ein Teil der politischen Klasse in Deutschland probe den Aufstand gegen die Realität: *»Manche ergreifen Partei für die Täter, weil sie sich in ihnen wiedererkennen. Sie sprechen wie ein Richter, der sagt: ›Wieso soll ich den armen Dieb verurteilen? Er hat mir ja nichts gestohlen!‹«* Jene, die früher auf der Sonnenseite des SED-Staates gestanden hätten, seien zum größten Teil wieder auf der Sonnenseite angekommen. *»Wer aber wegen seines geraden Wesens damals auf der finsteren Seite der DDR-Welt gelandet war, der hat sich damit abzufinden, dass dieser Zustand auch in der neuen Zeit anhält. Das danken wir der Affinität der westdeutschen Eliten zu den Tätern in der SED-Diktatur.«*

Kurt Biedenkopf: Geboren 1930 in Ludwigshafen. Schulbesuch in Schkopau bei Merseburg. Studium in den USA und Westdeutschland. 1973–1977 Generalsekretär der CDU. 1990–2002 Ministerpräsident von Sachsen.

Wohin mit den Akten?

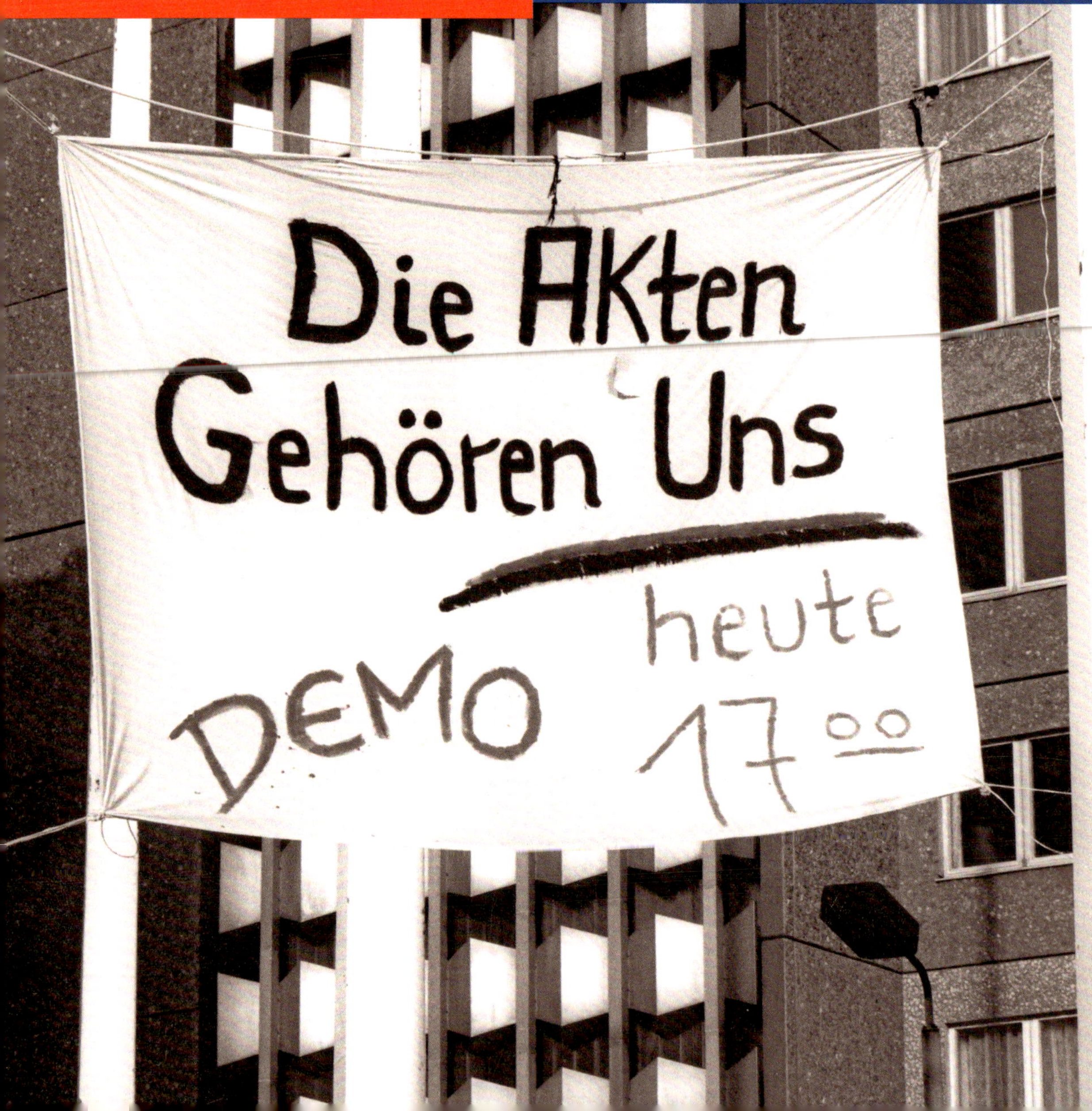

Freiheit und Versöhnung | Die Hinterlassenschaft des Staatssicherheitsdienstes der DDR ist gewaltig und so groß, dass sie die Bundesrepublik noch auf Jahrzehnte beschäftigen wird. Der Umfang der Akten und Unterlagen wird gelegentlich in Kilometern oder auch in Tonnen gemessen. Noch immer lagern in Tausenden von Säcken Papierschnipsel, die von einer Spezialmaschine nach und nach zusammengefügt und eines Tages ausgewertet werden.

Als es 1989/90 mit der DDR zu Ende ging, stellte sich die große Frage, was mit diesem Material der Geheimpolizei geschehen sollte. Über die Brisanz, die in den Unterlagen steckte, waren sich Betroffene, also Stasi-Opfer, und politisch Verantwortliche weitgehend im Klaren. Der Spitzelapparat hatte mithilfe von mehr als 90 000 hauptamtlichen und über 170 000 Inoffiziellen Mitarbeitern ein engmaschiges Netz über ganz Ostdeutschland geknüpft.

Die Akten sollten zunächst vernichtet werden, um künftiges Unheil zu verhindern. Doch Bürgerrechtler und Sprecher der neu entstandenen Parteien setzten sich massiv gegen solche Pläne zur Wehr. Sie erreichten, dass mit dem Stasi-Unterlagengesetz der Aktenbestand gesichert und unter bestimmten Voraussetzungen den Betroffenen und der Öffentlichkeit zugänglich gemacht werden konnte. Das war ein Sieg und zugleich ein Segen, wie sich schon bald herausstellte. Denn es konnte der Prozess der Aufarbeitung und der Versöhnung begonnen werden, der bis heute andauert.

Der erste Leiter der Stasi-Unterlagenbehörde, Joachim Gauck, seit 2012 deutscher Bundespräsident, verankerte feste Maßstäbe für den Zugang zu den Akten. Im Frühjahr 2011 übernahm Roland Jahn die Stasi-Unterlagenbehörde. Jahn, wie seine Vorgänger Joachim Gauck und Marianne Birthler ein ehemaliger Bürgerrechtler, brachte als Kämpfernatur die Behörde gleich zu Beginn in die Schlagzeilen, indem er versuchte, frühere Stasi-Mitarbeiter, die von Gauck geholt und von Birthler geduldet worden waren, aus dem Amt zu drängen. Um jede Debatte über eine mögliche Auflösung oder Verlagerung der Stasi-Unterlagenbehörde in das Bundesarchiv von vornherein abzuschneiden, erklärte Jahn kurzerhand, der Zugang zu den Akten müsse »auf ewig« erhalten bleiben.

1940	Geburt in Rostock
1958	Studium der Theologie in Rostock
1967	Pastor in Lüssow
1971	Stadtjugendpfarrer in Rostock
1989	Freistellung vom Kirchendienst
1990	Abgeordneter der Volkskammer
1990	Sonderbeauftragter für die Stasi-Unterlagen
2010	Kandidat für das Amt des Bundespräsidenten
2012	Wahl zum Bundespräsidenten

Joachim Gauck   Freiheitsprediger

Was Joachim Gauck am besten kann, ist reden. Reden in allen Lebenslagen: als Pfarrer von der Kanzel, als Bürgerrechtler in der DDR, als Beauftragter für die Stasi-Unterlagen und seit Frühjahr 2012 gar als Bundespräsident der Bundesrepublik Deutschland. Zwei Jahre zuvor hatte er als Kandidat für dieses Amt alle Register gezogen, schlug die Bevölkerung in seinen Bann, auch die Medien.

Seitdem gab es kaum ein großes gesellschaftliches Ereignis, bei dem Gauck nicht als Redner auftrat – *Salzburger Festspiele, Europäische Wochen* in Passau, Preisverleihungen und Denkmalseinweihungen …

Der Mann aus dem Osten war ständig unterwegs, führte ein Leben aus dem Koffer und wurde zum Reisenden in Sachen *Freiheit*, seinem eigentlichen Thema. Und selten enttäuschte er sein Publikum. Dabei leistete er sich Sätze, die ihm als Staatsoberhaupt nicht mehr so leicht über die Lippen kommen werden: »*Manchmal hat die Nation nicht alle Tassen im Schrank.*« Oder: »*Wir sind nicht dafür da, dass wir auf dem Sessel sitzen und in den Fernseher glotzen.*«

Beim zweiten Anlauf auf das höchste Staatsamt ging dann alles rasend schnell, nachdem Bundespräsident Christian Wulff sich 2011/2012 in einem

Joachim Gauck im Deutschen Theater, Berlin | 2010

Gestrüpp von Affären verfangen hatte und zurücktreten musste. Gauck saß gerade im Taxi, als ihn Bundeskanzlerin Angela Merkel anrief und fragte, ob er denn bereitstünde. Joachim Gauck wurde zum Kandidaten aller Parteien im Bundestag mit Ausnahme der *Linken.*

Noch bevor er gewählt war, überschütteten ihn die Medien mit Lob und Erwartungen. Manche seiner Äußerungen wurden jetzt kritisch unter die Lupe genommen. Das änderte nichts daran, dass seine Wahl einer Sensation gleichkam. Denn der Sohn eines Seemannes kann zum Glücksfall für die Berliner Republik werden. Wie kein anderer ist er in der Lage, Ost und West ins Gewissen zu reden und den eingefahrenen Politikbetrieb aufzumischen.

Schon als Jugendlicher war er nicht auf den Mund gefallen. In seinen Lebenserinnerungen mit dem schönen Titel *Winter im Sommer – Frühling im Herbst* heißt es: »*Ich war ein ziemlich großmäuliger Schüler, der seiner pubertären Aufmüpfigkeit wahrscheinlich weniger Schranken setzte als andere, weil ich das Recht und die Moral auf meiner Seite wusste.*«

Wegnehmen und abholen

Zwei Ereignisse waren es, die diese Selbstgewissheit und sicher auch seinen späteren Weg in die Opposition markierten. Als Kind verbrachte er die ersten Jahre im Ostseedorf Wustrow auf der Halbinsel Fischland, wo die Großmutter ein Haus besaß. Der »*ewige Wind*«, Fischkutter und Fischgeruch – trotz Krieg und der Not danach fühlte er sich geborgen, bis die Rote Armee der Großmutter das Haus wegnahm, um es in ein Erholungsheim zu verwandeln.

Wegnehmen – das ist so ein Wort, das im Hinblick auf die DDR einen düsteren Klang hat: Bauern wurde das Land weggenommen, Handwerkern der Betrieb usw. Das Gleiche gilt für *abholen.* Im Sommer 1951 holten zwei Männer in Zivil den Vater Joachim Gauck ab. Als junger Mann hatte dieser bei der christlichen Seefahrt angeheuert und

Gauck bei seiner Wahl zum Bundespräsidenten | 2012

sich emporgedient: Er war Kapitän auf großer Fahrt, im Krieg Lotse im besetzten Polen, dann Lehrer an der Seefahrtschule in Wustrow, auch Mitglied der NSDAP – ein umgänglicher Typ, belesen, gesellig und, wenn er denn mal zu Hause war, ein durchaus strenger Vater.

Sein spurloses Verschwinden bedeutete für den Jungen einen tiefen Einschnitt, der zugleich seinem Leben eine Richtung wies. In seinen Erinnerungen schreibt Gauck von einer »*Erziehungskeule*«. Die Pflicht zur unbedingten Loyalität gegenüber der Familie habe auch die kleinste Form der Verbrüderung mit dem System ausgeschlossen.

»›*Das machen wir nicht*‹, vermittelte uns die Mutter unmissverständlich.« Freizeitangebote der FDJ, und mochten sie noch so verlockend sein, hätten ihn nicht in Versuchung bringen können, betont er. »*Dafür lebte ich in dem moralisch komfortablen Bewusstsein: Wir sind die Anständigen.*«

Ereignisse wie der Volksaufstand am 17. Juni 1953 bestätigten ihn nicht nur in seiner Haltung, sondern elektrisierten ihn geradezu. Die Erwachsenen sprachen davon, dass Tausende von Arbeitern auf der Rostocker *Neptun-Werft* in den Streik getreten seien. Der Junge begriff: Das Regime wackelt. Dahinter stehen sowjetische Panzer, die es an der Macht halten.

Schnell erwachsen werden

Erst im Herbst 1953 erhielt die Familie ein Lebenszeichen vom Vater, der von einem sowjetischen Militärgericht wegen »Spionage« zu 25 Jahren Haft verurteilt worden war. Erste Briefe erreichten den Gefangenen in einem sibirischen Arbeitslager. Über vier Jahre verbrachte er im Gulag. Als die Angehörigen ihn im Herbst 1955 wiedersahen, war der einst stolze Kapitän von der schweren körperlichen Arbeit im Lager gezeichnet.

Die Jahre, in denen der Vater nicht da war, hatten auch den Sohn verändert: Ihm war nichts anderes übrig geblieben, als schnell erwachsen zu werden. Von den Eltern ließ er sich nicht viel sagen. Gegen ihren Willen heiratete er mit 19 seine Schulfreundin Hansi; sie war schwanger und das genaue Gegenteil von Gauck: »Sie war introvertiert, schüchtern, ängstlich, mochte nicht auffallen …«

Zunächst wohnten beide weiter bei ihren Eltern, bis sie dann doch eine bescheidene Bleibe fanden und ihren Kindern ein Zuhause bieten konnten.

Nach dem Abitur entschied Gauck sich für das Studium der Theologie, das gewünschte Studienfach Germanistik wurde nicht genehmigt.

Seine Frau verdiente das Geld für den Lebensunterhalt. »Ich wäre auch gern Journalist geworden«, sagt er im Gespräch. Doch dafür hätte er sich völlig verbiegen müssen. Vielmehr wollte er in einem Bereich tätig werden, auf den weder die Partei noch der Staat unmittelbaren Zugriff hatten.

Zweifel überwunden

Nach Abschluss seines Studiums brannte der Theologe keineswegs darauf, auf die Kanzel zu steigen und das Wort Gottes zu verkünden. Er zögerte vielmehr und fragte sich, ob er die christliche Lehre wirklich mit Überzeugung vertreten könne. Doch Gauck überwand seine Zweifel.

Und kaum hatte er 1967 im ländlichen Lüssow bei Güstrow seine erste Pfarrstelle angetreten, wusste er, dass er den richtigen Weg eingeschlagen hatte. Denn bei seinen Predigten spürte der junge Pastor: Die Menschen hörten ihm zu und vertrauten seinen Worten.

Dazu kamen die äußeren Umstände in Lüssow, die ihm den Einstieg noch erleichterten: Es gab eine Kirche und ein Gemeindeleben. Christen bildeten überall in der DDR zwar eine Minderheit, aber die wenigen traten zumeist umso entschlossener für ihre Überzeugungen ein.

Zum Pfarrhaus in Lüssow gehörte sogar ein Garten, in dem Kartoffeln und Obst geerntet wurden – ein Luxus, auf den die junge Familie ab 1971 in Rostock-Evershagen, der nächsten Pfarrstelle, gänzlich verzichten musste.

Reden und Organisieren

In ihrem neuen Heimatort, einem Neubaugebiet, gab es keine festen Wege zu den Häuserblocks, geschweige denn eine Kirche. Während seine Frau sich mit den Widrigkeiten des Alltags herumschlug, versuchte Pfarrer Gauck, ein Gemeindeleben aufzubauen und Jugendliche anzusprechen. Die damit verbundenen Schwierigkeiten spornten ihn an. Bibelstunden, Konfirmandenunterricht und Gottesdienste mussten lange Zeit in Privatwohnungen stattfinden, bis die katholische Gemeinde ihre neu erbaute Kirche mit den Protestanten teilte. Mit seinem Trabi knatterte der Pfarrer von Treffen zu Treffen. Seine Familie bekam ihn kaum noch zu Gesicht.

Kirche in Rostock-Evershagen

»Vielleicht hätte ich mich weniger zurückgehalten, hätte ich gewusst, dass ein Dutzend IM über mich berichteten, dass mein Telefon abgehört, meine Post geöffnet, dass zeitweilig Wanzen in den Wänden meiner Wohnung eingebaut wurden und heimlich Wohnungsdurchsuchungen stattfanden.«

JOACHIM GAUCK

Die Kirchengemeinden in Rostock boten oppositionellen Schriftstellern und Künstlern ein Forum. Gauck wollte Jugendliche nicht dem staatlichen Einfluss überlassen, sondern sie an die Gemeinde binden, erst recht wenn sie dem Regime skeptisch gegenüberstanden. So dauerte es nicht lange, bis der Stadtjugendpfarrer mit seiner *Jungen Gemeinde* mitten im Getriebe einer kirchlich-oppositionellen Bewegung steckte. Mit seinem Rede- und Organisationstalent machte er sich einen Namen und rückte schließlich ins Präsidium des Mecklenburger Kirchentages auf – eine Plattform für mannigfache Aktivitäten, die ihm erlaubten, seinen Einfluss auszubauen.

Deckname *Larve*

Pfarrer Gauck war bekannt dafür, dass er kein Blatt vor den Mund nahm. In privaten Gesprächen bezeichnete er die Regierung in Berlin als eine »*Clique*«, die das Volk unterjoche. Er zog Vergleiche zwischen dem NS-Regime und der SED-Herrschaft. Die IM in seiner Umgebung notierten alles und informierten die Stasi. Ab 1974 nahm ihn die Staatssicherheit verstärkt ins Blickfeld. Die Überwachung dauerte bis Ende der 1980er-Jahre. Unter dem Decknamen *Larve* startete das MfS 1983 einen operativen Vorgang. Der Spitzelapparat attestierte ihm, wie Gauck später in seiner Akte nachlesen konnte, eine »*antisozialistisch-feindliche Einstellung*

zu den sozialistischen Verhältnissen in der DDR*«. In den Unterlagen heißt es weiter, »*Larve*« sei ein »*unbelehrbarer Antikommunist*«. Seine besondere Gefährlichkeit liege in der zielgerichteten Breitenwirkung, die er als Stadtjugendpastor auf die kirchliche Jugend des Kirchenkreises Rostock-Stadt habe, sowie »*in seinem anmaßenden und frechen Auftreten*«.

Mitglieder der *Jungen Gemeinde* fühlten sich durch Gauck zu eigenen Aktionen angespornt. Im Stadtgebiet von Rostock tauchten über Nacht Parolen wie »*Biermann lebt*«, »*DDR eingesperrt*« und »*Wir sind mündig, doch wir haben nichts zu sagen*« auf. Einigen Aktivisten kam die Geheimpolizei auf die Spur. Sie mussten sich einer entwürdigenden Prozedur unterziehen, Tücher in ihre Unterwäsche legen und sich daraufsetzen. Die »*Geruchskonserven*« wurden dann in Gläsern »*eingeweckt*«. Mehr als einmal warnte Gauck die jungen Leute vor leichtsinnigen Unternehmungen. Er konnte jedoch nicht verhindern, dass Einzelne in die Mühlen des Spitzelapparates gerieten und daran fast zerbrachen.

Etwas kam in Bewegung

Ein weniger riskantes Aktionsfeld boten die Kirchentage, die zugleich eine Art Gradmesser bildeten für den Spielraum, den die SED der Kirche zubilligte bzw. zubilligen musste. Im Lutherjahr 1983

Altbundeskanzler Helmut Schmidt spricht zur Eröffnung des Kirchentages in Rostock | 1988

gegenüber durchsetzen, sondern auch gegen Widerstand in den eigenen Reihen«, berichtet Gauck. Die Staatssicherheit hatte außer Pastoren auch Superintendenten und Bischöfe als Spitzel gewonnen; diese versuchten mit Nachdruck, regimekritische Geistliche auszubremsen – letztlich ohne Erfolg.

Auf der Kanzel der überfüllten Marienkirche in Rostock ergriff Schmidt das Wort: »*Jeder von uns weiß, dass wir eine Aufhebung der Teilung nicht erzwingen können … Und trotzdem darf jeder von uns an seiner Hoffnung auf ein gemeinsames Dach über die deutsche Nation festhalten.*« Solche Sätze kamen an. Die Kameras des Westfernsehens waren nicht nur auf den Bundeskanzler gerichtet, sondern auch auf den Prediger Gauck, der zum ersten Mal vor so vielen Menschen sprach. Der Pastor wählte seine Worte sorgfältig, nannte jedoch die drängenden Probleme beim Namen.

Historischer Umbruch

Der Kirchentag hatte ein Nachspiel: Ein Stasi-Hauptmann suchte Gauck auf, führte mit ihm ein längeres Gespräch und notierte anschließend, der Pastor wolle seine Haltung zum MfS überdenken. Der operative Vorgang *Larve* wurde eingestellt.

Als der letzte DDR-Innenminister Michael Diestel später behauptete, Gauck sei ein Begünstigter des SED-Regimes gewesen, wehrte dieser sich mit Erfolg dagegen. Tatsächlich setzte der Pfarrer seinen Weg gradlinig fort; er führte ihn in die Reihen der Bürgerrechtler, das heißt, unmittelbar in den historischen Umbruch, der mit der Friedlichen Revolution seinen Höhepunkt erreichte. Gauck schloss sich dem *Neuen Forum* an, obwohl ihn von der Bürgerrechtsbewegung manches trennte.

Er beteiligte sich nicht an der Suche nach dem *Dritten Weg* zwischen Kapitalismus und Sozialismus, der in einer reformierten DDR verwirklicht werden sollte. »*Es zeigte sich, dass einige Bürgerrechtler den Kontakt zu den Massen auf der Straße ebenso verloren hatten wie ein Teil ihrer Gesprächspartner im linksalternativen Milieu des Westens*«,

stand der Rostocker Kirchentag unter dem Motto *Vertrauen wagen*. Über 30 000 Menschen strömten in die Hansestadt. Als ein amerikanischer Teilnehmer das Protestlied *We shall overcome* anstimmte, ahnten manche, dass in der DDR etwas in Bewegung kam.

Beim Rostocker Kirchentag 1988 – sein Motto lautete *Brücken bauen* – preschte Gauck zusammen mit anderen Pfarrern noch weiter vor. Schließlich hatte der sowjetische Präsident Michail Gorbatschow weitreichende Reformen vorgegeben, die an der DDR nicht spurlos vorbeigehen sollten.

Prominentester Gast des Kirchentages war der ehemalige Bundeskanzler Helmut Schmidt. »*Wir mussten seinen Auftritt aber nicht nur dem Staat*

»So viele Abgründe warten auf Brücken, die engagierte Menschen bauen:
- Die Natur will bewahrt, nicht ausgebeutet sein.
- Aus unseren Wäldern soll das Teufelszeug der Raketen verschwinden.
- Aus unseren Schulen sollen die Schwarz-Weiß-Klischees verabschiedet werden.
- Unsere Republik will einladender werden – wir werden bleiben wollen, wenn wir gehen dürfen.«

JOACHIM GAUCK | 1988

bemerkt Gauck in seinen Erinnerungen. Er wurde zwar als Vertreter Mecklenburgs an den *Zentralen Runden Tisch* in Berlin entsandt, doch blieb er lieber in Rostock, um dort für sein Ziel einzutreten: die parlamentarische Demokratie und die Einheit Deutschlands.

»Mein Lebensthema«

Das alles entscheidende Jahr 1989 war für Gauck ein harter politischer Kampf um Positionen und Perspektiven in einer äußerst ungewissen Zukunft. Für die erste freie Wahl zur Volkskammer am 18. März 1990 stellte ihn die Bürgerrechtsbewegung *Bündnis 90* als Spitzenkandidaten in Rostock auf. Das war keine Überraschung, auch nicht, dass er als einziger Bewerber von Mecklenburg-Vorpommern gewählt wurde. Denn Gauck hatte sich inzwischen einen Ruf als unerschrockener Vorkämpfer für Freiheit und Demokratie erworben. Ein Wahlplakat mit seinem Foto, das seine Anhänger als eine Art Steckbrief kritisierten, funktionierte er um. Gauck: »*Ich schrieb mein Lebensthema in Rot groß darauf: ›Freiheit‹!*«

Höchst umstritten: die Offenlegung der Akten

Zu seiner Enttäuschung blieb bei der Besetzung der Parlamentsausschüsse für Gauck nur der Innenausschuss übrig. Er hatte sich Tätigkeitsfelder wie *Deutsche Einheit* und *Auswärtige Politik* gewünscht. Natürlich konnte er im Frühjahr 1990 nicht ahnen, dass ihn sein Einsatz im Innenausschuss direkt zu der Aufgabe führen würde, die für ein ganzes Jahr-

Zentralarchiv des ehemaligen Ministeriums für Staatssicherheit | 1999

Kundgebung des *Neuen Forums* in Rostock | 1990

zehnt sein Leben bestimmen sollte: die Verwaltung der Unterlagen der Staatssicherheit der DDR. Dass die Akten offengelegt wurden, ist das Ergebnis einer harten politischen Auseinandersetzung, an der Gauck als Abgeordneter wesentlich beteiligt war.

Auf der Gegenseite standen so mächtige und einflussreiche Persönlichkeiten wie Bundeskanzler Helmut Kohl und die Publizistin Marion Gräfin Dönhoff. Sie wollten das Material lieber vernichten als aufbewahren, weil sie befürchteten, es könnte das Klima in Deutschland vergiften und Racheakte auslösen. Doch für Gauck und seine Mitstreiter aus der Bürgerrechtsbewegung wog das Argument der Aufklärung schwerer. Wäre das brisante Material einfach unter den Teppich gekehrt worden, hätte sich politischer Sprengstoff ansammeln können – mit unkalkulierbaren Folgen für den Prozess der deutschen Einigung.

Auch privat brachte das Jahr 1990 eine einschneidende Veränderung. Gauck, der inzwischen überwiegend in Berlin lebte, trennte sich von seiner Frau und ging eine neue Beziehung ein. »Ich war bereits fünfzig«, schreibt er. »Ich wechselte den Ort, den Beruf und trennte mich von meiner Frau.«

Als »*Herr der Stasi-Akten*« bewegte Gauck sich buchstäblich auf einem Pulverfass. Die Volkskammer hatte ihn am 28. September 1990 zum *Sonder-*beauftragten für die personenbezogenen Unterlagen des ehemaligen Staatssicherheitsdienstes der DDR gewählt – ein Amt, in dem er am 3. Oktober, am Tag der deutschen Einheit, von Bundespräsident Richard von Weizsäcker und Bundeskanzler Helmut Kohl bestätigt wurde.

Präsidentschaftskandidat

Nach dem Ausscheiden aus der nach ihm benannten *Gauck-Behörde* ist der ehemalige Pastor und Bürgerrechtler ein viel gefragter Mann. Häufig tritt er in Talkshows auf, beteiligt sich am öffentlichen Diskurs, wird immer wieder als Redner verpflichtet und zu Lesungen eingeladen.

2003 übernimmt Gauck den Vorsitz des Vereins *Gegen Vergessen – Für Demokratie,* der es sich zur Aufgabe gemacht hat, die Erinnerung an beide deutsche Diktaturen wachzuhalten, ohne sie gleichzusetzen. Wer ihm zuhört, spürt, wie sehr er den öffentlichen Auftritt genießt und mit seiner direkten, manchmal etwas forschen Art beim Publikum ankommt.

So überrascht es nicht, dass im Vorfeld der Wahl zum Bundespräsidenten im Jahr 2010 Gaucks Name fällt. SPD und Grüne nominieren ihn für das höchste Staatsamt und bringen damit die Unionsparteien CDU/CSU und die in Berlin mitregierende FDP in große Verlegenheit. Denn Gauck hätte ohne

Joachim Gauck beglückwünscht Christian Wulff | 2010

> »Ich träume von einem Land, das imstande ist,
> sich selbst aus der Unkultur der Angst, Resignation
> und Tristesse zu erlösen.«

Joachim Gauck | 2010

Weiteres auch als Kandidat der schwarz-gelben Koalition auftreten können; er selbst bezeichnet sich schließlich als »*linken, liberalen Konservativen*« und »*aufgeklärten Patrioten*«.

Bundeskanzlerin Angela Merkel muss in den eigenen Reihen Ausschau halten und schickt schließlich den niedersächsischen Ministerpräsidenten Christian Wulff ins Rennen. Neben dem charismatischen Gauck wirkt Wulff jedoch, obwohl er deutlich jünger ist, eher hölzern und altbacken. Wulff kann sich mit Mühe erst im dritten Wahlgang durchsetzen.

»Ich bin nicht Lena. Ich bin 70!«

Gaucks Niederlage verwandelt sich schnell in einen Triumph. Er schwimmt auf einer neuen Woge der Popularität, die vor allem auch im Internet Platz greift. Als er im Interview gefragt wird, wie er auf die breite Zustimmung im Netz reagiere, antwortet er: »*Ich bin doch nicht Beckenbauer. Ich bin nicht Lena* [Meyer-Landrut]. *Ich bin 70!*«

Gauck wird mit Ehrungen und Auszeichnungen überhäuft, darunter der *Geschwister-Scholl-Preis* und der *Ludwig-Börne-Preis*. Seine Autobiografie – ein Jahr vor der spektakulären Präsidentenwahl erschienen – erzielt eine Rekordauflage. Jeder kann Gaucks Lebensgeschichte nachlesen und dabei feststellen, dass er stur, beinahe dickköpfig seinen Weg gegangen ist. Der Mann hat sich in der DDR nicht verbiegen lassen. In der Bundesrepublik steht er über dem Hickhack der Parteien und will Menschen aufrütteln, damit sie sich nicht von ihren Sorgen und Zukunftsängsten unterkriegen lassen.

Gelegentlich wird Gauck vorgeworfen, dass neben der Verteidigung der Freiheit Probleme wie soziale Gerechtigkeit zu kurz kommen. Seine Appelle vor allem an junge Menschen, sich einzumischen, stehen nicht immer im Einklang mit seinen Ansichten, wenn es um tatsächliche Unruhen und Massenproteste geht. Für den Bürgerprotest gegen das Bahnhofprojekt *Stuttgart 21* in den Jahren 2010/2011 zeigt Gauck zum Beispiel wenig Verständnis. Die Protestbewegung gegen die Raubzüge von Finanzhaien, die ganze Staaten ins Wanken bringen, nennt er in einer Diskussion »*unsäglich albern*«.

Joachim Gauck ist gewiss ein Mann mit Ecken, Kanten und auch Widersprüchen. Bei der Verleihung des *Ludwig-Börne-Preises* Anfang Juni 2011 in der Frankfurter Paulskirche ließ der Publizist Michael Naumann ihn als Unruhestifter hochleben. Naumann beendete seine Laudatio mit dem Satz: »*Ein Held wollte er nicht sein, sondern ein freier Mensch, und der ist er geblieben. Bundespräsident kann er immer noch werden.*«

Woran zu diesem Zeitpunkt wohl im Ernst nur wenige glaubten – Festredner Naumann nicht und Gauck selbst vermutlich auch nicht – er bekam nach dem Rücktritt von Bundespräsident Wulff quasi über Nacht seine zweite Chance. Seit März 2012 ist Joachim Gauck der elfte Bundespräsident der Bundesrepublik Deutschland. Knapp 25 Jahre nach dem Ende der DDR stehen damit zwei Persönlichkeiten aus Ostdeutschland an der Spitze des Staates: der ehemalige Pfarrer Gauck und die Pfarrerstochter Merkel.

Joachim Gauck

Joachim Gauck ist seit März 2012
Bundespräsident der Bundesrepublik
Deutschland.

Joachim Gauck und Hermann Vinke | 2008

Das Gespräch wurde vor Joachim Gaucks Kandidatur für das Amt
des Bundespräsidenten geführt.

Herr Gauck, der Umgang mit den Stasi-Akten war
nach der Friedlichen Revolution äußerst umstritten.
Deutschland stand ja schon einmal vor der Frage,
wie mit der Hinterlassenschaft einer Diktatur umzu-
gehen sei, und zwar nach dem Zweiten Weltkrieg.
Was war damals anders?

JG – Nach 1945 hat man sich an die Giftschränke
der Archive nicht herangetraut. Die Opfer standen
wie Bettler vor verschlossenen Türen. Die Persön-
lichkeitsrechte der Täter zählten mehr als die Leiden
der Opfer. Aus dieser Nachkriegsgeschichte West-
deutschlands haben wir gelernt. Wir wollten es anders
machen.

Im Nachkriegsdeutschland gab es immer wieder die
Forderung, einen Schlussstrich zu ziehen. Auch nach
der Friedlichen Revolution waren nicht nur ehemalige Stasi-Leute der Ansicht, man solle die Vergangenheit ruhen lassen.

JG – Bundeskanzler Konrad Adenauer war ein Ver-
fechter der Politik, der NS-Zeit keine große Aufmerksamkeit mehr zu schenken und stattdessen nach vorn
zu schauen. Eine Generation nach Adenauer erwies
sich diese Politik als wirkungslos. Gerade weil vieles
verdrängt worden war und Nazi-Eliten in ihre Ämter
zurückgekehrt waren, entlud sich der Zorn der 1968er-
Generation in der Bundesrepublik umso heftiger. Deshalb stand für uns 1990 fest: Der Schlussstrich bringt
politisch und moralisch nichts. Er stellt die Unterdrückten immer schlechter als die Unterdrücker.

Zu den Gegnern der Aktenöffnung zählten nam-
hafte Persönlichkeiten – neben Kanzler Kohl und der
Publizistin Dönhoff auch der SPD-Politiker Egon
Bahr, der Architekt der Entspannungspolitik unter
Willy Brandt und damit Wegbereiter der Einheit.

JG – Die Öffnung der Akten verlief sehr konfliktträch-
tig. Es stimmt ja – die Versuchung, Beton über die Vergangenheit zu gießen, war groß. Aber mir schien, die

»Eben waren wir noch Sieger der Geschichte, dann waren wir wieder Lehrlinge.«

Joachim Gauck, Sommer 2009 in einer Podiumsdiskussion, in der er beklagte, die Ostdeutschen hätten nach dem Ende der DDR ihre Verantwortung zu früh abgegeben.

Nation sei erwachsener und reifer geworden und könnte diesen Konflikt aushalten. Wir standen ja nicht vor einem Bürgerkrieg. Und am Ende war die Freigabe der Akten doch ein großes Ereignis in der Geschichte der europäischen Aufklärung.

Als Sie 1990 als Beauftragter der Bundesregierung die Aktenberge der DDR-Staatssicherheit übernahmen, haben Sie sich für den Auftakt etwas Besonderes ausgedacht. Prominente Bürgerrechtler durften zuerst Einsicht nehmen. Anschließend stellten sie sich den Fragen der Reporter. Ich war damals ARD-Korrespondent in Berlin und habe viele nachdenkliche und betroffene Gesichter gesehen.

JG – Wir haben auch Unbekannte mit einbezogen, damit nicht nur Wolf Biermann, Bärbel Bohley und andere ihre Unterlagen einsehen konnten. Es ist richtig, in dieser ersten Welle kamen hauptsächlich Widerständler, Oppositionelle und Ausgereiste mit einer gewissen Prominenz zu uns. Die meisten wussten schon Bescheid. Aber manche waren doch schockiert über das, was sie in den Unterlagen fanden. So entdeckte die Regimegegnerin Vera Lengsfeld, ehemals Wollenberger, in ihren Akten den eigenen Ehemann als IM. Aber es gab auch positive Überraschungen. So

berichtete der Journalist und Lyriker Ulrich Schacht nach seiner Akteneinsicht lachend und voller Begeisterung, er werde allen seinen Freunden einen Dankesbrief schreiben, denn niemand habe ihn verraten. Er wurde auch denunziert, und zwar im Gefängnis, aber eben nicht von seinen Freunden.

Wie sind die Betroffenen mit dem Verrat umgegangen, der sich in vielen Fällen über Jahre hinzog und für sie dann plötzlich aktenkundig wurde?

JG – Die Verfolgten und Bespitzelten hatten ein Jahrzehnt, manchmal noch länger, in diesem Gefühl der Ohnmacht gelebt, die es dann plötzlich nicht mehr gab. Damit konnte der Prozess der Heilung beginnen. Wichtig in diesem Zusammenhang war, das erlittene Trauma zu erkennen und die damit verbundenen Gefühle zuzulassen. Ferner kommt es in einer solchen Situation darauf an zu begreifen, dass nicht jede Schwäche, nicht jedes Versagen eigene moralische Schuld bedeutet. Manches Versagen wurde in dieser Diktatur organisiert: beruflicher Misserfolg zum Beispiel, Ehekonflikte, Beziehungsprobleme. Die Staatssicherheit hat eine Fülle von Zersetzungsstrategien entwickelt, denen der Einzelne nicht immer gewachsen war.

Einmal abgesehen vom Individuum – was wollten Sie als Beauftragter für die Stasi-Unterlagen gesellschaftspolitisch erreichen?

JG – Historisch und politisch gesehen war es von besonderer Bedeutung, dass per Gesetz die Interessen der unterdrückten Mehrheit Vorrang bekamen vor den Persönlichkeitsrechten der einstigen Eliten. Das war etwas Neues. Mit der Öffnung der Akten ließ sich eine Menge in Gang setzen: Überprüfung ungeklärter Vorgänge, Strafverfolgung, Wiedergutmachung und Rehabilitierung, indem Unrechtsurteile aufgehoben wurden. Ja, es ging schon um einen Prozess der Reinigung und der Abwehr eines Gesellschaftsmodells, das als ein Übel erkannt worden war. Als die Unterlagen offenlagen, war es schlechterdings nicht mehr möglich, einen romantischen Sozialismus zu vertreten und die in der DDR praktizierte Staatsform zu rechtfertigen. Es handelte sich eindeutig um einen Unrechtsstaat. Damals dachten wir – und wir waren uns darin mit allen demokratischen Fraktionen einig –, die Bevölkerung zu einem schnellen inneren Abschied vom System bewegen zu können.

Hat sich diese Hoffnung erfüllt?

JG – Nein, diese Erwartung hat sich nicht erfüllt. Vielmehr ist es zu einer Spaltung der ostdeutschen Gesellschaft gekommen. Ein großer Teil der Bevölkerung hat sich zweifellos vom System verabschiedet, während ein anderer Teil so reagierte wie viele Deutsche nach 1945. Nach dem Motto: Es war nicht alles schlecht beim Führer, er hat die Autobahnen gebaut und für Arbeit gesorgt, wurde auch im Hinblick auf die DDR gesagt, sie habe Vollbeschäftigung, Kindergärten und andere Dinge gut in den Griff bekommen. In einer Übergangsgesellschaft bevorzugt ein Teil der Bevölkerung die Nostalgie.

Ist das nicht auch eine verständliche Reaktion auf einen derart massiven Umbruch in der Gesellschaft?

JG – Ja, sicher. Wenn wir die Psyche des Menschen betrachten, dann hat Nostalgie einen Vorteil; es handelt sich um Erinnerung ohne Schmerz und Trauer. Von der Vergangenheit wird nur ein Ausschnitt wahrgenommen: das vermeintlich Gelungene und Gute. Alles andere wird ausgeblendet. Es ist uns nicht gelungen, diese einseitige Wahrnehmung, diese Nostalgie zu brechen. Unser Ansatz lautete: ›Akten auf – Augen auf – Seelen auf‹, und schon ist die Gesellschaft erneuert. Schmerzhaft mussten wir lernen, was viele bis heute nicht begreifen: Eine lange Phase der Ohnmacht bedingt eine sehr lange Übergangszeit, bis aus dem Nicht-Bürger ein verantwortlicher Bürger geworden ist. Oder anders gesagt: Der Verstand ändert sich schneller als die Mentalität, die nicht auf Kommando umgepolt werden kann.

Herr Gauck, Sie sind in der DDR aufgewachsen und haben dort 40 Jahre lang gelebt. Hat sich durch die intensive Auseinandersetzung mit den Stasi-Akten Ihr eigenes Bild von der DDR gewandelt? Waren Sie manchmal vielleicht sogar überrascht?

JG – Überrascht war ich schon, aber das hing weniger mit den Stasi-Akten zusammen als mit der »Normalität gelebter Ohnmacht« – so möchte ich es nennen. Politische Ohnmacht hat für jeden, der sie erfährt, Folgen. Und das war mir nicht bewusst. Ich dachte, dass ein Oppositioneller dagegen gefeit sei, innerlich verbogen zu werden. Tatsächlich arrangieren sich aber die meisten mit dem Zustand der Ohnmacht und reagieren auf ein Signalsystem der Angst, das ihnen zeigt, wann Unterwerfung angesagt ist. Dies hat die deutsche Nationalgeschichte geprägt, die mehr von Gehorsam und weniger von Freiheit bestimmt war. Das Leben mit der Ohnmacht und der Angst lagert in den Seelen der Menschen. Insofern kann man immer noch von einer kulturellen Andersartigkeit des Ostens sprechen. Das hat nichts mit Charakter zu tun, wohl aber mit Chancen, die man hatte oder eben nicht.

»Damals kämpften wir, die Oppositionellen in der DDR, in der Tschechoslowakei, in Polen oder Ungarn, für die Freiheit unter den Bedingungen der Knechtschaft, Despotie und Unterdrückung – wir kämpften für die Freiheit von etwas, wir kämpften gegen die Übermacht des Staates, gegen die Beschneidung der persönlichen Freiheit – und wir verehrten die Freiheit wie eine strahlende Schönheit in der Ferne.«

Joachim Gauck am 5. Juni 2011 in seiner Dankesrede anlässlich der Verleihung des Ludwig-Börne-Preises 2011 in der Frankfurter Paulskirche

Dennoch gab es in der DDR von Anfang an Opposition, auch schon in der Sowjetischen Besatzungszone.

JG – Ja, aber mit sehr vielen Niederlagen. Die Geschichte der Opposition ist eine Geschichte schmerzlicher Niederlagen. Für jemanden, der kämpfen will, ist das schwer zu ertragen. Deshalb gab es nach dem Mauerbau 1961 eine neue Form widerständigen Verhaltens, und zwar ein »systemkonformes oppositionelles Verhalten«. Damit meine ich die Bejahung des Sozialismus nicht in seiner konkreten Form, sondern als eine Alternative zum Kapitalismus – etwa im Sinne linker Intellektueller im Westen. Opposition zielte auf die Erneuerung des wahren Sozialismus, nicht mehr auf den ursprünglichen Protest gegen Willkür, Unrecht und Unfreiheit.

Noch einmal zum Stichwort »Niederlagen«. Die Zerschlagung der Widerstandsgruppe ›Weiße Rose‹ im Jahre 1943 war die schlimmste Niederlage, die man sich überhaupt denken kann. Und dennoch gilt der studentische Widerstand bis heute als vorbildlich und wirkt entsprechend, auch auf junge Menschen.

JG – Ja, das geschieht zum Teil auch mit unserer Geschichte. Ich denke an das Jahr 2003 mit seinen bewegenden Veranstaltungen zum 50. Jahrestag des Volksaufstandes in der DDR. Der damalige Bundespräsident Johannes Rau rief in Bitterfeld die Anführer der Streiks in die Erinnerung und nannte ihre Namen. Viele wussten gar nicht, dass 1953 in 700 Orten der DDR ein Volksaufstand stattgefunden hat. Die Bundesrepublik hat sich dann vom 17. Juni als staatlichem Feiertag verabschiedet. In unserem Gedächtnis hätten die Helden des Aufstandes einen festen Platz verdient. Aber wir sind keine Polen, die mit ihren Freiheitsgeschichten leben. Das stimmt mich traurig.

Ist es bereits zu spät, die freiheitlichen Strömungen unserer Geschichte deutlicher wahrzunehmen und sie mit den Namen derer zu verbinden, die an vorderster Stelle gekämpft haben?

JG – Nein, es ist nie zu spät. Je erwachsener die Nation wird, desto besser kann sie erkennen, dass die Geschichte der Freiheit auch in Deutschland geschrieben wurde. Aber nach wie vor sind die Freiheitskämpfer und die Freiheitskämpfe in unserem kollektiven Gedächtnis nicht so gut verwahrt wie in Polen oder in den Vereinigten Staaten.

Roland Jahn   Der Kämpfer

Der lange Kampf gegen das SED-Regime hat ihn geprägt: Roland Jahn, 58 Jahre alt, wirkt entschlossen – gleichsam wie auf dem Sprung, um Angriffe jedweder Art energisch abzuwehren. Dabei könnte er sich in seinem Büro entspannt zurücklehnen und die Dinge auf sich zukommen lassen. Schließlich ist der frühere Aktivist und Journalist seit Frühjahr 2011 Leiter der Stasi-Unterlagenbehörde an der Karl-Liebknecht-Straße in Berlin und damit Herr über 1650 Beschäftigte und Tausende von Stasi-Akten. Doch einen bequemen Amtssessel hat der Mann, der sich auch als Behördenchef mit Vorliebe schwarz kleidet und ohne Krawatte auskommt, nie gesucht. Nein, Jahn verkörpert weder den Archivar noch den Personalmanager. In Wirklichkeit ist er bis heute ein Kämpfer geblieben. Unbeirrt, gradlinig und ohne jede Scheu vor Konflikten verfolgt er seine Ziele. Und die heißen: Versöhnung und Aufklärung, für die er auch ehemalige Stasi-Leute gewinnen will.

Anhänger verprellt

Gleich zu Beginn seiner Amtszeit verprellte er Juristen und Politiker, indem er hartnäckig die Versetzung von etwa 50 ehemaligen Stasi-Mitarbeitern, die seit Beginn der 1990er-Jahre in der Behörde beschäftigt sind, in andere Bundesbehörden betrieb. Diese Mitarbeiter waren von seinen Vorgängern Joachim Gauck zunächst geholt und dann von Marianne Birthler geduldet worden. Birthler hatte diese Mitarbeiter aber immer als eine schwere Hypothek bezeichnet. In den ersten Jahren hätten sie nützliche Aufbauhilfe geleistet und insgesamt ihren Dienst untadelig versehen, hieß es weiter. Mit Rücksicht auf die Opfer staatlicher Unterdrückung möchte Jahn sie jedoch loswerden.

Versöhnung

Für Roland Jahn steht neben der Aufklärung die Versöhnung an vorderster Stelle, wenngleich sein Vorstoß zur Versetzung der früheren Stasi-Leute

Die Stasi-Unterlagenbehörde besteht seit Oktober 1990. Seitdem sind über 6,5 Millionen Anträge auf Akteneinsicht eingegangen, fast die Hälfte von Privatpersonen. Es gab etwa 470 000 Ersuchen auf Rehabilitierung und fast zwei Millionen Anfragen von Behörden, Wissenschaftlern und Journalisten. Die Mitarbeiter haben in 20 Jahren etwa 111 000 Meter an Akten aufbereitet. Die Behörde verfügt über ein Netz von zwölf Außenstellen: Chemnitz, Dresden, Erfurt, Frankfurt/Oder, Gera, Halle, Leipzig, Magdeburg, Neubrandenburg, Rostock, Schwerin und Suhl.

eher zusätzlichen Streit hervorruft. Doch das nimmt er in Kauf, so wie er einst als Student und Dissident bei der Verfolgung seiner Ziele große persönliche Risiken in Kauf nahm. Jena war in den 1970er- und 1980er-Jahren ein Zentrum der Opposition, auch wenn die Universitätsstadt, was den Widerstand angeht, in der heutigen Wahrnehmung weit hinter Leipzig, Dresden und Berlin rangiert. Gruppen wie der *Eisenberger Kreis* mit Thomas Ammer planten in Jena bereits in den 1950er-Jahren Aktionen und Demonstrationen.

Jahn zählte in seiner Heimatstadt zu einem Kreis von jungen Oppositionellen, dem Lutz Rathenow und Jürgen Fuchs angehörten. Der Wehrdienst bei der kasernierten Bereitschaftspolizei in Rudolstadt hatte bei Jahn innere Konflikte und heftige Zweifel am System ausgelöst. Als er Einsätze gegen rebellierende Studenten üben sollte, wurde ihm bewusst, dass er eines Tages selbst Ziel eines solches Einsatzes sein könnte.

Rausschmiss aus der Uni

In Jena, wo er ab 1975 Wirtschaftswissenschaften studierte, hielt Jahn Kontakt zur *Jungen Gemeinde*, die Aktivitäten jenseits der von der SED gesteuerten Massenorganisationen ermöglichte. Sein Protest gegen die Ausbürgerung des Liedermachers Wolf Biermann 1976 kostete ihn den Studienplatz. Dem Rausschmiss aus der Universität folgte eine

Art Strafbefehl, der lautete: »*Zur Bewährung in die Produktion*«.

Jahn wurde Transportarbeiter beim *Volkseigenen Betrieb Carl Zeiss Jena.* Seinem Willen zum Widerstand konnte die Strafmaßnahme nichts anhaben. Bei den Feiern zum 1. Mai 1977 trug er ein weißes, leeres Plakat, um auf die Zensur in der DDR aufmerksam zu machen. Im Jahr darauf lernte er Petra Falkenberg kennen, eine Gleichgesinnte, die sich um inhaftierte Freunde kümmerte. 1979 kam die gemeinsame Tochter Lina zur Welt.

Student in Jena | 1975

Matthias Domaschk

Der Tod seines Freundes und Mitstreiters in der *Jungen Gemeinde* Matthias Domaschk bedrückt Jahn immer noch. Domaschk wurde im April 1981 verhaftet und starb wenig später im Stasi-Gefängnis Gera unter bis heute ungeklärten Umständen. Das MfS behauptete, der junge Mann habe sich das Leben genommen, blieb jedoch die Beweise dafür

»Du bist wie Gift! Gift gehört in den Giftschrank
und der muss abgeschlossen werden.«

STASI-OFFIZIER WÄHREND DER VERNEHMUNG VON ROLAND JAHN

Matthias Domaschk: 1957–1981, engagiert in der *Jungen Gemeinde* Jena. Beteiligt sich 1976 am Protest gegen die Ausbürgerung von Wolf Biermann und muss die Schule verlassen. Die Stasi zählt ihn zu den *»politisch Untergrundtätigen«*. 1981 Verhaftung und Tod in der Stasi-U-Haftanstalt Gera.

schuldig. Zum ersten Todestag seines Freundes gelang es Roland Jahn, eine Anzeige in der Thüringer SED-Zeitung zu schalten mit einem Text, den jeder verstand, der zwischen den Zeilen lesen konnte: *»Wir gedenken unseres Freundes Matthias Domaschk, der im 24. Lebensjahr aus dem Leben gerissen wurde.«* Die Anzeige klebte er dutzendfach in der Stadt an Masten und Wände.

Ein Graffiti erinnert an den gewaltsamen Tod von Matthias Domaschk. | 1990

Einzelhaft

Im Jahr 1982 störte er eine Militärparade anlässlich der Feiern zum 1. Mai, indem er die eine Hälfte seines Gesichtes als Hitler, die andere als Stalin bemalte und neben der Tribüne die Truppen an sich vorbeiziehen ließ.

Seine nächste Aktion führte ihn direkt in die Untersuchungshaft: Aus Protest gegen das in Polen verhängte Kriegsrecht schmückte Jahn sein Fahrrad mit einem Fähnchen, auf dem stand: *»Solidarität mit dem polnischen Volk«*. Fast sechs Monate saß der junge Mann im Stasi-Gefängnis Gera in Einzelhaft, und zwar in demselben Gefängnis, in dem Matthias Domaschk umgekommen war. Bei den Verhören schwieg er beharrlich. Allerdings unterschrieb er unter Druck einen Ausreiseantrag. Wegen *»Missachtung staatlicher Symbole«* wurde Jahn zu 22 Monaten Haft verurteilt. Kaum war das Urteil gesprochen, holte die Staatssicherheit zu einem neuen Schlag gegen die Opposition in Jena aus. Im Januar und Februar 1983 kam es zu einer Verhaftungswelle, die auch Jahns Lebensgefährtin erfasste.

Friedensgemeinschaft Jena

Was der Spitzelapparat nicht einkalkuliert hatte – die Opposition ließ sich nicht mehr einschüchtern. Es hagelte Proteste in ganz Deutschland. Menschenrechtsorganisationen wie Amnesty International verurteilten das Vorgehen der Geheimpolizei in Jena. Westliche Medien wie das ARD-Fernsehmagazin *Report* machten die Verletzung elementarer Menschenrechte publik. Angesichts des öffentlichen Drucks ließ die SED die meisten Oppositionellen wieder frei, darunter Roland Jahn. Die Regimegegner erkannten, dass durch diese Niederlage der Einfluss der Einheitspartei zu schwinden begann. Zusammen mit Freunden gründete Jahn, der seinen Ausreiseantrag widerrief, die *Friedensgemeinschaft Jena.* Die Gruppe orientierte sich an dem Projekt *Sozialer Friedensdienst,* das Pfarrer Christoph Wonneberger 1980 entwickelt hatte, und suchte bewusst den öffentlichen Protest, und zwar unter Verzicht auf jede Gewalt.

Mehrfach geriet Roland Jahn mit Sicherheitskräften aneinander, wenn er Transparente mit Aufschriften wie *Militarisierung raus aus unserem Leben* und *Abrüstung in Ost und West* trug. Mit dem Symbol *Schwerter zu Pflugscharen* der Friedensbewegung mischte er sich am 22. Mai 1983 unter die Teilnehmer einer zentralen FDJ-Kundgebung

Roland Jahn nach seiner Haftentlassung | 1983

in Potsdam. Es dauerte nicht lange, bis Stasi-Leute in Zivil das Transparent an sich rissen, auf ihn einschlugen und ihn wegschleppten. Jahn konnte sich noch einmal losreißen. Doch bald hatten seine Verfolger ihn eingeholt und geknebelt. Wie ein Stück Vieh wurde er an einem Grenzbahnhof in einen Zug Richtung Westdeutschland geworfen und angekettet. *»Es ist der spektakulärste Rausschmiss seit der Biermann-Ausbürgerung«,* schreibt der frühere DDR-Bürgerrechtler Tom Sello über diese gewaltsame Ausbürgerung in dem Buch *Für ein freies Land mit freien Menschen.*

Verbindungsmann

In Westberlin gelandet, kannte Roland Jahn nur ein Ziel: Er wollte so schnell wie möglich in die DDR zurück! Nur mit Mühe konnten Mitstreiter ihn davon überzeugen, im Westen zu bleiben. Schließlich war er der ideale Verbindungsmann, da er das Vertrauen der Regimegegner in der DDR besaß und von Westberlin aus den Widerstand unterstützen konnte. Tatsächlich gelang es ihm, zusammen mit Jürgen Fuchs den Regimegegnern in Ostdeutschland zu helfen. Jahn organisierte ein Netzwerk an Kurieren, die Vervielfältigungsapparate, Tonbandgeräte, Videokameras, Bücher, Zeitungen und Magazine heimlich über die Grenze schafften. Bürgerrechtlern half er so, Bild- und Ton-Material zu sammeln und in den Westen zu schmuggeln.

1985 gelang Jahn ein weiterer Coup: Aus dem Ausland reiste er über den Flughafen Schönefeld illegal und unerkannt in die DDR ein. In Berlin traf

Roland Jahn schminkt sich als Hitler/Stalin | 1982

er SED-Gegner wie Gerd und Ulrike Poppe, Ralf Hirsch und Martin Böttger. In Jena besuchte er das Grab von Matthias Domaschk. Der Versuchung, in der DDR zu bleiben, um im Untergrund den Widerstand fortzusetzen, gab er nicht nach. Vielmehr kehrte Jahn nach Westberlin zurück, wo er sich in den folgenden Jahren vor allem auch als freier Journalist betätigte. Er schrieb für die *tageszeitung*, gestaltete in einem Westberliner Privatradio unter dem Titel *Radio Glasnost* eine Hörfunksendung der DDR-Opposition und verfasste Beiträge für das ARD-Fernsehmagazin *Kontraste* – häufig unter dem Pseudonym *Jan Falkenberg*. Die Staatssicherheit blieb ihm stets auf der Spur.

Kontakte und Informationen

Kaum ein anderer Journalist in Westberlin verfügte über so viele Kontakte und Informationen wie Jahn. Daher war er für westdeutsche Korrespondenten wie auch für die Bürgerrechtler in der DDR ein gefragter Ansprechpartner. Die Friedliche Revolution bedeutete für ihn Höhepunkt und vorläufiges Ende eines politischen Kampfes, der fast zwei Jahrzehnte gedauert hatte. Weitere 20 Jahre journalistischer Aufklärung vergingen, bis ihm im Frühjahr 2011 die Leitung der Stasi-Unterlagenbehörde übertragen wurde.

Für das neue Amt brachte Jahn konkrete und praktische Vorstellungen mit: »*Wir wollen zum Beispiel für Journalisten die Möglichkeiten zur Recherche in den Datenbänken verbessern. Es gilt also, die Digitalisierung in den Datenbänken voranzutreiben. Ich stelle mir vor: Der Wissenschaftler sitzt zu Hause an seinem Laptop, verschafft sich in den Datenbänken einen Überblick und bestellt in unserem Archiv, was er für seine Forschung braucht. Das ist mein Traum. Daran müssen wir hart arbeiten. Auch Laien sollen die Chance bekommen, bei uns zum Thema Stasi solide Informationen abzurufen. Unsere Internetseite wird so ausgebaut, dass zum Beispiel ein 18-jähriger*

Demonstration in Jena | 19. Mai 1983

Roland Jahn mit zerstörtem Transparent | 19. Mai 1983

> »Was wir wollen: Frieden zwischen den Menschen als Voraussetzung zum Leben, als Freiheit, Gleichheit, Brüderlichkeit.«

AUFRUF DER FRIEDENSGEMEINSCHAFT JENA | 1983

Observationsfoto des Wohnhauses von Roland Jahn in der Görlitzer Straße in Westberlin | 1994

Abiturient in kurzer Zeit seinen Hausaufsatz zum Thema ›Diktatur in der DDR‹ schreiben kann.«
Der Auffassung, bei der Stasi habe es sich um einen normalen Geheimdienst gehandelt, wie es ihn überall auf der Welt gäbe, tritt Jahn entschieden entgegen. In seinem Amt als Stasi-Beauftragter geht er von ganz anderen Voraussetzungen aus: *»Die Vorstellung, es müsse in jedem Staat einen Geheimdienst geben, ist die falsche Herangehensweise. Die Staatssicherheit der DDR war als Geheimpolizei ein Instrument des Unrechtsstaates. Das Sammeln von Erkenntnissen und Informationen war eine Sache. Aber diese Informationen wurden benutzt, um Menschen zu unterdrücken. Dabei hatte die Stasi freie Hand; sie organisierte die Verfolgung, führte die Untersuchungen und legte am Ende sogar das Strafmaß fest. Alles in einer Hand! Von einem Rechtsstaat kann keine Rede sein. Vielmehr gaben politische Erwägungen den Ausschlag. Eine kleine Kaste von Politikern bestimmte das Vorgehen der Stasi. Menschen*

wurden eingesperrt, wenn dies im Interesse der SED lag und es von Staats wegen gewollt war. So geht eine Geheimpolizei vor. Davon ist klar zu unterscheiden der demokratisch legitimierte Geheimdienst, der seine festen Regeln hat und kontrolliert wird. Und wenn gegen Regeln verstoßen wird, gibt es Vorkehrungen, die erlauben, solche Verstöße aufzudecken und abzustellen.«

Roland Jahn illegal auf dem Alexanderplatz in Berlin | 1985

Roland Jahn

Roland Jahn, im Widerstand gegen
das SED-Regime, leitet seit 2011
die Stasi-Unterlagenbehörde.

Herr Jahn, welche gesetzlichen Möglichkeiten, welche Instrumente brauchen Sie in den kommenden Jahren, um Ihre Aufgabe als Leiter der Stasi-Unterlagenbehörde erfüllen zu können?

RJ – Ich denke gar nicht in Kategorien von kommenden Jahren. Ich denke in Kategorien, wenn Sie so wollen, für die Ewigkeit. Aufklärung mithilfe dieser Unterlagen soll immer möglich sein. Das heißt: Der Zugang zu den Akten muss auf Dauer gewährleistet sein. Es muss sichergestellt werden, dass Betroffene und unter bestimmten Voraussetzungen dann auch ihre Nachfahren die Akten einsehen können; dass ferner Wissenschaft und Medien Zugang zu dem Material haben, um das Wirken der Staatssicherheit tiefgründig zu analysieren. Diese Dokumente sind Zeugnisse einer Diktatur und gleichzeitig Zeugnisse des Freiheitswillens der Menschen in der DDR.

Was ist denn Ihrer Meinung nach die Grundvoraussetzung dafür, dass das Material in Zukunft offen und zugänglich bleibt?

RJ – Die Grundvoraussetzung besteht darin, dass wir rechtsstaatliche Verfahren haben. Wir müssen den Spagat hinbekommen zwischen der Informationsfreiheit über staatliches Handeln – speziell das der Geheimpolizei Staatssicherheit – und dem Datenschutz der Menschen, die bespitzelt worden sind. Das ist die große Herausforderung, und genau das hat das Stasi-Unterlagengesetz in den vergangenen 20 Jahren insgesamt geleistet. Dies gilt es weiterzuentwickeln, und zwar nach den bisher gesammelten Erfahrungen und den neuen technischen Möglichkeiten. Nach der jüngsten Novelle zum Stasi-Unterlagen-Gesetz fällt der elektronische Kopierschutz weg. Damit besteht die Möglichkeit, Akten zu digitalisieren und weiterzuverbreiten.

Hat die Digitalisierung des Materials inzwischen begonnen?

RJ – Hier im Archiv teilweise für Tonbänder und Filme, die ebenfalls Stasi-Unterlagen sind. Bei den Akten selber geht es weiter darum, sie zu sichern und zu erschließen. Es gibt immer noch Restbestände von Aktenbündeln, die noch nicht bearbeitet wurden. Aus der Sachablage der Staatssicherheit sind bis jetzt 87 Prozent erschlossen worden. Der Rest kommt noch, sodass wir 100 Prozent des Materials vorliegen haben.

Wie lange wird das dauern?

RJ – Schwer zu sagen, weil wir nicht genau wissen, welcher Aufwand damit verbunden sein wird. Es gibt noch viele Bündel an nicht erschlossenem Material. Darüber hinaus liegen noch 16 000 Säcke mit zerrissenen Unterlagen, also mit den Papierschnitzeln, in den Regalen. All das ist Archivgut, von dem wir nicht im Einzelnen wissen, was drinsteckt.

Der zeitliche Rahmen für die Erschließung des restlichen Materials steht also noch nicht fest.

RJ – Das ist wirklich schwer einzuschätzen. Die Maschine, die die zerschnitzelten Akten wieder zusammenfügen soll, wurde gerade erst entwickelt und geht jetzt in eine zweijährige Testphase, in der zunächst etwa 400 Säcke erschlossen werden. Dabei wird sich zeigen, ob diese Form der Rekonstruktion des ursprünglichen Materials wirklich hält, was wir erhoffen.

Sie sind seit März 2011 im Amt und haben als *Herr der Akten,* der jetzt Roland Jahn heißt, inzwischen vermutlich einen Überblick darüber, was Ihr Aufgabenbereich, was Ihr Gebiet ist.

RJ – Was heißt mein Gebiet? Das Wichtigste ist erst einmal, dass wir das Archiv erschließen, die Unterlagen den Betroffenen sowie Wissenschaft und Medien zugänglich machen und die Nutzung der Akten, die täglich stattfindet, so reibungslos wie möglich organisieren.

Sie haben vorhin gesagt, das Stasi-Unterlagen-Gesetz habe sich in den vergangenen Jahren bewährt; es sei einigermaßen gut gelaufen …

RJ – … nicht einigermaßen, sondern sehr gut: Es wurde ein rechtsstaatlicher Zugang zu den Akten hergestellt und zugleich eine große internationale Vorbildwirkung erreicht.

Das wird von einigen Leuten angezweifelt: Die Vorreiter- und Vorbildfunktion der Stasi-Unterlagenbehörde sei nicht mehr gegeben.

RJ – Das sehe ich überhaupt nicht so. Erst kürzlich wurde das genaue Gegenteil bestätigt. Auf einem Kongress zusammen mit der Deutschen Gesellschaft für Osteuropakunde war eine ganze Reihe von Organisationen vertreten, die in Osteuropa mit der Aufarbeitung von Geheimdienst-Unterlagen zu tun haben. Einhellig wurde festgestellt, dass Deutschland auf diesem Gebiet nach wie vor eine Vorreiterrolle einnimmt. Teilnehmer berichteten über die vielfältigen Probleme bei der Erschließung und Nutzung der Akten in diesen Ländern. Also, die Vorbildwirkung ist unbestritten. Dass wir ein aufwendiges Verfahren haben, verdient eher Anerkennung. Denn darin zeigt sich die Qualität der Aufarbeitung.

Eines der Argumente lautet, die Strafverfolgung dauere in Deutschland viel zu lange. In Ländern wie Polen und Ungarn seien Stellen zur Ermittlung von Straftaten in die Behörde zur Aufarbeitung der Geheimdienst-Unterlagen eingegliedert.

RJ – In Deutschland hat es sich bewährt, dass die Stasi-Unterlagen-Behörde als Dienstleister tätig ist. Die Strafverfolgung arbeitet unabhängig davon; sie bedient sich der Archive. Ich bin froh, dass diese Aufgabe nicht bei uns angesiedelt ist. Wenn es heißt, die zuständigen Strafermittlungsbehörden seien mit den Abläufen unzufrieden, dann stimmt das einfach nicht. Auch bei den Stellen, die für die Rehabilitierung der Stasi-Opfer zuständig sind, leisten wir eine gute Zuarbeit. Die Bereitstellung von Akten gerade im Bereich Opferrente und berufliche Rehabilitierung funktioniert weitgehend reibungslos.

Die neuen Bestimmungen des Stasi-Unterlagen-Gesetzes ermöglichen Ihnen, ehemalige Stasi-Mitarbeiter in andere Bundesbehörden zu versetzen. Manche werfen Ihnen vor, dass Sie die Versöhnung zwischen Opfern und Tätern, die Ihnen ja am Herzen liegt, damit selber torpedieren.

RJ – Das Gegenteil ist der Fall. Mir ist es wichtig, dass wir den Weg der Versöhnung gehen. Das ist aber nur möglich, wenn wir die Menschen, die unter der Stasi gelitten haben, auch mitnehmen. Versöhnung und Vergebung ist erst dann möglich, wenn die Verletzungen der Opfer verheilt sind. Die Opfer empfinden es als Zumutung, dass bei uns einige Stasi-Offiziere arbeiten. Ich habe die Politik aufgefordert, an der Lösung dieses Problems zu arbeiten. Das Gesetz enthält nun einen Passus, der die Versetzung unter bestimmten Bedingungen einfordert.

Wie weit ist nach Ihrer Einschätzung die Versöhnung seit der Friedlichen Revolution gelungen?

RJ – Ich denke, wir sind mit dem Thema Versöhnung nicht sehr weit gekommen. Es gibt noch kein Klima der Versöhnung, das mich zufriedenstellen würde.

Woran liegt das?

RJ – Es liegt daran, dass zu viele Menschen das Geschehen verdrängen; dass zu viele Menschen, die in Verantwortung standen, sich immer nur rechtfertigen. Es fehlt in Deutschland die gründliche Auseinandersetzung mit der eigenen Verantwortung. Dafür gibt es allerdings nur dann eine Chance, wenn man sich gegenseitig respektiert. Dann kann es gelingen, dass Menschen sich offenbaren und sich zu ihrer Verantwortung bekennen, ohne dass sie damit auf ewig verdammt sind.

Wie lässt sich der Prozess der Versöhnung organisieren? Was muss stattfinden, damit Versöhnung in Zukunft Wirklichkeit wird?

RJ – Wir brauchen Offenheit und gegenseitigen Respekt: Die Empfindungen der anderen ernst nehmen! Gemeinsam analysieren, was war, wie es war und auch wer es war, und sich dazu bekennen! Das wünsche ich mir. Dazu ist es notwendig, Begegnungen zu organisieren. Versöhnung heißt, die Konflikte von damals zu befrieden und ein Zusammenleben zu schaffen, das ohne Gräben auskommt.

Können Sie ein Beispiel nennen?

RJ – Unsere Behörde hat zusammen mit der Landesbeauftragten für die Stasi-Unterlagen in Thüringen einen Film unterstützt, der für das ZDF hergestellt wurde: In dem Film lesen ein Stasi-Spitzel und der von ihm Bespitzelte gemeinsam die von uns zur Verfügung gestellten Akten. Der Spitzel hatte mit dafür gesorgt, dass der Bespitzelte zwei Jahre ins Gefängnis gekommen war. Wie die beiden sich im Film auseinandersetzen, wie sie sich anhand der Stasi-Akten bemühen, die Vorgänge aufzuklären, und versuchen, wieder zueinanderzukommen – als Menschen, die früher befreundet waren – das ist schon sehr beeindruckend. So kann Versöhnung gehen, nicht nur im Film.

Konzentriert sich die Beschäftigung mit der Geschichte der DDR möglicherweise zu sehr auf den Aspekt der Staatssicherheit? Liegt darin ein Hindernis für Dialog und Versöhnung?

RJ – Die Fixierung auf die Stasi kann schon von anderen Verantwortlichkeiten ablenken, das stimmt. Der alleinige Blick auf den Verfolgungsapparat würde bedeuten, es ginge letztlich ausschließlich um den Verrat durch Inoffizielle Mitarbeiter der Stasi. Das gesellschaftliche Leben in der DDR umfasste jedoch mehr Bereiche und sollte mit all seinen Unterschieden wahrgenommen werden. Wir müssen die Leute bei ihrem eigenen Erleben abholen, auch bei den positiven Erfahrungen, die sie in der DDR gemacht haben. Deswegen macht es keinen Sinn, die Beschäftigung mit der DDR ausschließlich auf das System der Unterdrückung zu begrenzen. Andererseits darf nie vergessen werden, wie die Staatssicherheit im Auftrag der SED vorgegangen ist, wie das System der Angst funktionierte und was die Diktatur in der DDR angerichtet hat. Die Stasi war immer und überall dabei. Der Apparat sorgte dafür, dass das System funktionierte. Die Anpassung der Einzelnen ist eine wichtige Voraussetzung für das Funktionieren der Diktatur. Warum haben sie sich angepasst? Das ist die entscheidende Frage!

Wenn man einem Menschen gegenübersitzt, der körperlich und seelisch kaputtgemacht worden ist, wird einem die Tiefe der Beschädigung erst richtig bewusst. Wie haben Sie den Unterdrückungsapparat erlebt?

RJ – Auch ich habe die Stasi nicht ohne Verletzungen überlebt; die sind inzwischen einigermaßen vernarbt. Mein Lebensmotto hieß immer: *Du, lass dich nicht verbittern in dieser bitteren Zeit!* Ein Lied von Wolf Biermann, das mir die Lebenslust bewahrt hat, auch das Lachen, selbst gegenüber der Stasi. Ich habe immer versucht, auch im Gefängnis, der Staatssicherheit mit einem Lachen entgegenzutreten. Das war nicht einfach. Die Stasi hat ganz entscheidend in meine Biografie eingegriffen. Dazu gehört zum Beispiel der Rausschmiss aus der Universität Jena 1977. Wenn ich das in meinen Stasi-Akten lese, dann wird mir bewusst, welche enormen Folgen dieser Rauswurf für mein weiteres Leben hatte. Unser Seminarleiter schrieb als Inoffizieller Mitarbeiter genau auf, welche Meinungen ich vertrat. Im Seminar entstand ein solches Klima der Angst, dass sogar meine Kommilitonen mich verraten und für meinen Rausschmiss gestimmt haben. Dann musste ich erleben, dass ein Freund, mit dem ich viel unternommen hatte – wir träumten von einer gerechteren Welt –, von der Staatssicherheit abgeholt wurde und nicht lebend zurückkehrte. Damit war klar, was Staatssicherheit bedeutete. Es ging nicht um Oppositionsspielchen, sondern es konnte um Leben und Tod gehen.

Sie sprechen von Ihrem Freund Matthias Domaschk, der in Stasi-Haft in Gera umgekommen ist.

RJ – Ja, in demselben Gefängnis, in dem ich einsitzen musste und wo ich mir immer wieder die Frage stellte, wie er zu Tode gekommen ist. Dazu kam fast zwangsläufig die Angst, ob und wie ich selber überleben würde. Ich habe versucht, etwas dagegenzusetzen, indem ich zum Beispiel während der gesamten Haftzeit keine Aussage gemacht habe. Denn mir war klar: Alles, was du sagst, wird gegen dich verwendet. Etwas dagegensetzen – das sagt sich heute so leicht dahin … Die Stasi zog alle Register psychologischer Vernehmungskunst, um mich zu brechen, zum Beispiel, indem sie mir Fotos meiner dreijährigen Tochter zeigte und sich dann köstlich amüsierte, als mir die Tränen kamen. Das waren Momente, in denen man sich fragte: Ist der Preis, auf das Glück mit dem Kind und der Familie zu verzichten, nicht zu hoch für ein kleines Stück Meinungsfreiheit und Widerstand? Da steht man kurz vor dem Zusammenbruch und braucht viel Kraft wiederaufzustehen. Das hat mich geprägt.

Wie sehen Sie den Fall Matthias Domaschk heute? Was ist daran aus Ihrer Sicht entscheidend?

RJ – Über den Tod meines Freundes gibt es inzwischen zu viele Spekulationen. Für mich ist entscheidend, dass ein gesunder, junger Mensch im Alter von 23 Jahren von der Staatssicherheit festgenommen wurde und aus dem Gefängnis der Staatssicherheit nicht wieder lebend zurückkam. Also: Die Verantwortung für seinen Tod trägt die Staatssicherheit.

Welche waren die einschneidenden Ereignisse Ihres Widerstandes gegen das SED-Regime?

RJ – Besonders einschneidend war mein gewaltsamer Abtransport aus der DDR. Ich wurde auf persönlichen Befehl des Stasi-Ministers Erich Mielke weggebracht. Handschriftlich ordnete er an: *»Abschiebegewahrsam sichern«.* Das war eine richtige Staatsaktion. Aus den Dokumenten geht hervor, dass dabei über hundert

Stasi-Leute im Einsatz waren. Ich wurde aus meiner Heimatstadt Jena, in der ich fast 30 Jahre gelebt hatte, abtransportiert, der Stadt, in der meine Freunde lebten, meine Familie, meine Eltern. Nachts wurde ich in Knebelketten gefesselt in einen Zug geworfen. Diese Trennung vor allem von meiner Familie hat lange, sehr lange nachgewirkt. Ein Trauma, dieser Abtransport. Vor allem meine Mutter hat darunter sehr gelitten. Mit weinender Stimme sagte sie am Telefon, man hat uns unseren Sohn gestohlen. Als ich dann in Westberlin war, verfolgte die Stasi meine Eltern. Sie wurden vorgeladen und unter Druck gesetzt. Sie sollten auf mich einwirken und mich bewegen, meine Aktivitäten von Westberlin aus gegen die DDR einzustellen. Die Staatssicherheit ging also nicht nur gegen mich, sondern gegen mein ganzes Umfeld vor.

Man hätte Sie auch kidnappen können, um Sie dann in einem Gefängnis verschwinden zu lassen. Entführungen gehörten ja zum Repertoire der Stasi.
RJ – Auch das wäre möglich gewesen. Die Akten enthalten viele Hinweise darauf, was die Stasi alles vorhatte. Es gab Pläne, Kneipen zu verwanzen, die ich gelegentlich besuchte. Die Akte enthält eine Skizze meiner Wohnung einschließlich der Einrichtung, ferner Angaben über den Schulweg meiner Tochter. Auch sie wurde überwacht.

1976 haben Sie gegen die Ausbürgerung des Liedermachers Wolf Biermann protestiert. Wie wichtig war Biermann damals für die Opposition in der DDR?
RJ – Wolf Biermann gab uns Orientierung. Er war einer, der das aussprach, was wir dachten, der die Fähigkeit besaß, diese Gedanken in treffende Worte zu kleiden. Seine Ausbürgerung war ein großer Verlust für uns. Deswegen haben wir uns ja auch dagegen zur Wehr gesetzt. Mein Protest führte dann zum Rausschmiss aus der Universität. Aber auch, als Biermann in der Bundesrepublik war, gaben uns seine Texte

Kraft. Das schon erwähnte Lied *Du, lass dich nicht verbittern …* habe ich im Gefängnis gesungen. Es geht ja noch weiter: *Die Herrschenden erzittern – sitzt du erst hinter Gittern – doch nicht vor deinem Leid.* Da wurde mir noch mal bewusst, dass die Herrschenden keineswegs erzittern, während ich im Gefängnis leide, sondern dass sie alles tun, um ihre Macht durchzusetzen.

Mit dem Bürgerrechtler und Schriftsteller Jürgen Fuchs haben Sie von Westberlin aus viel für die Opposition in der DDR getan. Fuchs hat seine Erfahrungen in der Stasi-Unterlagenbehörde, auch den Umgang mit ehemaligen Stasi-Leuten dort, später literarisch verarbeitet. Was war er für ein Mensch?
RJ – Jürgen Fuchs war ein kluger, sensibler Mensch – mutig, ausdauernd und konsequent. Für mich war er immer ein großer Bruder. Ein Vorbild. Ein Ratgeber. In meiner Antrittsrede habe ich gesagt, auch für Menschen wie ihn übe ich dieses Amt aus. Er hat vieles auf den Weg gebracht, was die Aufarbeitung der Diktatur in der DDR angeht. Er war ein Aufklärer. Jürgen Fuchs kam 1977 in den Westen. Er war einer der wenigen, die uns in der DDR vom Westen aus weiter unterstützt haben. Er glaubte daran, dass die Zustände in der DDR nicht ewig dauern. Er hat an den Freiheitswillen der Menschen geglaubt und an sich selbst. Er zitierte oft Václav Havel, den tschechischen Dissidenten: »Den Versuch, in der Wahrheit zu leben.« Das war seine Devise. Er nahm nie für sich in Anspruch, die Wahrheit gepachtet zu haben. Aber zu den Voraussetzungen, in Wahrheit zu leben, gehörte die Aufklärung.

Warum sind nur wenige Fälle von Mitarbeitern der Staatssicherheit in Westdeutschland bekannt geworden? Es gab doch ein Netz von Stasi-Leuten im Westen!
RJ – Sicher, die Stasi war im Westen aktiv. In meiner eigenen Akte ist das, wie schon erwähnt, nachzulesen, aber auch in den Dokumenten in unserem Archiv wird dies deutlich. Leider hat die Staatssicherheit – gerade

was die Unterlagen zur Westarbeit betrifft – sehr viel vernichtet. Das wenige, was vorhanden ist, kann nur andeuten, wie aktiv die Staatssicherheit im Westen war. Allerdings steht schon jetzt fest: Die Staatssicherheit war nicht nur eine Angelegenheit des Ostens, sondern Gesamtdeutschlands.

Wie lange wird es noch dauern, bis Ereignisse wie der Volksaufstand am 17. Juni 1953 und die Friedliche Revolution von 1989/90 auch als Teil der deutschen Freiheitsgeschichte anerkannt werden?

RJ – Der 17. Juni ist spätestens mit dem 50. Jahrestag und all dem, was aus diesem Anlass an Publikationen und historischen Einordnungen stattgefunden hat, als Volksaufstand anerkannt. Das gilt auch für die Friedliche Revolution, die am zwanzigsten Jahrestag des Mauerfalls entsprechend gewürdigt wurde. Die Veröffentlichungen, die vielen Veranstaltungen waren eine eindrucksvolle Würdigung dieser historischen Ereignisse. Was da an Auseinandersetzung unter Einbindung auch der jüngeren Generation stattgefunden hat, ist beeindruckend. Auch mit Blick auf die Gedenkstätte Berliner Mauer an der Bernauer Straße kann ich feststellen: Das ist der Beginn einer Arbeit, die sich sehen lassen kann. Was noch nicht stattgefunden hat, ist die Aufarbeitung der Diktatur in der DDR insgesamt. Da gibt es noch vieles zu tun.

Fast alle Umfragen unter Jugendlichen zeigen, dass sie nur wenig über die Geschichte der DDR wissen. Sie selber haben das beklagt.

RJ – Aufklärung und Aufarbeitung kann es nie genug geben. Die Umfragen belegen in der Tat, dass die Jugend zu wenig weiß. Damit sind wir alle aufgefordert, mehr Aufklärung zu leisten. Deswegen die Jugend zu beschimpfen, ist natürlich der falsche Weg. Vielmehr muss überlegt werden, wie diese Arbeit am besten geleistet werden kann; zeitgemäß, das heißt, mit modernen technischen Mitteln, aber auch erfahrbar – damit meine ich sinnliche Wahrnehmung.

Welche Bereiche der Gesellschaft haben denn angesichts der verbreiteten Unkenntnis nicht genug getan?

RJ – Alle zusammen – einzelne Schuldzuweisungen kann man nicht machen. Je besser wir jungen Leuten vermitteln können, dass es sich lohnt, sich mit der Geschichte des eigenen Vaterlandes und der eigenen Region zu befassen, dass es dabei letztlich um die eigene Zukunft geht, desto mehr erreichen wir. Mein Leitsatz für die Arbeit in der Behörde heißt: *»Je besser wir die Diktatur begreifen, desto besser können wir Demokratie gestalten.«*

Roland Jahn, der ehemalige Häftling im Stasi-Gefängnis Gera, ist heute Chef der Stasi-Unterlagen-Behörde in Berlin. Was für ein Weg!

RJ – Jemand meinte: Dass ein Typ wie ich einen solchen Job bekommen hat, ist Ausdruck unserer demokratischen Gesellschaft. Dem kann ich eigentlich nichts hinzufügen, außer: Es schließt sich ein Kreis. Und: Ich möchte von dieser Stelle aus daran mitwirken, dass in unserer Gesellschaft möglichst alle gut miteinander auskommen. Dabei beziehe ich diejenigen, die in der DDR für menschenrechtswidriges Verhalten verantwortlich waren, ausdrücklich mit ein.

Und die Tätigkeit als Journalist fehlt Ihnen nicht?

RJ – Ich bin ja immer noch das, was ich als Journalist war, ein Aufklärer. Aufklärung ist mein Weg, das Ziel heißt Versöhnung.

Register

Literatur- und Quellenverzeichnis

Johannes R. Becher: Der gespaltene Dichter – Gedichte, Briefe, Dokumente 1945–1958, Berlin 1991

Jutta Braun: Die Stasi sagte: »Der Kopf muss weg!« – Zur strafrechtlichen und gesellschaftlichen Aufarbeitung des SED-Unrechts im Sport, Zeitschrift Horch und Guck, 2/2010

Bundespräsidialamt, Bundesstiftung zur Aufarbeitung der SED-Diktatur (Hg.): Der aufrechte Gang – Opposition und Widerstand in SBZ und DDR, Berlin 2009

Rainer Eckert: Was stimmt? DDR – Die wichtigsten Antworten, Freiburg/B. 2007

Rainer Eckert: SED-Diktatur und Erinnerungsarbeit im vereinten Deutschland: Auswahlbibliografie zu Widerstand und politischer Repression, Berlin 2011

Wolfgang Emmerich: Kleine Literaturgeschichte der DDR, Frankfurt/M. 1989

Regine Falkenberg, Carola Jüllig, Jörn Schütrumpf (Hg.): Parteiendiktatur und Alltag in der DDR, Berlin 2007

Karl Wilhelm Fricke: Akten-Einsicht – Rekonstruktion einer politischen Verfolgung, Berlin 1996

Karl Wilhelm Fricke: Die DDR-Staatssicherheit. Entwicklung, Strukturen, Aktionsfelder, Köln 1989

Jürgen Fuchs: Magdalena, Berlin 1998

Joachim Gauck: Winter im Sommer – Frühling im Herbst, München 2009

Ines Geipel: Heimspiel, Berlin 2005

Ines Geipel, Andreas Petersen: Blackbox DDR – Unerzählte Leben unterm SED-Regime, Wiesbaden 2009

Ines Geipel: Zensiert, verschwiegen, vergessen – Autorinnen in Ostdeutschland 1945–1989, Düsseldorf 2009

Jörg Gerke: Das Erbe der roten Junker – Die Auswirkungen der DDR-Agrarstrukturen auf Landwirtschaft und ländliche Regionen in Ostdeutschland nach 1990, Zeitschrift Horch und Guck, 2/2010

Jana Hensel: Zonenkinder, Reinbek bei Hamburg 2004

Tobias Hollitzer, Reinhard Bohse (Hg.): Heute vor zehn Jahren, Leipzig auf dem Weg zur Friedlichen Revolution, Fribourg 2000

Ilko-Sascha Kowalczuk: Das bewegte Jahrzehnt – Geschichte der DDR von 1949 bis 1961, Bonn 2003

Ilko-Sascha Kowalczuk, Tom Sello (Hg.): Für ein freies Land mit freien Menschen – Opposition und Widerstand in Biographien und Fotos, Berlin 2006

Reiner Kunze: Die wunderbaren Jahre, Frankfurt/M. 1976

Jürgen Kuczynski: Das große Geschäft – Die Verbrechen des deutschen Imperialismus, Berlin 1967

Rita Kuczynski: Mauerblume – ein Leben auf der Grenze, München 1999

Rita Kuczynski: Wenn ich kein Vogel wär, Düsseldorf, Wien 1993

Rita Kuczynski: Ostdeutschland war nie etwas Natürliches, Berlin 2005

Christoph Links, Sybille Nitsche, Antje Taffelt: Die wunderbaren Jahre der Anarchie – Von der Kraft des zivilen Ungehorsams 1989/90, Berlin 2004

Dorothea Melis: Sibylle – Modefotografien 1962–1994, Leipzig 2010

Roger Melis: Am Rande der Zeit – Fotografien 1973–1989, Leipzig 2010

Inge Münz-Koenen: Die verschiedenen Arten des Schweigens, in: Pankower Vorträge: Das verordnete Schweigen – Deutsche Antifaschisten im sowjetischen Exil, Berlin 2010, S. 5–20

Patrick von zur Mühlen: Der »Eisenberger Kreis«, Jugendwiderstand und Verfolgung in der DDR 1953–1958, Bonn 1995

Ehrhart Neubert: Geschichte der Opposition in der DDR 1949–1989, Bonn 1997

Ulrich Plenzdorf: Die neuen Leiden des jungen W., Frankfurt/M. 1976

Stefan Sommer: Das große Lexikon des DDR-Alltags, Berlin 2003

Stiftung Haus der Geschichte der Bundesrepublik Deutschland, Bundeszentrale für politische Bildung (Hg.): Rock! Jugend und Musik in Deutschland, Leipzig, Berlin 2005

M. Succow, L. Jeschke, H. D. Knapp: Die Krise als Chance – Naturschutz in neuer Dimension, Neuenhagen 2001

Verein zur Pflege des Natur- und Kulturerbes der Insel Vilm, Putbus/Rügen 2003

Hermann Vinke: Die DDR, Ravensburg 2008

Hermann Vinke (Hg.): Akteneinsicht Christa Wolf Zerrspiegel und Dialog, Hamburg 1993

Hermann Vinke: Das Dritte Reich, Ravensburg 2005

Jutta Voigt: Der Geschmack des Ostens – Vom Essen, Trinken und Leben in der DDR, Berlin 2005

Jutta Voigt: Westbesuch – Vom Leben in den Zeiten der Sehnsucht, Berlin 2009

Jutta Voigt: Im Osten geht die Sonne auf – Berichte aus anderen Zeiten, Berlin-Brandenburg 2009

Hermann Weber: Geschichte der DDR, München 1999

Wer war Wer in der DDR – Ein biografisches Handbuch, Frankfurt/M. 1995

Bildnachweis

Rüdiger Lubricht: S. 6
Hermann Vinke: S. 10, 18, 25, 96 u., 116, 148
Udo Schulze (Archivfotos): S. 20, 22
Ullstein bild: Umschlagfoto vorne: CARO/Anke Teschner, S. 8 (Stark-Otto), 38, 90 (ADN-Bildarchiv), 70 u., 166 u. (ullstein bild), 81 o. (Ritter), 82 (Stiebing), 91 (Christian Bach), 95 (ddrbildarchiv/Morgenstern), 96 o. (Sven Simon), 114 (vario images), 117 l. (EUROLUFTBILD.DE), 117 r., 120 (Gerhard), 123 (Boness/IPON), 124 (Kucharz), 126, 128 r., 152 (Mehner), 132 (Poklekowski), 133 l. (HKM), 133 r. (P.S.I. Bonn), 134, 138 (dpa), 136 (Schoelzel), 137 (P/F/H), 143 (Reuters), 144 (Heinrichs), 150 (Seyboldt), 157 (Zentralbild), 158 (Ludz), 160 o. (Public Address), 160 u. (Teich/Caro), 161 (Giribas), 164, 166 o. (Bildarchiv), 165 (Meldepress)
Peter Döbler (Archivfotos): S. 11–17
Inge und Alex Glesel (Archivfotos): S. 26–37
© Roger Melis/Mathias Bertram: S. 40, 42, 46, 47, 48
Arno Fischer: S. 44, 45, 55, 56
Harf Zimmermann/Agentur Focus: S. 49
Uwe Arens, Berlin: S. 50
Jutta Voigt (Archivfotos): S. 51, 52, 56
Sibylle Bergemann: S. 57
Thomas Billhard: S. 58
BStU, MfS, BV Gera, AU 33–58, Band/Mappe 2, Seite 5: S. 60, 75 u.
Stiftung Gedenkstätte Berlin-Hohenschönhausen: S. 62, 71 u.

Dr. Karl Wilhelm Fricke (Archivfotos): S. 65, 67, 70 o., 71 o.
Robert-Havemann-Gesellschaft e.V.: S. 72, 73, 76, 79, 173; 174 o. (Kerstin Hergert), 174 u. (Siegbert Schefke), 175, 176 l. (Bernd/Albrecht), 176 r., 177 u. (Rüdiger Rosenthal), 178 (Dirk. P. Vogel)
BStU, MfS, BV Gera, AU 33–58, Band 124, Seite 1, Bild 5: S. 75 o.l.
BStU, MfS, BV Gera, AU 33–58, Band/Mappe 2, Seite 6: S. 75 o.r.
BStU, MfS, BV Gera, AU 33–58, Band 119, Seite 1, Bild 1: S. 77
Dr. Rita Kuczynski (Archivfotos): S. 84–89, 93
Witters: S. 97
Peter Scheere: S. 98
Ines Geipel (Archivfotos): S. 100, 102
Bernd Lammel: S. 105
Wolfgang Schoppe (Archivfotos): S. 106–113
Hans Dieter Knapp (Archivfotos): S. 118, 121, 122
Ulrike Poppe (Archivfoto): S. 128 l.
Christoph Wonneberger (Archivfotos): S. 140, 141, 146, 147
Archiv Ev.-Luth. Kirchengemeinde Rostock Evershagen: S. 162
Sabine Zürn: S. 168
BStU, MfS, HA V III 1994, Band 1, Seite 1–48: S. 177 o.

Bibliografische Information der
Deutschen Nationalbibliothek

Die Deutsche Nationalbibliothek verzeichnet diese
Publikation in der Deutschen Nationalbibliografie.
Detaillierte bibliografische Daten sind im Internet
über **http://dnb.d-nb.de** abrufbar.

3 2 1 15 14 13

Fachberatung: Prof. Dr. Rainer Eckert

ISBN 978-3-473-55299-3

www.ravensburger.de